Orienteering

普通高校非奥运特色项目系列教材

定向越野

◎主　编　吴叶海　刘　明　金熙佳
◎副主编　潘德运　傅建东　张春晓
编　委 (以姓氏笔画为序)
刘　明　刘卫中　吴叶海　张自强　张　宇
张　锐　张春晓　林时云　金熙佳　周红伟
施晋江　傅建东　潘雯雯　潘德运

ZHEJIANG UNIVERSITY PRESS
浙江大学出版社

普通高校非奥运特色项目系列教材

学术顾问委员会

董晓虹　浙江大学公共体育与艺术部教授

卢　芬　浙江大学公共体育与艺术部工会主席

董育平　浙江大学公共体育与艺术部文化信息建设中心主任

施晋江　浙江大学公共体育与艺术部场馆器材服务中心主任

潘德运　浙江大学公共体育与艺术部竞赛训练管理中心主任

张　锐　浙江大学公共体育与艺术部公共体育教育中心副主任

吴　剑　浙江大学公共体育与艺术部竞赛训练管理中心副主任

虞松坤　浙江大学公共体育与艺术部场馆器材服务中心副主任

鲁　茜　浙江大学公共体育与艺术部体育艺术研究中心副主任

金鸥贤　浙江大学公共体育与艺术部教育教学管理科科长

叶茵茵　浙江大学公共体育与艺术部综合办公室副主任（主持工作）

袁华瑾　浙江大学公共体育与艺术部文化信息建设中心副主任

普通高校非奥运特色项目系列教材

编 委 会

（以姓氏笔画为序）

序
◆PREFACE

  高等学校体育是整个国民体育的基础,是我国体育工作的重点。21世纪高等教育更注重促进人的全面发展,强调"健康第一",全面推进素质教育,把教育改革提高到一个新的高度。2010年《国家中长期教育改革和发展规划纲要》指出,今后十年我国教育改革发展要贯彻优先发展、育人为本、改革创新、促进公平、提高质量的方针。随着社会发展和人的需求的变化,高校的社会功能被不断拓展,体育的育人功能日益突显,目前"办特色学校,创教育品牌"已成为我国众多教育工作者的共识。时代在变,学生的兴趣爱好也在变,丰富高校体育课程资源,开创学生喜闻乐见的体育项目势在必行。

  非奥项目是相对奥运项目而言。中国地大物博,非奥项目丰富多彩,通常都是人们喜闻乐见的传统体育项目,具有广泛的传播性、娱乐性,或较强的民族色彩,显示出独特的魅力。这些源自生活的体育项目,更显亲和力,满足了人们对多样化体育的观赏和参与的需求,为促进体育文化交流提供了广阔舞台,促进全民健身活动的广泛开展。

  浙江大学公共体育与艺术部以浙江省人民政府、浙江省体育局授予"浙江省非奥项目发展培训基地"为契机,依据学校培育的目标,在公共体育教育中确定突出以非奥项目为特色,强调学生的参与性、普及性、趣味性和文化特色,积极发掘非奥项目特有的健身和文化价值,推动非奥项目的普及。将具有民间、民俗风情和富有地方特色的非奥体育项目纳入大学体育教育之中,为大学生从事终身体育打下基础。这使非奥项目与奥运项目相互促进,真正形成内容丰富多彩、形式活泼多样、学生积极参与的校园体育文化氛围。

  这套非奥项目系列教材包括健美、体育舞蹈与排舞、武术、健美操、定向越野、无线电测向、桥牌、五人制足球、三人制篮球、英式橄榄球、软式网球等十余种运动,结合健康教育理念,融知识性、趣味性、实用性于一体,选题新颖,是目前国内普通高校公共体育教育中不可多得的选修课教材。

目 录
CONTENTS

第一章　定向运动概述

章一第　述概动运向定

应知导航

定向运动是一场地图和指北针的游戏,一项挑战智能和体能的运动。定向运动作为一项竞技运动,需要参与者利用一张详细精确的地图和一个指北针,按顺序到访地图上所指示的各个点标,竞赛结果以最短时间到达所有点标者为胜。为方便广大定向爱好者了解什么是定向运动,本章主要介绍定向运动的基本常识,其内容包括:定向运动的基本概念、定向运动的定义、定向运动的起源与发展、定向运动的分类与特点、定向运动的国际与国内赛事、定向运动的价值与文化等。同时,本章还介绍了定向运动在促进人的身心健康,增强人的逻辑思维能力等方面具有的特殊意义。具体有如下几方面:

定向运动是一项非常健康的智慧型体育项目,是智力与体力并重的体育项目。它不仅能助人强健体魄,而且能培养人独立思考、独立解决问题的能力及在体力和智力受到压力时迅速做出反应的能力。除此之外,定向运动还有助于人们在世界范围内建立起强大的社交网络。

定向运动是一项学生体育项目,它能培养学生独立解决问题的能力和良好的逻辑思维能力。

定向运动是一项家庭体育项目,它可以在周末让一家人回归自然,放松身心,自我娱乐,有助于融洽家人关系,增加家庭生活的乐趣。

定向运动是一项精英人才体育项目,它富于挑战,勇于尝试从未尝试过的方案,并要求参与者全身心投入,以最高时效完成任务。

定向运动是一项非常重要的世界军事体育项目,拥有自己的世界锦标赛。

定向运动是一项自然环境体育项目,它教会你如何在大自然中把握自己的行为,爱护自然,遵守郊野公园守则。

定向运动是一项无须很多花费的群众性体育项目,所需的只是一张定向地图和一个指北针。在着装方面,参与者可穿定向专业套装,也可穿普通运动服装。

定向运动是一项探险寻宝体育项目,给你惊险刺激的人生经历。

定向运动是一项社交性体育项目,在这里,不论性别、年龄、种族背景、文化阶层、社会地位有何差异,人们都可以相互交流,共享人生乐趣。

定向越野(Cross-Country Orienteering)是定向运动(Orienteering)的主要比赛项目之一。参赛者要依靠标有若干检查点和方向线的地图并借助指北针,自己选择行进路线,依次寻找各个检查点。因此,定向运动吸引了世界各阶层男女老少的广泛参与。

第一节　定向运动的起源与发展

定向运动起源于19世纪末20世纪初。那时,在欧洲北部斯堪的纳维亚半岛广阔而崎岖的土地上覆盖着一望无际的森林,散布着无数的湖泊、城镇、村庄。当时人们的交通线路主要来自隐现于林中湖畔的那些蜿蜒小道。在那种地理环境中生活的人们,要比生活在其他地方的人更加需要地图与指北针,否则,要想穿越这些莽莽山林是多么困难。也正因如此,那些经常出没于斯堪的纳维亚半岛山林的军队成员,便成了开展定向运动的先驱。他们深知,假如自己不具备在山林中辨别方向、选择道路和越野行进的能力,那么就无法履行保卫国家的职责。

定向运动最初只是一项军事体育活动,第一届正式的定向比赛于1895年在瑞典和挪威联合王国的军营中举行。1897年10月31日,在挪威,定向运动首次开展了面向民众的比赛,当时参赛的人数仅有8人。到了20世纪初,定向运动从挪威逐渐销声匿迹,但在瑞典却逐步得到重视。1918年,瑞典一位名叫吉兰特的童子军领袖组织了一次叫作"寻宝游戏"的活动,引起参加者的极大兴趣,这便是定向运动的雏形。1919年3月25日,在瑞典首都斯德哥尔摩南部Nacka的林中举行了一场定向比赛,当时参赛人数已达217人。这一次影响深远的定向比赛,其组织模式及规格标志着定向运动作为一项独立的体育项目,结束了最初的长期探索阶段。因此,时任斯德哥尔摩体育联合会主席的吉兰特,由于他对定向运动富有创意的领导和对这项运动的伟大贡献,被人们视作现代"定向运动之父"。定向运动的英文名字"Orienteering"也是由瑞典语"Orientering"转变而来的,其原意是:借助地图和指北针,穿越未知地带。

20世纪初至今,瑞典王室一直是定向运动最忠实的支持者,众多政界要人,乃至商业巨头、媒体名流都曾经是定向运动的积极参与者。所有学校学生及军队服役人员都必须学习定向运动,它是一门必修课程,是教育和训练的一个重要组成部分。在瑞典不到800多万的人口中,就有约18万名积极参与的定向运动员和约20万名业余爱好者。瑞典全国拥有700余个俱乐部,每年至少举行1000多场次正式的定向比赛,每次参赛人数都成千上万,最多时可达4万多人,其频率高达平均每天3场。对许多瑞典人来说,参与定向运动就是一种生活方式的标志,而瑞典也就自然成为现代定向运动的发源地。

定向运动作为一项体育项目,20世纪初在瑞典和挪威开展起来,到了20世纪30年代已在瑞典、挪威、芬兰和丹麦等国有了较快的发展,1932年举行了第一次世界定向锦标赛。为促进定向运动在全世界更好、更快、更健康地发展,1961年5月,国际定向运动联合会(International Orienteering Federation,英文简称IOF,中文简称国际定联)在丹麦首都哥本哈根成立。该次成立大会确定定向运动为正式比赛项目,并制定出了一系列的比赛规则及技术规范。国际定联的成立,标志着定向运动从此进入了一个崭新的发展阶段。

国际定联是世界定向运动的行政实体,国际定联早在1977年就成为国际奥委会承认的"世界单项体育组织",并长期得到国际奥委会的精神支持和物质资助。国际定联同时还是国际世界运动会协会(International World Games Association,IWGA)、国际单项体育联合会总会(General Association of International Sports Federations,GAISF)的成员。从2001年起,定向运动成为世界运动会(The World Games)的正式比赛项目。定向运动也是国际军体理事会(International Military Sports Council,CISM)的正式比赛项目之一,每次举办的比赛都能吸引众多成员国的军队派出代表队参加,相信不久的将来定向运动或许能够成为奥运会的正式比赛项目。

2004年国际定联将定向运动(Orienteering)定义为一项参赛者借助地图和指北针,在尽可能短的时间内到达若干个被分别标记在地图上和实地中检查点的运动,定向运动的参与者可以是个人,也可以是由两个人以上组成的队伍。

定向运动于1979年开始传入我国香港地区,1983年才传入我国内地。定向运动传入我国内地后,最初也只是在部分军事院校中开展。直到20世纪90年代初,广州解放军体育学院首次在广州白云山组织了一次"定向越野试验比赛",这是我国第一次举办正式的定向比赛。

1992年7月,国际定向运动联合会批准中国以"中国定向运动委员会"的名义加入国际定联,成为该组织的正式会员国。1994年在北京市怀柔县举行了第一届全国定向锦标赛,1995年在吉林省吉林市举行了首届全国大学生定向锦标赛。1995年12月,"中国定向运动协会"在北京成立,简称"中国定协"。从此,我国的定向运动事业翻开了崭新的一页。中国定向运动协会为了积极推动定向运动在国内的发展,每年在全国范围内组织"全国定向运动锦标赛"和"全国城市定向运动系列赛"。赛事的组织工作与国际惯例接轨,裁判规则与技术标准完全按照国际定向运动联合会(IOF)颁布的规范实施。比赛项目不断增设,定向越野赛、定向接力赛、山地车定向赛、山地马拉松、轮椅定向赛、滑雪定向赛、夜间定向赛等都极大提升了定向运动在国内的普及程度和爱好者的参与热情。1996年6月国家做出了"全面推进素质教育"决定之后,定向运动就开始在全国各地加速发展起来,北京、上海、浙江、湖南、广东等省市的教育部门,把定向运动作为学校体育课程内容之一,后来在普通高校中的一些军训试点院校和部分中学也逐步推广开来。

2003 年,中国大学生体育协会定向运动分会成立,它是中国大学生体育协会的分支机构之一,是在中国大学生体育协会的领导下及授权的范围内开展的,由全国各省、自治区、直辖市教育行政部门相关人员和学校师生自愿组成的,非营利性的全国性学生单项体育协会组织,简称"中国学生定向协会",英文译名"Student Orienteering Association of China",缩写"SOCN"。

一、国际定向运动主要赛事

定向运动发展到现在为止,世界范围内具有权威性的定向运动赛事主要有:

1. O-Ringen 瑞典五日定向赛:世界最大规模的定向运动赛事/旅游节,每年 7 月吸引世界各地 2 万名男女老少定向运动员相聚瑞典。

2. 世界定向越野锦标赛(WOC):世界定向锦标赛(World Orienteering Championships)从 1966 年开始举办,截止到 2003 年以前,每两年举办一届(1977 年和 1978 年比赛除外)。从 2003 年开始,世界定向锦标赛每年举办一届。该赛事由国际定向联合会主办。

3. 世界青年定向越野锦标赛(JWOC):为年龄在 17～20 岁的选手举办。始于 1990 年,每年举办一次,会员国均有资格参加。

4. 世界杯赛(WCUP):始于 1983 年,基本上是以个人方式参加的国际赛事,设有标准距离、短距离和公园定向赛。每两年一届(非世锦赛年),所有会员国均可参加。从 2004 年起,改为每年一届(作为世锦赛的选拔赛)。

5. 世界元老锦标赛(WMOC):为年龄超过 35 岁的选手举办。只设个人赛项目(经过淘汰赛的挑选)。始于 1998 年(1983 年以前用其他赛名进行),每年一届,所有会员国与个人均可参加(每年约 4000 名参赛者)。设有男、女 35～39 岁,男、女 40～44 岁,男、女 45～49 岁等组别。

6. 世界级选手排名活动(WRE):始于 1999 年,某些国家(国际)级的赛事也纳入此排名活动。按选手找到的点数总计,每个国家每年至少应该进行一次重新排名。排名活动是遵循国际标准(竞赛规则)的比赛,多数情况下还需获得一名以上别国的路线监督员(controller)的认可。

7. 世界大师定向越野锦标赛。

8. 世界大学生定向运动锦标赛(WUOC)。

9. 世界中学生定向运动锦标赛(WSOC)。

10. 亚洲冬季运动会滑雪定向赛。

11. 亚洲定向运动锦标赛(ASOC)。

12. 瑞典 10 千米夜间定向接力赛(Tio-mila):世界上最刺激的夜间接力赛,每年 4 月在瑞典举行。

13. 瑞典 25 人混合接力定向赛(25-Manna):世界上最大的混合定向接力赛,每年 10 月在瑞典举行。

14. 瑞士六日定向赛(Swiss 6-Days):中欧最大的定向多日赛。

15. 苏格兰六日定向赛(Scottish 6-Days):英格兰岛上最大的定向赛事。每两年在苏格兰举行。

16. 芬兰 24 小时接力定向赛(Jukola):世界最大的定向接力赛。每年 6 月在芬兰举行,有 2000 多个队参赛。

17. 世界山地自行车定向锦标赛(WMTBOC)。

18. 世界滑雪定向锦标赛(SkiWOC,WSOC)。

19. 世界公园定向循环赛(PWT):每年在世界各地公园巡回举行的职业精英赛。设总奖金及总排名。只有世界排名前 25 位的男性运动员与前 25 位的女性运动员有资格参赛。

目前较权威的定向运动赛事均由国际定向越野联合会发起组织。联合会总部设在芬兰,中国定向越野协会是该联合会的成员。该组织的宗旨是普及和发展定向越野运动,加强各国运动员的友好关系,推崇《奥林匹克宪章》精神。为此,联合会委托并监督定向越野世界锦标赛和国际比赛,为该项目制定统一的规则并监督其实施,确保会员在联合会所有活动中的自主与平等,作为最终裁决人处理定向越野中的冲突,在与之合作的其他体育组织中维护定向越野运动的利益。

1949 年定向越野运动成为国际奥委会承认的运动项目。1961 年 10 个国家协会发起成立国际定向联合会(IOF)。该组织是国际单项体育联合会总会成员,工作用语为英语。

该联合会的主要赛事是每两年一次的世界定向越野锦标赛、定向越野世界杯、定向滑雪越野锦标赛、定向滑雪越野世界杯和定向滑雪越野青年锦标赛;每年一次的世界定向越野青年锦标赛和世界定向越野老年锦标赛。

二、定向运动的组织——世界公园(Park World Tour,以下简称 PWT)

世界公园定向运动组织是于 1995 年在国际定向联合会(IOF)注册的一个国际组织。每年在世界各地公园举行职业定向精英巡回赛,并设总奖金及排名。它的主要宗旨及目的就是创造一种全新的定向运动概念,即:定向运动不仅可以在传统的森林里进行,还可以在城市的公园及大学校园里进行,现代化的媒体转播,将这项最富有挑战的运动呈现在观众面前,观众不仅能够感受现场激烈的盛况,还可以与伙伴一起分享到这份激情和乐趣。这些变化真正使定向运动成为一种任何人在任何地方都可以参与的群众性体育运动,定向运动已从森林开始走向城市。

图 1-1-1　2016 年世界青年定向越野锦标赛
引自：国际定向联合会（IOF）网站 http://www.orienteering.org

　　为推动定向运动的发展,增进人们对定向运动的兴趣与了解,发展新的受益群体,扩大其在新闻媒介中的影响,并将定向运动引入新的国家,PWT 将大多数世界循环赛设在城市的郊外及公园里进行。而且路程较短,设置点标也独具匠心,从瑞典的野生动物园到威尼斯的水上迷宫,从芬兰的赌场到奥地利的音乐大厅,从捷克的城堡到奥斯陆的购物中心楼顶,整个赛事紧张激烈,聚集了全球顶级定向运动精英,将定向运动推向更高水准。观众不仅可沿途观赏赛事,并可亲身体验,可谓妙趣横生、乐趣无穷。

　　PWT 每一次组织的国际赛事都会与当地的定向俱乐部或本国定向联合会合作。他们共同的目标就是让定向运动最终成为奥林匹克运动比赛项目之一。

　　PWT 以其精、专的赛事组织安排和现代化的设备、技术风靡全球。1998 年已有包括南美在内的 30 个国家申办 PWT 世界巡回赛,使数以万计的人们成为定向运动积极的参与者和优秀的运动员,使得定向运动在迈入奥运大家族的道路上踏出了坚实的一步。

　　PWT 将继续努力,将定向运动这项挑战智力和体力的运动介绍给全世界的运动爱好者。

表 1-1-1　PWT 赛事表

PWT1997		PWT1998		PWT1999		PWT2000	
05/02	瑞典	03/06	香港	03/16	丹麦	06/15	芬兰
06/13	芬兰	03/14	北京	04/23	瑞典	07/22	瑞典
06/26	挪威	05/01	瑞典	06/11	芬兰	08/01	斯洛文尼亚
10/07	捷克	06/12	芬兰	06/15	英国	08/05	奥地利
10/08	匈牙利	08/08	意大利	08/14	挪威	10/21	挪威
10/10	奥地利	08/11	奥地利	10/11	日本	10/24	曼谷
08/13	捷克	10/15	杭州	10/28	上海		
08/15	瑞典	10/17	上海	10/31	昆明		

　　定向运动虽起源于瑞典,但目前已风靡全欧洲及北美地区,在亚洲的日本、韩国和中国香港,南美的巴西和智利也已初具规模。1998 年 PWT 来到指北针的发明地——中国。PWT 带着来自全世界 25 个国家最优秀的定向运动员从繁华的国际大都市香港历史悠久的北京城,受到各界的广泛欢迎,并在一个 13 亿人口的大国掀起了对定向运动空前的热情与兴趣。被这份热情所打动,PWT 决定重返中国,在各大城市举行定向知识讲座,制作定向地图,组织定向比赛。

　　1999 年 PWT 共带领 12 名中国大学生运动员免费参加了 PWT 在世界各地举行的循环赛及其他主要国际定向赛事,使中国运动员有机会与世界精英学习、比赛、交流。

　　公园定向运动创始人之一——高友远(Gavert Waag)先生和 PWT 组织副主席、定向运动世界冠军岳根强(Jorgen Martensson)先生都曾表示:中国人具有从事定向运动极佳的体能和智能;而且中国地域辽阔,自然条件优越,山区、森林、郊外、城市公园及大学校园是开展公园定向运动最理想的天然场所。他们相信,通过大家的共同努力,中国运动员一定会在不久的将来与世界精英同逐世界锦标赛。

　　国内很多地形稍显复杂的公园、植物园、山地都可以作为开展定向运动的好场所,国内举行过定向运动的场所有:上海佘山风景区,北京香山滑雪场,北京绿色度假村,北京门头沟区潭柘寺公园(北京市首届"蓝龙杯"定向越野比赛于 2000 年 6 月 17 日举行),北京百望山景区西山国家森林公园,杭州市吴山、植物园(2002 年全国定向锦标赛)等。

三、我国定向运动的发展

　　从 20 世纪 80 年代初,中国一些有识之士就为推动定向运动在我国的开展和普及而呕心沥血,做出了不可磨灭的贡献,编写教材讲义,翻译国外有关资料,组织讲座、培训班和比赛。1992年我国以中国定向运动委员会的名义加入国际定向联合会，1995年正式更名为中国定向运动协会。1994年在北京怀柔举办了第一届全国定向锦标赛，约有120名选手参加；1995年第二届全国定向锦标赛在长春举行，约有100名选手参赛；1996年第三届全国定向锦标赛在成都举行，约有180名选手参赛；1997年第四届全国定向锦标赛在郴州举行，约有230名选手参赛；1998年第五届全国定向锦标赛在天水举行，约有280名选手参赛；1999年第六届全国定向锦标赛在承德举行，约有380名选手参赛；2000年第七届全国定向锦标赛再一次在成都举行，约有320名选手参赛；第八届全国定向锦标赛于2001年7月在北京的门头沟举行。

1995年在广州解放军体育学院的协助下，中国定向运动委员会成功地举办了"中国三日"广州定向邀请赛，来自世界13个国家和地区的200多名定向爱好者参加了此次邀请赛；1998年在密云县人民政府的协助下，成功地举办了亚太地区定向锦标赛，来自15个国家和地区的300多名选手参加了锦标赛；1998年与清华大学、北京十三陵特区办事处共同合作承办了公园定向世界巡回赛的两站赛事；1999年与浙江省教委、上海市教委共同合作承办了公园定向世界巡回赛的两站赛事。自1984年起我国先后有近千名选手参加了世界大学生定向锦标赛、世界中学生定向锦标赛、世界大师定向锦标赛、亚太地区定向锦标赛、瑞典五日赛、公园定向世界巡回赛等各类国际赛事。运用走出去请进来的参赛方式，我们开阔了眼界，体验了国际大赛的氛围，取得了较好的成绩。同时这种参赛方式对我们提高运动技术水平和赛事组织能力、加强国际交流、增进各国定向爱好者间的友谊起到了十分积极的影响。

第一次全国定向运动比赛从1994年开始，到现在只有二十多年的历史，在中国尚属于一项新兴的运动项目。

中国定向运动协会成立于1995年，简称"中国定协"，英文名称为"Orienteering Association of China"，英文缩写"OAC"。中国定协是在民政部注册，由国家体育总局主管的国家级单项体育协会。本协会是具有独立法人资格的全国性群众体育组织，是由定向爱好者、定向专业人士、从事定向活动的单位或团体自愿结成的专业性、全国性、非营利性社会组织，是中华全国体育总会的团体会员，是代表中国加入国际定向运动联合会（IOF）的唯一合法组织。

中国大学生体育协会定向运动分会简称"中国学生定向协会"，英文译名"ORIENTEERING BRANCH OF FEDERATION OF UNIVERSITY SPORTS OF CHINA"，成立于2003年，是中国大学生体育协会的分支机构之一，该分会在中国大学生体育协会的领导下及授权的范围内开展各项工作。中国大学生体育协会定向运动分会的性质是由全国各省、自治区、直辖市教育行政部门相关人员和学校师生自愿组成的，非营利性的全国性学生单项体育协会组织。

表 1-1-2 历届全国定向越野锦标赛

时　间	名　称	地　点
1994 年 9 月	第一届全国定向越野锦标赛	北京 怀柔
1995 年 8 月	第二届全国定向越野锦标赛	吉林 长春
1996 年 10 月	第三届全国定向越野锦标赛	四川 成都
1997 年 7 月	第四届全国定向越野锦标赛	湖南 郴州
1998 年 8 月	第五届全国定向越野锦标赛	甘肃 天水
1999 年 7 月	第六届全国定向越野锦标赛	河北 承德
2000 年 8 月	第七届全国定向越野锦标赛	四川 成都
2001 年 8 月	第八届全国定向越野锦标赛	北京 门头沟
2002 年 8 月	第九届全国定向越野锦标赛	浙江 杭州
2004 年 1 月	第十届全国定向越野锦标赛	云南 安宁
2004 年 7 月	第十一届全国定向越野锦标赛	湖南 郴州
2005 年 7 月	第十二届全国定向越野锦标赛	辽宁 沈阳
2006 年 7 月	第十三届全国定向越野锦标赛	湖南 宁乡
2007 年 7 月	第十四届全国定向越野锦标赛	福建 武夷山
2008 年 9 月	第十五届全国定向越野锦标赛	浙江 富阳
2009 年 10 月	第十六届全国定向越野锦标赛	四川 广安
2010 年 10 月	第十七届全国定向越野锦标赛	北京 朝阳区
2011 年 9 月	第十八届全国定向越野锦标赛	重庆 万盛
2012 年 9 月	第十九届全国定向越野锦标赛	重庆 万盛
2013 年 8 月	第二十届全国定向越野锦标赛	贵州 惠水
2014 年 7 月	第二十一届全国定向越野锦标赛	贵州 惠水
2015 年 8 月	第二十二届全国定向越野锦标赛	贵州 惠水
2016 年 10 月	第二十三届全国定向越野锦标赛	江苏 镇江
2017 年 8 月	第二十四届全国定向越野锦标赛	内蒙古 呼伦贝尔

表 1-1-3　历届学生锦标赛

时　间	名　　称	地　点
2002 年 8 月	第一届全国学生定向越野锦标赛	浙江 杭州
2004 年 1 月	第二届全国学生定向越野锦标赛	云南 安宁
2004 年 7 月	第三届全国学生定向越野锦标赛	湖南 郴州
2005 年 7 月	第四届全国学生定向越野锦标赛	四川 成都
2006 年 7 月	第五届全国学生定向越野锦标赛	海南 三亚
2007 年 7 月	第六届全国学生定向越野锦标赛	广西 南宁
2008 年 7 月	第七届全国学生定向越野锦标赛	海南 三亚
2009 年 8 月	第八届全国学生定向越野锦标赛	海南 三亚
2010 年 7 月	第九届全国学生定向越野锦标赛	广东 中山
2011 年 7 月	第十届全国学生定向越野锦标赛	四川 南充
2012 年 7 月	第十一届全国学生定向越野锦标赛	黑龙江 伊春
2013 年 8 月	第十二届全国学生定向越野锦标赛	广东 中山
2014 年 7 月	第十三届全国学生定向越野锦标赛	贵州 安顺
2015 年 7 月	第十四届全国学生定向越野锦标赛	吉林 长白山
2016 年 7 月	第十五届全国学生定向越野锦标赛	贵州 兴义
2017 年 7 月	第十六届全国学生定向越野锦标赛	广东 韶关

第二节　定向运动的分类与特点

一、定向运动的分类

1. 定向越野(Cross-Country Orienteering)是定向运动(Orienteering)的主要比赛项目之一。参赛者手持标有若干检查点和方向线的地图并借助指北针,自行选择最合理的行进路线,依次到访地图上所标示的各个点标,用最短时间完成比赛者为优胜。定向运动通常设在森林、郊外和城市公园里进行,也可在大学校园里进行。一条标准的定向路线(Course)包括一个起点(Start)(用三角表示),一个终点(Finish)(用双圆圈表示)和一系列点标(Controls)(用单圆圈表示)。这些点标均已在地图上用一连串的数字标明,而在实际地形（terrain）中，点标位置用一个橘黄色和白色相间的点标旗（Control flag）表示，它代表了运动员应该寻找的点标的正确位置。以前，为了证实参与者的到访，运动员（Orienteers）必须在到达的每一个点标处使用打卡器（Punches）打卡（Punch），且不同的打卡器打出不同的针孔形状与数量。时至今日，电子打卡系统已被广泛采用，它不仅能证实运动员是否按顺序正确到访，还能记录到访时间，以及在两个点标之间，运动员所用的时间。点标与点标之间的路线并不固定，运动员必须自己做出最合理的选择，展现这种路线选择（route choice）的能力以及借助于地图和指北针在复杂地形中快速辨明方向，并以最快速度按顺序到达目的地的能力便是定向运动的精髓之所在。

2.定向运动按运动工具的不同可分为表 1-2-1 所示的两种。

表 1-2-1　定向运动按运动工具分类

徒步定向	定向越野跑、接力定向、积分定向、夜间定向、五日定向、公园定向等
工具定向	滑雪定向、山地自行车定向、摩托车定向等

徒步定向（俗称定向越野）（Cross-Country Orienteering）：

图 1-2-1　定向越野
引自：国际定向联合会（IOF）网站 http://www.orienteering.org

徒步定向是各种定向运动比赛中组织方法比较简便，开展最为广泛的一种。由于其比赛的成败全在于个人的识图用图、野外定向和奔跑能力的强弱，因此适合男女老少参加。为增加比赛的乐趣,也可以在判定比赛成绩的方法上有所区别,如:可以个人跑计个人成绩,个人跑计团体成绩或个人跑计个人与团体成绩等。定向越野比赛是国际定向运动联合会正式承认的比赛项目之一。

接力定向(Relay Orienteering):

接力定向是团体之间的定向越野比赛项目之一,其成绩好坏有赖于每个队员个人能力的发挥。在接力比赛中,比赛的路线分成若干段(国际比赛通常为四段),每名选手完成其中的一段,各段参赛选手的成绩相加即为该队团体总成绩。为便于观众欣赏各选手之间的激烈竞争,接力定向的场地必须设置一个"中心"站,各段选手的交接(即"换段")均在这里以触手方式进行(不使用接力棒)。由于接力定向的观赏性较好,被国际定联纳入了正式比赛项目。

百米定向(100 Meters of Orienteering):

百米定向是定向运动的一个新兴项目,经全国定向冠军赛的检验证明百米定向具有观赏性强、技术性高、易参与、易组织等特点,能够锻炼运动员的反应敏捷度和奔跑速度。参与者在健身的同时感受到多样的乐趣,还能够学会识图用图。因此百米定向受到定向界的广泛推崇。

图 1-2-2　百米定向

滑雪定向(Ski Orienteering):

滑雪定向也可以按个人、团体或接力比赛等形式进行。它与个人徒步定向越野赛的区别是选手需要使用滑雪装具（非机动的）。供比赛用的滑道，则需要使用摩托雪橇来开辟。同一比赛路线上的滑道通常不止一条，以便于选手自行选择。滑雪定向也是国际定联的正式比赛项目之一。滑雪定向在东欧国家十分流行，许多高山越野或速度滑雪选手同时又是滑雪定向的高手。

图 1-2-3　滑雪定向

夜间定向（Night Orienteering）：

夜间定向是定向运动的一种高难度的比赛形式。由于是在视度不良的夜间进行的，不仅增加了比赛的难度，同时对观众和选手来说也增加了吸引力和刺激性。夜间定向已被列入国际定联的正式比赛项目之中。第一届世界夜间定向锦标赛于 1986 年 10 月 27—28 日在匈牙利举行。

积分定向（Score Orienteering）：

积分定向通常以个人方式进行。它是在比赛区域内预先设置好许多检查点，并根据地形的难易程度、距离远近、点的位置的相互关系不同而赋予每个检查点以不同分值。选手必须在规定时间内自行寻找若干或全部检查点，以积分最高且用时最少者为优胜。

专线定向（Line Orienteering）：

专线定向比赛与其他比赛的最大区别是在地图上明确地标出了比赛的路线，运动员必须按这些规定的路线行进，并将途中遇到的检查点位置标绘到地图上去。成绩以检查点位置标绘的准确程度和所用时间的长短确定。

瑞典五日定向赛(O-Ringen 5-days)：

五日定向是瑞典独有的一项特别吸引人的比赛项目。比赛共进行五日,比赛路线由若干段组成,每次都单独记录下个人的成绩,最后再算出总成绩。在几十千米或者一百余千米的多条比赛路线中,除设置许多检查点之外,还设有若干营地,供运动员与观众休息或参加丰富多彩的文化娱乐活动。近年来,瑞典的五日定向比赛组织得十分频繁,每次参加比赛的来自世界各地的选手都超过2万人,大大超过了任何一届奥林匹克运动会的选手人数!

图 1-2-4　瑞典五日定向赛

其他(Other Varieties of Orienteering)：

国际上还流行着一些其他的定向运动形式,有国际定向运动联合会的正式比赛项目:山地车定向、轮椅定向等。还有如:

校园定向(School Orienteering)：在学校的操场上或教室、体育馆内为孩子们设计的一种游戏。

特里姆定向(Trim Orienteering)：在一定的区域内设置许多永久性的检查点,不规定完成时间,根据寻到点数的多少奖励纪念品以资鼓励。

世界(或国际)定向运动节活动：在相对集中的一段时间内连续举办多种比赛及有关的展览、讲座、会议等活动。

在有些国家,人们还常常以家庭为单位进行比赛,并尝试使用不同交通工具的定向

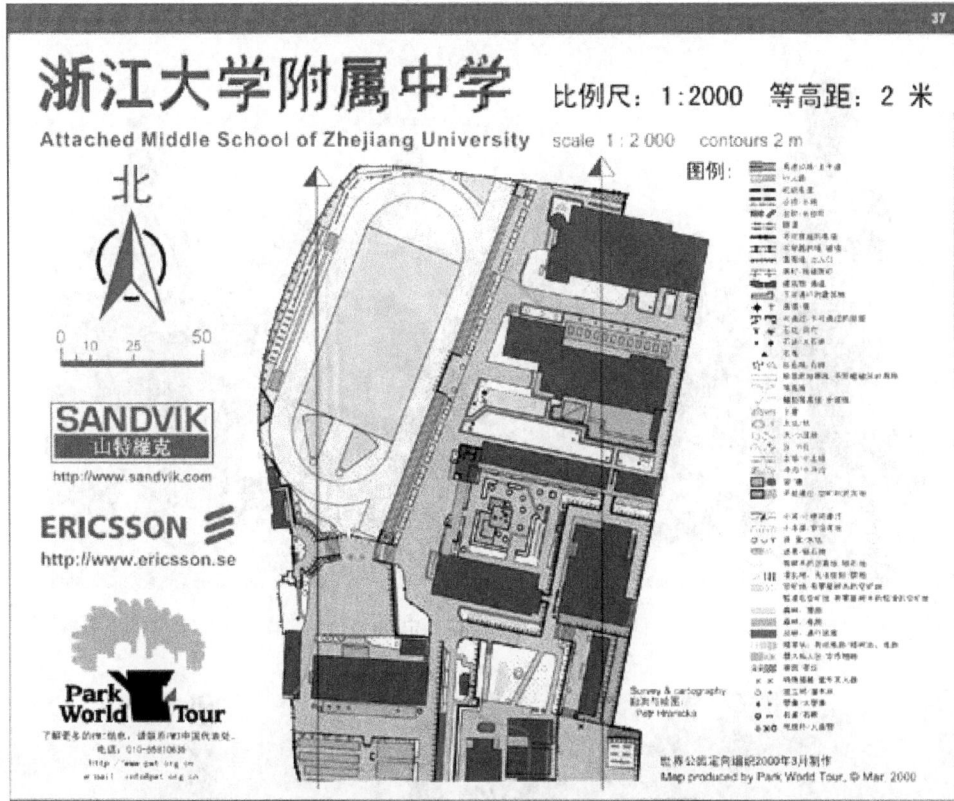

图 1-2-5　校园定向

运动比赛,例如乘坐摩托车、自行车、独木舟或骑马等。

　　为使定向运动在全世界得到普及和发展,1961 年 5 月,十几个国家的定向运动积极分子在丹麦首都哥本哈根成立了国际定向运动联合会（International Orienteering Federation,缩写为 IOF）,确定了正式的比赛项目并制定了一系列的比赛规则与技术规范,国际定联成立时有成员国 10 个,截至 2017 年年底已发展到 71 个成员国。

　　定向越野也是国际军体理事会（International Military Sports Council）的正式比赛项目之一,每届比赛都能吸引十多个国家的军队运动队参加。根据 1972—1983 年的资料统计,按每年参加国的数量,定向越野已成为与篮球并列国际军体锦标赛的七大比赛项目之一。

　　总之,定向运动作为一项能够使人们的体力、智力得到全面锻炼的新兴体育项目,今天它的爱好者在北欧已"超过了足球";在另外一些国家,则被列入军队或地方院校的"必修课"。因此,只要你喜爱郊野活动,那么定向运动一定适合你!

图 1-2-6　残疾人定向

图 1-2-7　自行车定向

图 1-2-8 划船定向

二、定向运动的特点

定向运动的特点是多方面的。就运动的自身方式而言,有其自然属性即自然性方面的特点;就该项运动作为一种社会活动而言,有其社会属性即社会性方面的特点。

1. 自然性方面的特点

运动性——定向运动顾名思义是一项运动,它与其他项目一样,是一种身体活动,是以人体运动的方式为主要特征进行的。科学的人体运动形式,都具有特定的规律、规则与规范。

智能性——定向运动是一项体能与智能相结合的运动。就智能而言,首先要有地理学、测绘学、军事地形学等相关知识以及运用这些知识的能力。

环境性——定向运动通常在野外、森林、山区、公园、风景名胜区等环境里进行。这是它与在体育场馆进行的各式运动项目的一个显著的区别。定向运动的比赛场地环境的特殊性是决定这项运动更能够吸引人们参与的重要因素之一。

情趣性——定向运动的环境、活动与比赛的方式方法,更能激发人们的情趣,发挥活动的趣味性,提高人们参与的主动性和积极性。

2. 社会性方面的特点

游戏性——定向运动的游戏性是非常明显的。它从发展初期的瑞典童子军的"寻宝游戏"开始,本身就是一种游戏,直至现代各式各样的定向比赛,仍然带有很大的游戏色彩。

竞技性——定向运动可以进行各种类型的比赛,其竞技性特点十分突出。搞比赛就要讲规则、争名次、决胜负,其竞争的激烈程度是可想而知的。正是这种竞争的激烈性刺激着人们向往、追求，直至积极参加训练和比赛，以至达到乐此不疲的程度。

群众性——定向运动是一项群众性体育项目，它的参加对象是十分广泛的，不分男女老幼、种族背景、社会地位、文化差异，都可以尽情参与、相互交流、共享美好人生。因此可以这样说，定向运动是一项有助于广交朋友的社交性体育项目。

实用性——定向运动的实用性同样也是十分明显的。在瑞典，定向运动最早就是军队的一种训练形式。在现代，定向运动不仅可以作为军事训练的内容，还可以作为学校体育教学的内容，城乡社会的休闲旅游项目，在地域广阔、人口稀少的地区，还是人们日常生活中必须进行的实用练习。

定向运动作为一项体育运动有哪些益处？

1. 精英体育（Elite Sport）

定向运动是一项精英人才体育项目。因为它富于挑战，选手们需要在完全陌生的环境中，凭借大脑与身体的高度配合，才能找到既定的目标。

2. 社交体育（Social Sport）

定向运动是一项有助于广交朋友的社交性体育项目。参与者不论性别年龄、种族背景、社会地位、文化阶层，相互交流、共享人生。

3. 环保体育（Environmental Sport）

定向运动是一项有利于保护自然环境的体育项目。参与者可以在亲近自然、享受自然的同时，体会到尊重自然、保护自然的重要性。

4. 大众体育（Inexpensive Sport）

定向运动是一项相对来讲不算昂贵的群众性体育项目。参与者不需配备特殊装备，只需一张定向地图和一个指北针便可尽享比赛乐趣。当然，服装可以是定向专业套装，也可只是普通运动服装。

5. 家庭体育（Family Sport）

参与者可以以家庭为单位参加定向运动，这样一家人可以在回归自然、放松身心、自我娱乐的同时，密切家庭成员之间关系，增进彼此间的理解和感情。

6. 学生体育（Student Sport）

定向运动是一项学生体育项目。通过参与定向运动，学生们可以增强自己独立分析问题、解决问题的能力，培养良好的逻辑思维能力和快速的决断能力。

7. 道德体育（Ethical Sport）

与其他竞技运动相比，定向运动更强调参与者对体育道德的遵守。除了禁止使用兴奋剂之外，在定向运动中，还有"禁止尾随其他运动员"等规则，以保证比赛的公正性和公平性。

8. 商务体育（Business Sport）

定向运动具有的时尚、自然的特点，在商业领域有着巨大的商业价值，通过举办特别主题的商务定向活动，能够传递一种健康、环保、崇尚运动的理念。

第三节　定向运动的价值与意义

作为一项能够使人们的体力、智力得到全面锻炼,融健身性、知识性、趣味性为一体的新兴体育项目,定向运动不仅能使参与者强健体魄,而且能培养参与者独立思考、果断处事的素质,提高他们快速反应和解决问题的能力。因此,在许多国家,定向运动被列入军队和地方院校的必修课程。

一、定向运动的价值

（一）定向运动的健身价值

定向运动不仅要求参与者掌握必要的运动技术,还要求参与者有较强的体能,对发展人的心肺功能,提高有氧耐力,预防"现代文明病"都有较高的价值。

（二）定向运动的智力价值

由于定向运动参与者在游戏过程中,要借助指北针和定向地图,依次准确地寻找各个点标,因此,定向运动可以增长参与者的识图、用图知识,同时对培养参与者独立分析问题、解决问题的能力有着独特价值。

（三）定向运动的德育价值

定向运动是一项极富有挑战性的项目,要求参加者勇于尝试从未尝试过的内容,全身心地投入,从而培养不畏艰难,勇于克服困难,战胜自我的顽强品质,从惊险刺激的体验中丰富人生经历。

（四）定向运动的社会价值

定向运动可以成为家庭生活的组成部分,让一家人回归自然,放松身心,自我娱乐,融洽关系,增加乐趣;同时可以教会人们如何在大自然中把握自己的行为,爱护自然,遵守郊野公园守则;还可以推进社交活动,不论性别、年龄、文化阶层、社会地位等有何差异,都可以相互交流、共享人生乐趣。另外,因为该项运动具有花费少、易推广的特点,易成为一项广受群众喜爱的体育项目,从而能够更大地发挥社会效应。

（五）定向运动对学校教育价值

1.定向运动对中学生的价值

（1）提高学生识别和使用地图的能力。

地图是军事指挥中不可缺少的工具,能按地图行进、寻找实地位置、确定实地所在位置于地图上（军事上叫确定站立点）、确定实地的远方点的图上位置（军事上叫确定目标点）,是军事人员的基本功。定向越野是一种需要参与者借助地图和指北针,按规定的通过点（检查点）,自行判定方向和路线,按图依次越野跑寻找检查点,以最短时间完成比赛者为优胜的体育项目。它将越野跑与军事上识图、用图中定点、找点、按图行进、按方位角行进和判定方位有机结合起来，带有很浓的军事色彩，给人耳目一新之感，具有很强的竞争性、实践性、实用性、知识综合性和趣味性。学校开展定向越野时往往要求学生掌握识别和使用地图、准确判定方位的技能，会在图上选择、判定路线，会分析研究和对照地形，具有越野行进的知识和技能。越野不仅要有健壮的身体和顽强的意志，而且要有战术意识，越野能力是这些能力的综合表现；要具有一定的地理文化科学知识，还要有一定的军事知识。这是因为在定向越野中，往往要穿插一些带有军事战术的情况。将定向越野引进中学的地理教学，纳入地理课外活动中，能充分调动学生学习地理的积极性，增强学生识别和使用地图的能力。同时又可提高学生的军事技能，培养国防观念。

（2）开发学生智能。

在定向越野中，可安排突然遭敌封锁、指北针损坏、指挥位置变化等战术情况，并增大处理情况的复杂程度。为了在比赛中战胜对手，获得好成绩，学生愿意显露才智，围绕提高定向越野作业速度和精度来考虑问题。于是，他们的创造精神得到了发挥，智力得到了开发。所以说，定向运动的开展可培养、提高学生分析、解决问题的能力与快速反应的能力，提高智能。

（3）锻炼学生顽强意志与体能。

将定向越野比赛安排在严寒的冬季或酷热的夏季，如加之限粮限水或断粮断水，使比赛条件艰苦，再多采用中、长距离的比赛，且使学生有一定的负重，增大体力消耗程度，从而锻炼学生的意志、耐力和体能及野外生存能力。

（4）培养学生认真与细致的作风。

在定向越野中，可进行单人独立作业项目，也可安排集体协同作业项目。在时间紧、任务重、地形复杂的情况下，要求学生必须配合默契，善于分析、解决问题，遇事不慌，沉着冷静，运用合理的技术和战术，做到紧张而有序，忙而不乱，从而培养、锻炼学生协同、联合作业的能力。比赛是以按图找点、定点和行进的精度、速度来综合评定成绩，促使学生养成一丝不苟、认真、细致的作风。

（5）促进学生形成良好道德品质和精神。

在定向越野比赛中，学生需要连续奔跑几千米甚至是几十千米，一路上都要着装整齐，精神饱满，勇往直前。当他们相当疲劳时，仍要做到宁肯多走路、多受累，也不践踏庄稼，不穿越民宅，遵纪守法，讲究礼节和仪表。定向越野比赛的场地，往往是在荒郊旷野的山岳丛林，方圆几十里内无人居住，行人很少，可培养学生的胆略和探险精神。定向越野比赛中的集体项目，每个学生的体质和毅力不同，但要长距离奔跑，共同完成众多任务，同一时间到达终点，这促使学生互相帮助，主动配合作业，从而培养学生团结友爱的集体主义精神。定向越野比赛中，由于比赛规则限制，比赛的任务重，设置的情况复杂，客观环境条件艰苦，学生心理承受能力也可相应得到锻炼和提高。

2.定向运动对大学生的价值

（1）促进学生身体素质的全面发展。

随着现代化进程的飞速发展，生活节奏不断加快，现代社会对人体抗疲劳能力提出了更高的要求。然而，作为提高耐力的有效手段——长跑运动，由于其枯燥无味的特点，很难吸引广大学生积极参与。定向运动的趣味性使学生乐于进行长时间的耐力锻炼，角逐体力、较量智力，学生在不断判断地形和选择路线的过程中，快乐地接受野外生存训练，不知不觉中提高了耐力，也磨炼了意志力。

（2）养成学生良好的心理品质与精神状态。

定向运动的参与性非常好，当学生独立处理比赛中发生的各种问题，寻找到一个又一个点标时，当学生克服种种困难胜利到达终点时，都会产生非常强烈的成就感，这对培养学生顽强的意志力，沉着冷静、坚忍不拔和自信乐观的心理品质有着良好作用。定向运动是一项智力与体力相结合的运动，参加各种各样的定向运动活动，既可提高体适能水平，又可以增长知识和技能，改善心理素质，提高社会化水平，增强独立解决问题的能力。

（3）培养学生良好的感情沟通能力。

在有关军校的电影里，经常可以看到这样的场面：人们拿着指北针和地图，在杂草丛生的荒郊野外气喘吁吁地寻找着路标，并顺着路标的指向继续前进，这其实就是定向运动最直观的写照——利用地图和指北针，在郊外陌生的地域判断方向、选择路线，最终到达预定目标。因为是在野外或面积较大的城市公园中进行，对大多数人来讲，定向运动是充分了解大自然、享受大自然的一项趣味性休闲运动。定向运动不仅仅是一项技术，它还是一种沟通感情的方式，爱情定向就是一个例子。爱情定向是目前比较时髦的定向方式：选择一个陌生的环境，在地图的某处画上一个标记作为爱情的目的地，一对情侣从不同的地点出发，心中有着共同的目标，经过寻觅、判断，当两个人克服重重困难走到一起的时候，带给他们的恐怕不仅仅是惊喜。将野外定向与寻觅爱情结合在一起，让人们在不经意间就感受到生活的真实与美好。

（4）提高学生综合素质。

定向运动是一项非常健康的智慧型体育项目，是智力与体力并重的运动。它不仅能强健体魄，而且还能培养人独立思考、解决困难的能力，以及在体力和智力受到压力下迅速做出反应、果断决定的能力。定向运动是一项学生体育项目，因为它可以培养学生独立分析解决问题的能力和良好的逻辑思维能力。学生们在参与运动时，不但要进行长跑，而且还要越过沟渠、翻越山岭、穿越森林。以往为了提高学生的耐力素质，学校通常组织长距离跑，往往会使学生感到十分枯燥，缺乏锻炼积极性，同时效果也比较差。通过参加定向运动，学生在山地、丘陵、湖泊、田野等自然风景之间尽情奔跑、跳跃，极大地提高了学生参与运动的兴趣，不断增强他们耐力、灵敏性、平衡感、协调能力，从而有效地提升学生的综合素质。

　　现在的社会竞争激烈,每个人都在为生活疲于奔命,时常需要缓解压力。参加野外定向,和志同道合的朋友一起享受大自然是件非常快乐的事。定向运动可以告诉我们如何在大自然中把握自己、释放自己,同时学会爱护自然、遵守规则。没有年龄、性别、文化、社会地位的限制,每一个参加定向的人都是平等的、纯粹的,都为享受自然、享受沟通、享受人生而来。

　　(5)提升学校体育教育的空间。

　　定向运动这种新兴体育项目非常有利于增进学生的身心健康。它不用太多投入,只要很少的器材,就可以充分利用校园、公园、郊外田野、森林等现有的地形条件,有效地拓展学校体育课程的内容和空间。定向运动既是竞技体育项目,又是军事体育项目,还是休闲娱乐、旅游和探险体育项目。因此它具有社会、政治、军事、经济、科学和健身娱乐等多方面的意义和价值,如通过举办定向节活动,开展文化宣传,促进旅游发展;通过定向运动普及全民识图和用图的知识,加强国防建设等。但就个人价值而言,它是一种良好的素质教育项目。前面已经提及,定向运动之所以在教育系统内被大力推广,不仅仅在于它是一种优秀的体育项目,更重要的是它是一种很好的素质教育项目。此外,就教学投入而言,相对于其他的户外活动形式,它还有费用低、危险因素少等优势。

图 1-3-1　浙江大学紫金港校区定向比赛

二、定向运动的意义

(一)定向运动的生理学意义

运动生理学是研究人体对运动的反应和适应的学科。学术界提出如下假设:即当人体心率在 110 次/分以下时,机体的血压、血液成分、尿蛋白和心电图等均没有明显的变化,健身价值不大;当人体心率在 130 次/分时,每搏输出量开始接近或达到一般人的最佳状态,健身效果明显;当人体心率在 150 次/分时,每搏输出量开始出现缓慢的下降;当人体心率增加到 160～170 次/分,人体出现不良反应,健身效果也没有更好的迹象。因此,一般人健身效果的最佳区间通常保持在 130～160 次/分。生理学实验证明,心率在 130～160 次/分情况下活动,身体各组织能得到充分的血液供应,代谢状态最好。查阅有关资料得出,定向运动最高平均心率在 165 次/分,健身效果明显,具有生理学价值。

(二)定向运动的心理学意义

定向运动是一项全身性的运动,对参加者的身心健康有好处,有明显的心理学价值。从心理学的角度来讲,人的注意力是受指向性刺激制约的。人们在进行定向运动时,地点通常设在野外、公园等,人们的注意力必须在地图上和实际地形、地貌上转移,既要用心识图又要观察、欣赏大自然的秀美风光,由于注意力的转移,能使其他部分的机体得到调整和休息。故定向运动能有利于人们陶冶情操、消除烦恼,促进人们形成勇敢、机智、坚毅、心胸开阔等优秀心理品质。

(三)定向运动的生存能力意义

定向运动是一项在野外进行作业的运动项目。野外的地形有易有难,尤其是在复杂、险恶的野外环境中,比如草地、森林、沙漠、戈壁、峭壁等,这不仅要求人们具备勇敢、坚韧的品质和充沛的体能,更重要的是要求人们必须学会向大自然挑战,激发人体的最大潜能,运用各种自我生存能力来获得胜利。

(四)定向运动的综合素养意义

定向运动是一项参加者持地图和指北针在野外进行作业的运动项目。参加者只能凭借地图和指北针,在陌生的地域独立按照规定的顺序依次寻找标绘在地图上的地面检查点,因而参与者不但要具备识用地图、判断地形地貌及使用指北针的能力,同时要能够勇敢、机智地确定运动方向,选择运动路线,还需要有充沛的体力、顽强的毅力和聪明的头脑。故经常参加定向运动,有利于提高人们学习体育知识的积极性,增强锻炼效果;有利于增强人们的速度、耐力、灵敏性、弹跳力等身体素质。此外,参加定向运动还能丰富人们的地图知识、地形知识、军事知识,对培养人们自我生存能力和启发人们的智力有着独到的益处。

(五)定向运动的商务意义

定向运动是一个时尚的商务平台:以定向运动为平台,可开展多种多样商务活动,例如楼盘定向、商场定向、产品推介定向等。

第四节 定向运动的文化特征

一、定向运动文化内涵特征的体现

定向运动与其他项目相区别的独有特征为："运用准确读图、指北针操作、路线选择策略评估、在压力下集中注意力、快速决策和在自然地形中奔跑等技能,在尽可能短的时间内寻找并沿着最佳路线穿越未知地带。"在定向运动中,只规定了一些必须到访的点,至于两点间有多少条路线、哪一条最近、途中是否有障碍物,选择哪一条路线既省时间又省体力,哪一条最适合自己此刻的体能、技能和智力状态等都需要参与者自己做出判断,并在最短的时间内做出决策。可见,定向运动的内涵特征主要体现在借助地图和指北针导航,在奔跑中进行清晰思考并做出果断决策。人的一生每时每刻都好像在参加定向运动,时时在为目标的实现而努力奋斗,如人生设计、制定长远奋斗目标和实施个人发展规划等,都是一种人生的定向。定向运动不仅仅是一种身体训练,更重要的是一种心智训练,是一种生活哲学的体验。

二、定向运动文化外延特征的体现

1.定向运动是一项竞技体育项目

它不仅仅是体力的竞争,也是智力和技巧方面的竞争,奔跑的速度靠体力,方向的判断和路线的选择要靠地图与指北针的运用以及大脑的分析判断,是智力的较量。定向运动就是这样一个带有强烈的对抗竞争性的体育运动。

2.定向运动是一项大众体育项目

它是一项必须掌握的技能,从普及地形学的角度看,普及全民识图和用图知识,可以培养人们在野外或陌生城市中的自我生存能力。

3.定向运动是一项颇具商业价值的体育项目

它是一项适应性强、参加人群广泛、绿色环保的项目。对于参与者来说,只要一张定向地图,一个指北针,就可以参加了。

总之,定向运动作为一项个人体验型项目,参与性极强,除了亲身体验,旁人很难体会到其中的刺激和乐趣。

三、在不同体育形态下定向运动的体育文化

1.竞技体育下定向运动的文化

体育文化有着一种趋于竞赛活动的"本能"。任何体育文化在发展过程中,无论是民

间活动,还是国际活动,无论是青少年的活动,还是中老年的活动,都有一种相互较量、角逐的趋势,最终形成竞赛。这一点是任何艺术活动所不具备的。这种"本能",可能是人类所具有的那种爱好竞争、挑战的天性所决定的。这是体育文化的特点,也是体育文化发展的内在动力。定向运动就是这样一个带有强烈的对抗竞争性的体育运动。它是人类在与自然融合的过程中,最大限度地发挥自我身心潜能,向自身挑战的体育运动,在超越自我生理极限时,在跨越生理和心理障碍时能够获得愉悦感。

2.休闲时代赋予定向运动的文化

社会体育是以人为本,以不断满足人们身体与精神的享受和发展需要为目的的一种社会文化活动。提高国民的健康水平,从而提高人们的生活质量,促进人的全面、协调、完善发展是社会体育的宗旨。而要提高每个国民的健康水平,最直接、最基本的途径是增强社会体育参与度。社会体育参与度可以充分反映人们的生存状态。随着中国全面建设小康社会历史时期的到来,一个休闲时代正在扑面而来。休闲时代将更加注重满足人们的精神文化需要,更加注重人的自身发展和自我价值的实现。而定向运动,作为有助于放松身心、融洽关系、发展友谊、维护健康、挑战自我的休闲方式,必将蓬勃发展。此外,定向运动满足人类回归自然的需要,使人们逐步离开传统的体育场馆,走向荒野,纵情于山水之间,向大自然寻求人类生存的本质意义。它更大程度地体现了人类返璞归真、回归自然、保护环境的美好愿望,这正是中国体育文化的"天人合一",即顺应自然、与自然保持和谐一致的精神。

3.与体育产业相关的定向运动文化

体育产业是一种利用体育自身功能及辐射作用创造价值的产业,是为社会提供体育产品的一类经济活动的集合和经济部门的总和。在经济与体育较为发达的国家,体育产业已成为国民经济的支柱产业。随着世界定向运动的变革,定向运动魅力的展现和商业价值的迅速提升,正吸引越来越多的人投入它的怀抱。定向运动已走上大众化的道路,国内定向运动的快速发展期也即将来临,它将为定向运动的学习者和爱好者提供更多的就业机会和职业选择。人们可以成为职业定向运动员、职业定向地图制图员,也可以从事定向运动设备器材的研发与生产,或者专职定向记者、解说员,还可以组织自己的定向运动俱乐部推广定向运动,组织自己的赛事、组织野外拓展和团队培训活动、组织各种定向旅游活动以带领广大的定向爱好者融入大自然中。

★ 知识拓展

IOF(国际定向联合会)

The International Orienteering Federation (IOF) is the international governing body of the port of orienteering. The IOF governs four orienteering disciplines: foot orienteering, mountain bike orienteering, ski orienteering and trail orienteering. The IOF was recognised by the International Olympic Committee (IOC) in 1977.

Membership

The IOF is made up of the national orienteering federations that have been admitted to membership. Only one legally constituted orienteering organisation from any one country, defined as an independent member of the IOC, may be admitted as a member. At the moment, the IOF has 71 member countries.

The IOF may provide for provisional membership of a national organisation when first admitted to membership. A provisional member may retain that status for two Congress periods during which time the provisional member must, in the view of the IOF Council, have actively developed the sport of orienteering in that country.

Statutory institutions

The statutory institutions of the IOF are:

- The General Assembly
- The Council
- The Secretariat
- The Presidents' Conference

The aims of the IOF

The aims of the IOF are to spread the sport of orienteering, to promote its development and to create and maintain an attractive world event programme.

Our vision

Our vision is that orienteering is recognised as a truly global sport, attractive to all, having presence and credibility on the world sporting stage; included in the Olympic Summer and Winter Games.

The fundamental values of orienteering

Orienteering is a sport with nature.

Orienteering is respectful of the natural environment.

It promotes environmental good practice.

Orienteering is mentally and physically challenging.

It advocates and supports a healthy lifestyle; an active mind and body.

Orienteering is characterised by the spirit of adventure.

Through the challenges of navigation, orienteering develops self-confidence, independence and life skills.

It is a lifelong sport，enhancing the quality of life.

Orienteering is gender neutral.

Orienteering promotes the inclusion of women and men equally.

Success is equally recognised.

Orienteering is committed to being a drug free sport and supports the WADA motto play true.

Orienteering is characterised by the spirit of friendship and is committed to the notion of fair play.

It is expected that all persons taking part in an orienteering event shall behave with fairness and honesty.

引自于:国际定向越野联合会

www. orienteering. org

学以致用

1.什么是定向越野?

2.定向运动起源于哪个国家?

3.定向运动有哪些特点和锻炼价值?

4.定向运动主要的国际赛事有哪些?

5.为什么说世界公园定向巡回赛开创了一种全新的定向运动概念?

第二章 定向运动的基础知识与基本技术

应知导航

本章主要介绍定向运动的基础知识、基本技术、仪器设备及其运用,能够帮助初学者更快地融入定向运动之中。通过本章的学习,你可以详细地了解到定向运动中器材的使用方法,学习如何使用定向地图并恰到好处地进行实地对照,学会在实际的定向运动中如何选择最优的路线来寻找点标。希望大家通过这章的学习切实地强化对定向运动的认知。

第一节 定向运动中的定向地图

任何一张地图都可以定向,但为了定向运动本身,还需制作专门的定向地图。地图记录的信息指示了实际的场地,它提供寻找点标的基本信息。定向地图的主要信息一般包括图名、指北线、比例尺注记、等高距注记及图例说明等。地图上所标明的比例尺说明地图被缩小了多少倍。在日常生活中我们看到过各种各样的地图,不仅颜色、符号各不一样,而且质量也不同,有些地图简单、粗略,有些则精确、详细,地图上的信息十分丰富,需要大家进一步学习。

一、地图上的比例尺

比例尺是地图上最重要的参数,是识别、使用越野图的重要要素。

1. 比例尺的概念

图上某线段的长度与相应实地水平距离之比,叫地图比例尺,即:地图比例尺＝图上长度/相应实地水平距离。

如某幅图的图上长为 1 厘米,相应实地的水平距离为 15000 厘米,则这幅地图是将实地缩小 15000 倍测制的,1 与 15000 之比就是该图比例尺,叫 1：15000 地图。

图 2-1-1 清华大学定向地图

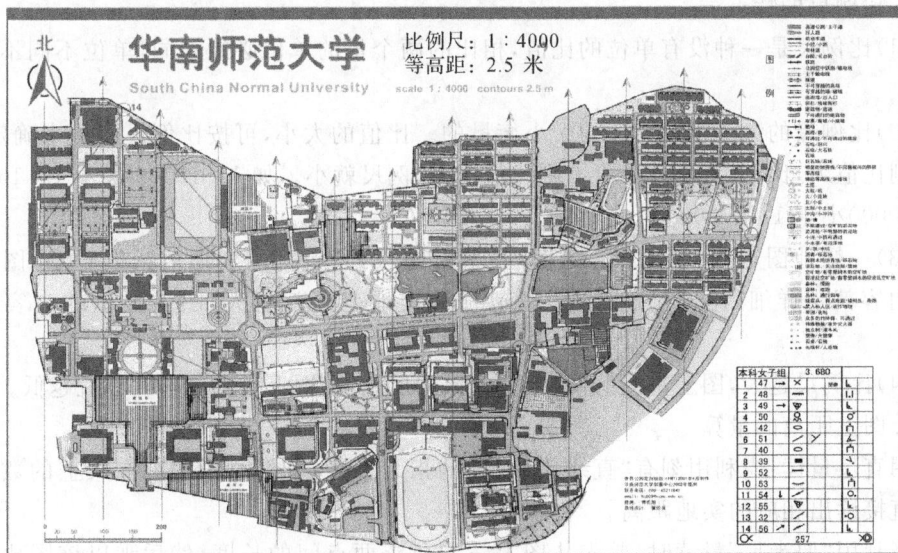

图 2-1-2 华南师范大学定向地图

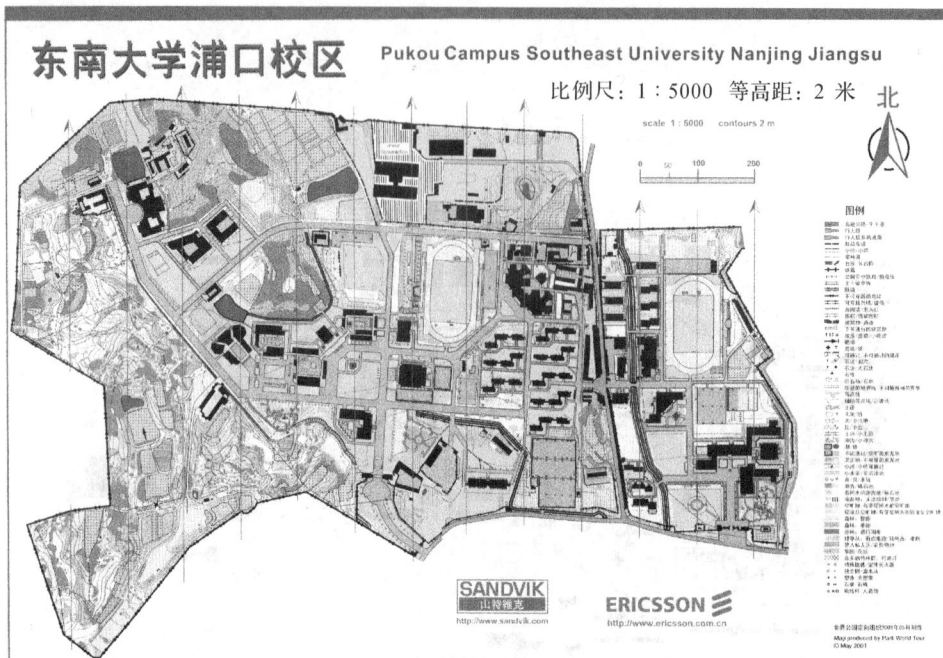

图 2-1-3　东南大学浦口校区定向地图

2.比例尺的特点

（1）比例尺是一种没有单位的比值，相比的两个量的单位必须相同，单位不同不能成比例。

（2）比例尺的大小是按比值的大小衡量的。比值的大小，可按比例尺分母来确定，分母小则比值大，比例尺就大；分母大则比值小，比例尺就小。如1：10000大于1：15000，1：250000小于1：10000。

（3）一幅地图，当图幅面积一定时，比例尺越大，其包括的实地范围就越小，图上显示的内容就越详细；比例尺越小，图幅包括的实地范围就越大，图上显示的内容就越简略。

（4）比例尺越大，图上量测的精度越高；比例尺越小，图上量测的精度也就越低。

3.图上距离的量算

用直尺量读：当利用刻有"直线比例尺"的指北针量读时，可根据刻在尺上的数值在图上直接读出相应的实地距离。

当利用"厘米尺"量读时，要先从图上量取所求两点间的长度，然后乘以该图比例尺分母，即可得出相应的水平距离（须将结果的单位换算为米或千米），即实地距离＝图上长度×比例尺分母。

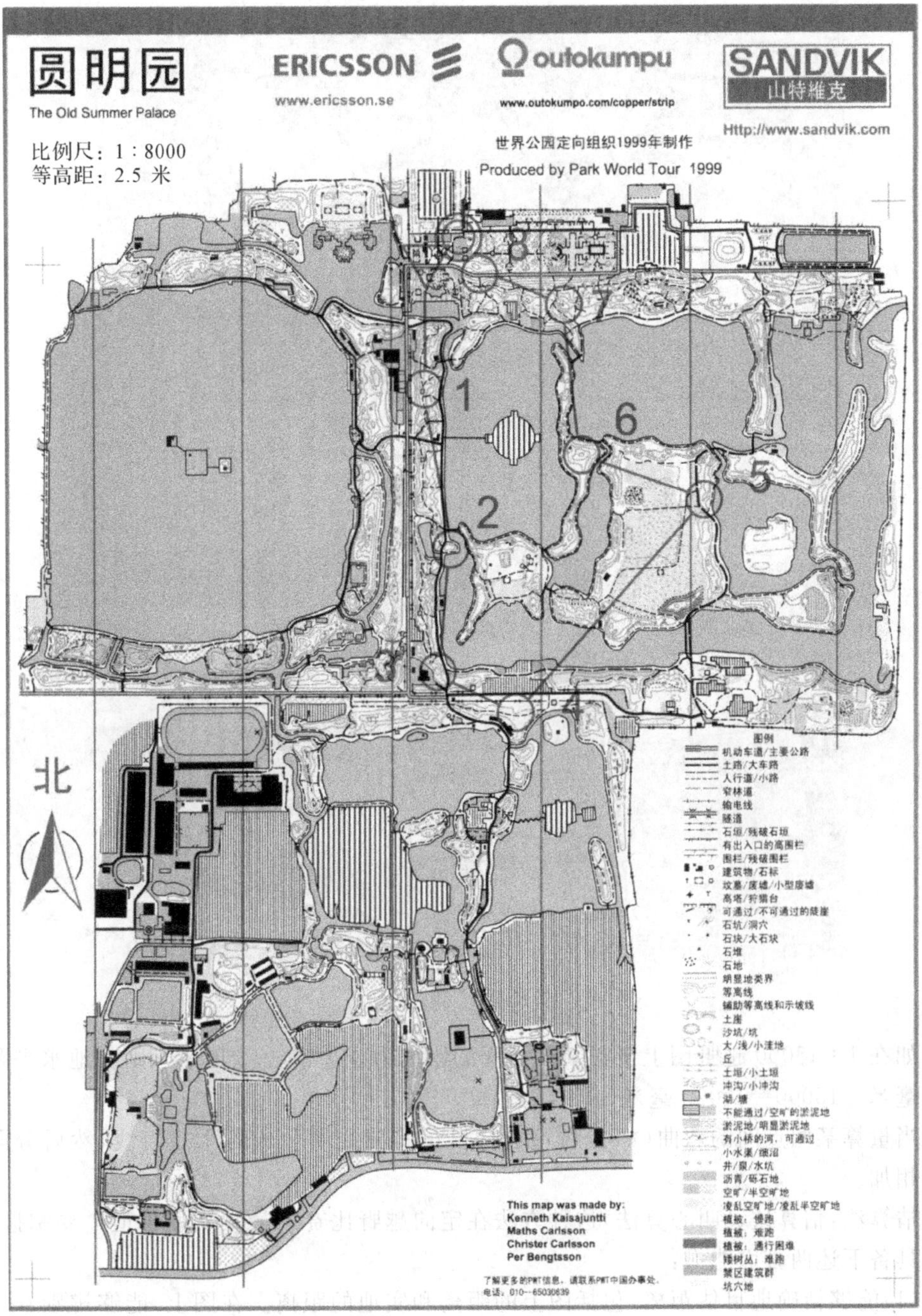

圆明园
The Old Summer Palace

ERICSSON
www.ericsson.se

outokumpu
www.outokumpo.com/copper/strip

SANDVIK 山特维克
Http://www.sandvik.com

世界公园定向组织1999年制作
Produced by Park World Tour 1999

比例尺：1：8000
等高距：2.5 米

北

图例

机动车道/主要公路
土路/大车路
人行道/小路
穿林道
输电线
隧道
石垃/残破石垃
有出入口的高围栏
围栏/残破围栏
建筑物/石标
收集/废墟/小型废墟
高塔/狩猎台
可通过/不可通过的悬崖
石坑/洞穴
石块/大石块
石堆
石地
明显地类界
等高线
辅助等高线和示坡线
土堆
沙坑/坑
大/浅/小洼地
丘
土堆/小土堆
冲沟/小冲沟
湖/塘
不能通过/空矿的泥泥地
泥泥地/明显沼泽地
有小桥的河，可通过
小水渠/跳/潭
井/泉/水坑
沥青/砂石地
空矿/半空矿地
凌乱空矿地/凌乱半空矿地
植被：慢跑
植被：难跑
植被：通行困难
矮树丛：难跑
繁区建筑群
坑穴地

This map was made by:
Kenneth Kaisajuntti
Maths Carlsson
Christer Carlsson
Per Bengtsson

了解更多的PWT信息，请联系PWT中国办事处。
电话：010--65030639

图 2-1-4　北京圆明园定向地图

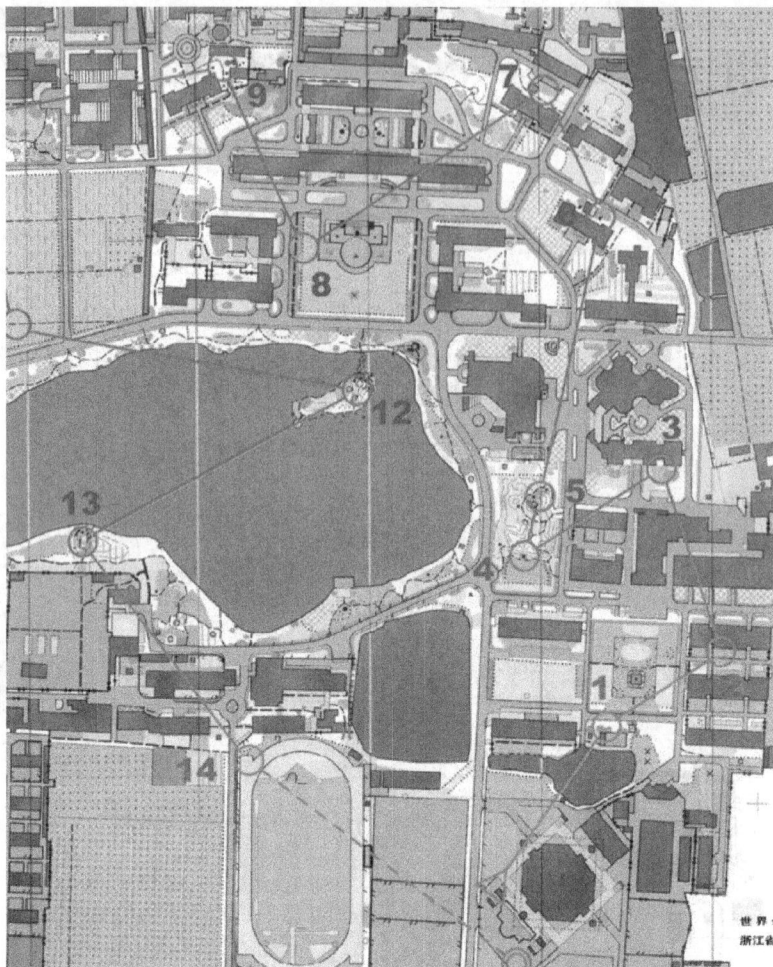

图 2-1-5　定向图

如在 1∶15000 越野图上量得某两点间的距离为 3 毫米(0.3 厘米),则实地水平距离为 3 毫米×15000＝45000 毫米(45 米)。

当量算某两点间的弯曲(如公路)距离时,可将曲线切分成若干短直线,然后分段量算并相加。

估算法:估算法又叫心算法,这种方法在定向越野比赛中最具实用价值。要掌握它,需要具备下述两方面能力:

(1)能够精确地目估距离,包括图上的距离和实地的距离。在图上,能够辨别 0.5 毫米以上尺寸的差异;在实地,目估距离的误差不超过该距离总长度的 1/10,如某两点间的准确距离为 100 米,目估出的距离应在 90~110 米。

图 2-1-6 浙江大学华家池校区比例尺图

（2）熟知几种图上常用的尺寸单位与相应实地水平距离的对应关系，如：在1：15000图上，1毫米相当于实地 15 米，2毫米相当于实地 30 米，1厘米相当于实地 150 米（参见表2-1-1）。

表 2-1-1 比例尺中几种基本尺寸与实地的水平距离的对应关系

基本尺寸	1：10000	1：15000	1：20000
0.5mm	5m	7.5m	10m
1mm	10m	15m	20m
2mm	20m	30m	40m
5mm	50m	75m	100m
10mm	100m	150m	200m

图上量算距离时应注意：从越野图上量得的距离，不论是直线距离还是曲线距离，都是两点间的水平距离。如果实地的地形平坦，图上所量距离接近于实地的水平距离；如果实地两点间的地形起伏，则两点间的实际距离大于图上量得的水平距离。因此，在计算行进里程时，必须根据地形的起伏情况进行具体分析，在图上量得的距离上加上适当的改正系数。如表 2-1-2 所示是在不同坡度的道路上经实验得出的改正系数。在有些地区（如深切割的山地），实际改正系数可能会大于该表中所列的数据。

实地距离（S）＝水平距离（D）＋水平距离（D）·改正系数（$X\%$）（参见表2-1-2）

表 2-1-2　常用平均坡度改正系数参考表

坡度	改正系数	坡度	改正系数	坡度	改正系数
0~5°	3%	15°~20°	30%	30°~35°	65%
5°~10°	10%	20°~25°	40%	35°~40°	80%
10°~15°	20%	25°~30°	50%		

如果对行进的里程只求概略的了解,可以根据下列经验数据进行改正(参见表 2-1-3)。

表 2-1-3　常用地形类别经验数据参考表

地形类别	改正系数
平坦地(有微起伏)	10%~15%
丘陵地(比高 100 米以下)	15%~20%
一般山地(比高 100~200 米)	20%~30%

二、地图上的符号与颜色

如同其他地形图一样,定向地图也要求完整而详细地表示地貌、水系、建筑物、道路、植被和境界,即所谓"地图的六大要素"。

1.符号的分类

根据定向运动比赛的特殊需要,国际定联将定向地图(也称越野图)的符号分成五类:

★ 地貌,用棕色表示(图 2-1-7)。这类符号还包括小丘、小洼地、土崖、冲沟、陡坡、土垣等表示地面详细形态的专门符号。

★ 植被,按下列基本原则表示(图 2-1-8)。

——白色(空白)指容易通过的森林区。

——黄色指空旷的地域。分为空旷地,半空旷地及凌乱的空旷地。

——绿色指树林中密度较大的地区。按可跑性分为慢跑:使正常跑速降低 20%~50%;难跑:使正常跑速降低 50%~80%;通行困难:使正常跑速降低 80%~100%。上述可跑性的区分均取决于树林的生态,如树种,密度及矮树、草丛、蕨类、荆棘、荨麻等植物的生长情况。

★ 人工地物,用黑色表示(图 2-1-9,图 2-1-10)。包括各种道路、房屋、栅栏、境界等地图符号。

★ 岩面与石块，用黑色表示（图 2-1-11）。岩石与石块是地貌的特殊形式，它们既可以为读图与确定点位提供有用的参照物，又可以向运动员表明是危险还是可奔跑通行的情况。为使它们明显地区别于其他地貌符号，这一类符号使用了黑色。

★ 水体与湿地，用蓝色表示（图 2-1-12）。这类符号包括露天的明水系和水生或沼泽生的植物、植被，用空白或黄色和绿色表示。植被情况的详细区分和全面表示非常重要。

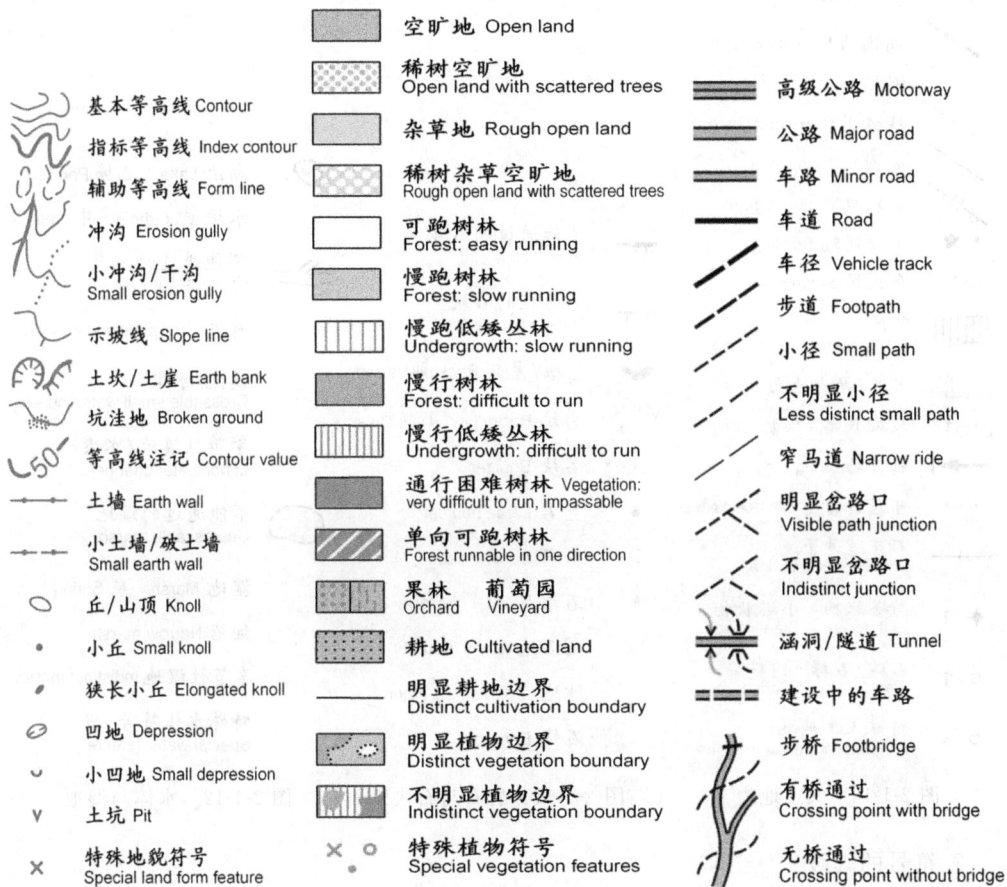

基本等高线 Contour
指标等高线 Index contour
辅助等高线 Form line
冲沟 Erosion gully
小冲沟/干沟 Small erosion gully
示坡线 Slope line
土坎/土崖 Earth bank
坑洼地 Broken ground
等高线注记 Contour value
土墙 Earth wall
小土墙/破土墙 Small earth wall
丘/山顶 Knoll
小丘 Small knoll
狭长小丘 Elongated knoll
凹地 Depression
小凹地 Small depression
土坑 Pit
特殊地貌符号 Special land form feature

空旷地 Open land
稀树空旷地 Open land with scattered trees
杂草地 Rough open land
稀树杂草空旷地 Rough open land with scattered trees
可跑树林 Forest: easy running
慢跑树林 Forest: slow running
慢跑低矮丛林 Undergrowth: slow running
慢行树林 Forest: difficult to run
慢行低矮丛林 Undergrowth: difficult to run
通行困难树林 Vegetation: very difficult to run, impassable
单向可跑树林 Forest runnable in one direction
果林 Orchard　葡萄园 Vineyard
耕地 Cultivated land
明显耕地边界 Distinct cultivation boundary
明显植物边界 Distinct vegetation boundary
不明显植物边界 Indistinct vegetation boundary
特殊植物符号 Special vegetation features

高级公路 Motorway
公路 Major road
车路 Minor road
车道 Road
车径 Vehicle track
步道 Footpath
小径 Small path
不明显小径 Less distinct small path
窄马道 Narrow ride
明显岔路口 Visible path junction
不明显岔路口 Indistinct junction
涵洞/隧道 Tunnel
建设中的车路
步桥 Footbridge
有桥通过 Crossing point with bridge
无桥通过 Crossing point without bridge

图 2-1-7　地貌　　　　图 2-1-8　植被　　　　图 2-1-9　人工地物

铁轨 Railway

输电线/索道 Power line

主输电线 Major power line

围墙/石垣 Stone wall

残破围墙/石垣 Ruined stone wall

高围墙 High stone wall

围栏 Fence

残破围栏 Ruined fence

高围栏 High fence

出入口 Crossing point

单幢建筑 Building

居民区 Settlement

禁区 Permanently out of bounds

水泥/沥青地面 Paved area

废墟 Ruin   坟墓 Grave

射击场 Firing range

可通过管道 Crossable pipeline

不可通过管道 Uncrossable pipeline

高塔状物 High tower   小塔状物 Small tower

石牌/石标 Cairn   饲料架 Fodder rack

特殊人工地物 Special man-made features

图 2-1-10　人工地物

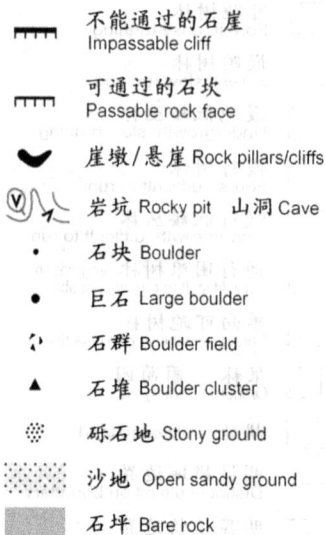

不能通过的石崖 Impassable cliff

可通过的石坎 Passable rock face

崖墩/悬崖 Rock pillars/cliffs

岩坑 Rocky pit   山洞 Cave

石块 Boulder

巨石 Large boulder

石群 Boulder field

石堆 Boulder cluster

砾石地 Stony ground

沙地 Open sandy ground

石坪 Bare rock

图 2-1-11　岩石与石块

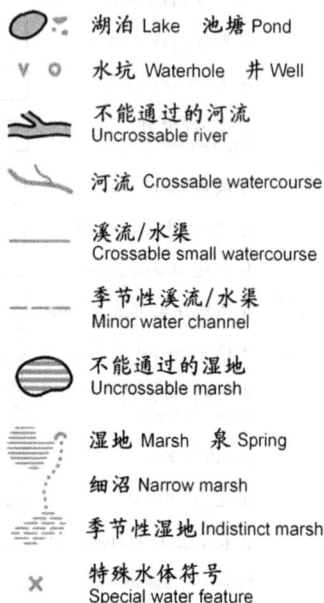

湖泊 Lake   池塘 Pond

水坑 Waterhole   井 Well

不能通过的河流 Uncrossable river

河流 Crossable watercourse

溪流/水渠 Crossable small watercourse

季节性溪流/水渠 Minor water channel

不能通过的湿地 Uncrossable marsh

湿地 Marsh   泉 Spring

细沼 Narrow marsh

季节性湿地 Indistinct marsh

特殊水体符号 Special water feature

图 2-1-12　水体与湿地

2.符号的等级

根据各类符号在世界各国定向越野图上出现的频率,同时为了促进全世界定向越野地图的标准化,国际定联将越野图的符号分成三个级别:

A——适用于各种国际比赛和世界锦标赛;

B——可以用于一定地形类别之中的;

C——在特殊地形中补充 A 级和 B 级的非国际通用符号。

在国际定联 1982 年制定的《国际定向运动图制图规范》(*Drawing Specifications for International Orienteering Maps*)中,A 级符号列出 73 个,B 级符号列出 25 个,C 级

符号未做统一规定。

3. 符号的大小与相互关系

为了完整而详细地表示出地形，同时又能保证越野图清晰、易读，国际定联规定了越野图符号的最小尺寸以及相互靠近的符号的关系的处理原则与最小间隔。

符号的大小、线条的粗细、符号间最小距离的规定，都是以日光条件下的正常视力可见范围和地图制印能力为依据制定的。通常：

①岩石类符号、河流与沟渠类符号，最短不小于 0.6mm；

②虚线符号，至少应有两段；

③点状符号，至少应有两个点；

④淤泥地最小面积应为两条 0.5mm 长的线；

⑤蓝、绿、灰、黄的普染色块和黑色的网点，图上最小面积为 $0.5mm^2$；蓝、绿、黄色的网点最小面积为 $1.0mm^2$；

⑥同颜色的两条线间的最小距离，如黑与黑、棕与棕之间，为 0.15mm；

⑦两条蓝色线之间的最小距离为 0.25mm。

当若干小而重要的地物紧靠在一起，即使用最小尺寸的符号表示，符号大小也超过了实地地物的大小时，这些符号仅保持了它们相互间位置关系的正确性，实际的准确位置已经做了合理的移动。

4. 符号的图形特点（不包括 C 级符号）

无论何种地物，它们的平面形状特点都可以被理解为：面状的、线状的和点状的。在这一点上我们发现，图上各种符号的图形特点与实地地物的形状特点之间具有惊人的相似之处，并且一一对应。

面状的：这类符号在实地的面积通常较大，包括树林、湖泊、宽河、淤泥地、建筑群等，它们用依比例尺描绘的符号或轮廓符号表示。我们可以在图上直接量算出地物在实地上的长宽和面积，因此有些教科书称这类符号为"依比例尺表示的符号"。

线状的：这类符号包括小河、公路、铁路、窄林道、石垣等等，它们的长度是依比例尺缩绘在图上的，宽度则没有依比例尺表示，因此这类符号又被称作"半依比例尺表示的符号"。

点状的：这类符号在实地的面积或体积通常较小，但它们的外形或功能却具有明显的方位作用，是运动员在行进中的重要参照物。例如水坑、石块、塔形建筑物、水井等，用不依比例尺描绘的图案符号或点状符号表示。在表 2-1-4 上，点状的符号本身并不指明地物的大小或它所占有的面积，因此不能进行量算。这类符号拥有自己的"定位点"，即地物在实地的精确位置。

点状的符号又被称为"不依比例尺表示的符号"。

表 2-1-4　定位点的符号举例

符号举例	定位点
■　△　×　□　●　▲	在图形的中心
┼　⊤　↑　∪　∨	在符号的重心

5.认识符号需要注意的问题

在越野图上,对于一组属性相近的地物,通常只规定一个基本符号,然后根据这些符号的不同分类,分别使用不同的颜色。在识别符号时,不要搞混。

为了表示某些同类地物之间的差别,一般只将它们的基本符号做一些局部的改变或方向调整,在认识这些符号的时候应特别仔细,注意符号本身或其与周围地形之间的细微差别,如表 2-1-5 所示。

表 2-1-5　相近地物符号的细微差别举例

符号举例	符号名称	符号特点	颜色
〰	不能通过的陡崖	边缘线粗	黑
〰	能通过的陡崖	边缘线细	黑
〰	围栏	单齿线	黑
〰	高围栏	双齿线	黑
∨	岩坑	缺口朝上	黑
〰	山洞	缺口朝下坡方向	黑

当若干同类符号以某种有规律的排列方式来表示地物时,它们所反映的只是地物的性质和范围,并不代表地物的个数和精确位置。

某些地物,虽然它们的性质相同,但当它们的长度、宽度或直径不同时,图形特点将会改变——"在一定条件下相互转化"。如表 2-1-6 所示。

表 2-1-6　相同性质地物的符号转化

实地地物	转化条件	符号及其名称	图形特点
池塘	图上大于 1mm	湖泊	面状的
	实地直径小于 5m	∨水坑	点状的
河流	实地宽度在 5m 以上	宽河	面状的
	实地宽度 2~5m	小河	线状的

这就说明,面状地物、线状地物或点状地物,虽然它们的符号在图上的区别是比较明显的,但在实地,除非具有足够的经验,否则就不易看出它们的区别。

三、地图上的磁北线

定向图上的磁北线在图幅内以磁北矢线的形式标绘若干条。一般情况下是每实地距离 250 米或 500 米标绘一条,贯穿南北;公园赛、校园赛等比例尺较大的地图,磁北线数量可视实际情况而定,但间隔必须一致。

四、地图上的定向标号

定向标号是用特定符号和图形点标点的相关位置表示出来,用来指示点标点在图上的位置和帮助练习者快速寻找点标点、完成定向任务的符号。定向标号分为路线标号和标点说明符号。

1.定向路线标号

定向路线标号是标绘在定向运动图上的指示起点、点标、终点的符号。起点以正三角形表示,其精确的位置是三角形的中心,一般三角形的边长为 7mm;点标以单圆圈表示,一般直径为 5～6mm;终点则以双圆圈表示,同心圆的内外直径一般分别为 5mm 和 7mm。点标之间用直线连接。

2.点标说明符号

(1)点标说明符号:点标说明符号是国际定向联合技术委员会统一制定的图形符号。不同的颜色、符号表示不同的地物。

(2)点标(详细信息)说明:如果在比赛场地上设有许多的点标旗,那么选手如何分清找到的是不是他(她)的路线上应该找到的正确点标呢?每一位选手在出发前都会得到一张点标说明(有时也会印在地图的下面或侧边)。这张说明给出了点标的详细信息,包括点标的确切位置和具体编号(当有多条路线时)。在一些大型的比赛中,如省级或国家级的比赛,应使用 IOF 点标说明标准。在附录中有更多更详尽的关于点标说明的信息。

五、地图上的等高线和等高距

等高线,即为将地面高程相等的邻接点连接后所形成的闭合曲线。它一方面可以展示地表面的起伏形态,同时还可以帮助我们判定任意点的高程。

1.等高线的高程起算面

目前我国采用的国家高程基准是由青岛验潮站 1988 年测定的。根据青岛验潮站 1952－1979 年测定的验潮资料,我们将新的黄海平均海面作为全国高程的起算面。

2.等高线显示地貌的原理

测绘等高线的原理是两平面平行则两平面间必等距。设大地水准面为高程基准面,我们假想将一座山用一组等距的平行于基准面且彼此平行的平面与山体表面相切,则可以得到平行于基准面的一组水平截口,然后将各截口线沿铅垂线方向投影到高程基准面上,最后按一定比例尺缩小绘制于纸平面上,即可得到一组各自的曲线——等高线(图 2-1-13)。

3.等高距及其规定

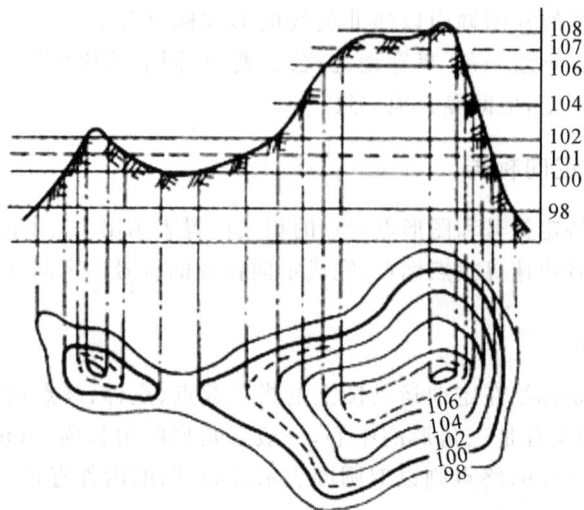

图 2-1-13

等高距指地图上彼此相邻的等高线之间的高差,即两相邻的平行水平截面之间的垂直距离。选择等高距时,需根据地面坡度、地形图比例尺和用图目的等因素而定。等高距的大小决定了地貌显示的详细程度:等高距越小,显示地貌越详细,反之则越简略。一般说来,地图比例尺越小,等高距就越大;而地图比例尺越大,等高距就越小。目前,我国常用的比例尺地图的等高距规定:比例尺为 1∶25000 时,等高距为 5 米;比例尺为 1∶50000时,等高距为 10 米;比例尺为 1∶100000 时,等高距为 20 米;比例尺为 1∶250000时,等高距为 50 米。因为实地地貌的起伏与切割程度往往是千差万别的,适合显示平坦地区的等高线,在显示山区时就有可能会出现等高线密集甚至重合等问题;相反地,适合显示山区的等高线,在显示平坦地区时则会出现等高线过于稀疏的情况。除此之外,等高线的疏密还会影响地图的清晰性和易读性。因此,对于定向越野地图的等高距,国际定联已做出了专门的规定,并要求将等高距说明印制在每张地图的显著位置。例如:定向越野地图的标准比例尺为 1∶15000,等高距 5 米,在选择稀疏且面积较大、地势平缓的地形地物时,为了便于表达,也可以采用 2.5 米的等高距,但必须注意的是,在同一张定向地图上不允许使用两种不同的等高距。当遇到标准比例尺及其等高距的地图还不够详细时,我们也可以考虑使用 1∶10000 的比例尺及其他等高距,但需经过国家定向运动协会地图委员会的批准。

4.等高线的特性

(1)在同一条等高线上,各点高程相等,每条等高线都是闭合曲线。

(2)相邻等高线间的水平间隔与地面坡度成反比,即相邻等高线间的间隔愈小,则对应的地面坡度越大,反之则越小。

(3)在同一幅地图上或同一等高距的条件下,高程越高则等高线条数越多,高程越低则等高线就越少,由此可判断地形的高低;而在凹地中,等高线则表示深浅。

(4)等高线的形状与相应截口的形状相似,所以等高线与实地相应地貌具有对应性,这是图上地貌判定和野外用图的重要理论依据。

5.等高线空白现象

当因为地面坡度陡峭而无法逐一绘出每条应绘等高线时,允许隔一条中断一条等高线或中断四条等高线,在能清晰绘出的地方再连续绘出。这样在图上的局部范围内,便出现了"等高线空白"现象,这时便需要根据未中断部分来判定高程。

6.等高线的种类和作用

为了详细地反映地貌的局部变化和便于根据等高线迅速地判定高程,等高线可被分为首曲线、间曲线、助曲线、计曲线四种(图 2-1-14)。

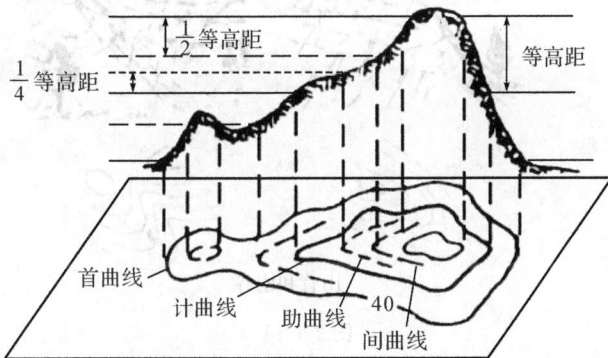

图 2-1-14

(1)首曲线即基本等高线。它是按规定的基本等高距描绘的等高线;

(2)间曲线即半距等高线。它是以二分之一基本等高距,加绘于局部的等高线,在图上以长虚线(长 5 毫米,间隔 1 毫米)表示地貌局部变化;

(3)助曲线即四分之一等高距等高线。它是在用间曲线仍不足以显示地貌的微小变化时采用的一种辅助等高线,在图上以短虚线表示。

(4)计曲线即加粗等高线。它是为了计量等高线的高程而设的。从高程起算面起,每隔 4 条首曲线,加粗描绘一条等高线,此线即为计曲线。

六、地图上的地貌符号

虽然地貌的外表形态千差万别，但实际上它们都是由山顶、山背、山谷、凹地、鞍部、山脊、山脚、斜面等基本形态组成的。而地貌的每一种形态都有一个独有的等高线图形表明地貌的特征（图 2-1-15）。

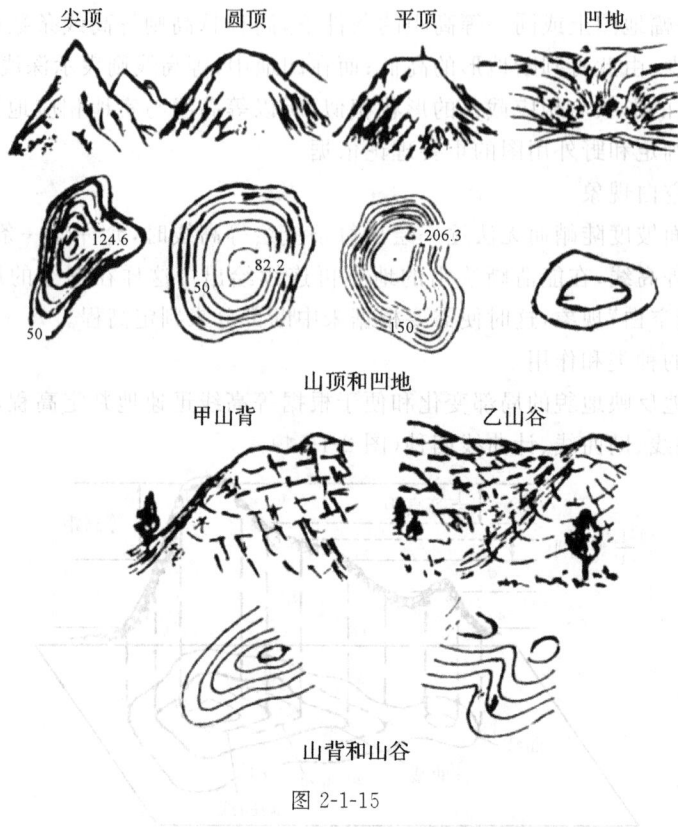

尖顶　　圆顶　　平顶　　凹地

山顶和凹地

甲山背　　乙山谷

山背和山谷

图 2-1-15

1. 山顶的识别

山顶是独立山体的最高部分，也叫作山头。山顶有圆、尖、平顶的分别，相应的山顶的形态反映在等高线的组合结构特征上，用图者识别山顶正是通过山顶的等高线组合特征来认识的。

尖山顶的特点是等高线环圈小而且间隔小，图形的样子是曲曲折折且十分尖利的，与尖山顶峰尖、坡陡、脊显的特点相对应。

圆山顶的特点是等高线环圈比较圆润而间隔较均匀，转折比较平缓，与圆山顶丰满圆润、坡度和缓的特点相对应。

平山顶的最高一条等高线露空宽大，而以下相邻等高线骤然紧密，与平山顶的顶部宽平、四周陡峻之态相对应。

2.山背、山谷

山背，是从山顶到山脚的凸起部分。图上表示山背的等高线以山顶为准，等高线向外凸出，各等高线凸出部分顶点的连线，就是分水线。

山谷，是相邻山背、山脊之间的低凹部分。图上表示山谷的等高线以山顶或鞍部为准，等高线向里凹入（或向高处凸出），各等高线凹入部分顶点的连线，就是合水线。

3.鞍部、山脊（图 2-1-16）

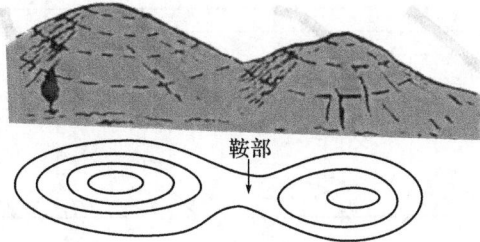

图 2-1-16　鞍部、山脊

鞍部，是相连两山顶间的凹下部分，其形如马鞍状，故称鞍部。图 2-1-16 是用一对表示山背的等高线和一对表示山谷的等高线表示。

山脊，是由数个山顶、山背、鞍部相连形成的凸棱部分。山脊的最高棱线叫山脊线。

4.山脚的识别（图 2-1-17）

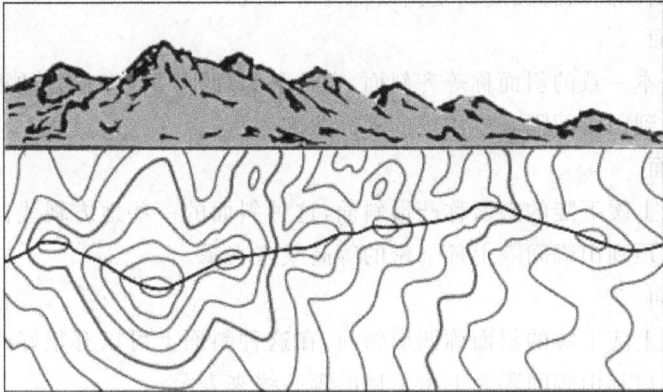

图 2-1-17　山脚

山脚是山体与平缓倾斜地的交线。在平原与山地相交处，山脚呈现倾斜变换线的样子。如果想要有所收获，则必须阅读大量地形图。但就局部山体而言，其基部的倾斜变换线还是比较明显的。因为在基部，等高线的疏密程度出现了明显变化。

5.山凸的识别

斜面上短而狭长的小山背,是一条向下坡方向凸出的等高线图形。

6.山垄的识别

斜面上长而狭窄的小山背,是一组向下坡方向凸出的等高线图形。

7.台地的识别

斜面上的小面积平缓地,是一组向下坡方向凸出的等高线图形。

8.斜面与防界线的判别

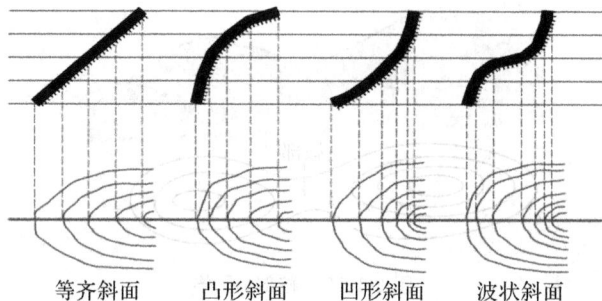

等齐斜面　　凸形斜面　　凹形斜面　　波状斜面

图 2-1-18　斜面

由山顶到山脚的倾斜面称为斜面,如果能判别斜面,对于定向运动而言还是相当有用的。按断面的形状可将斜面分为凸形斜面、凹形斜面、等齐斜面和波状斜面(图 2-1-18)。斜面上由山顶到山脚坡度的变换线称为防界线。

(1)等齐斜面

实地坡度基本一致的斜面称等齐斜面,在这种斜面上可以有很好的视角。在地图上是用一组从山顶到山脚间隔基本相等的等高线来表示。

(2)凸形斜面

实地坡度为上缓下陡的斜面称凸形斜面,这种斜面的一些地方视线比较差。在地图上是用一组从山顶到山脚间隔上稀下密的等高线来表示。

(3)凹形斜面

实地坡度为上陡下缓的斜面称凹形斜面,在这种斜面上可以有很好的视角。在地图上是用一组从山顶到山脚间隔为上密下稀的等高线来表示。

(4)波状斜面

实地坡度非常复杂,坡度、倾斜度交叉变化,成波形状的不规则斜面称波状斜面,这种斜面一些地方视线比较差。在地图上是用不规则间隔稀密不均的等高线来表示。

9.变形地貌的识别(图 2-1-19)

凡是不能用等高线表示的地貌都称为特殊地貌,亦称变形地貌。如冲沟、陡崖、崩

名称	冲沟	陡崖	陡石山	崩崖	滑坡
现地形状					
图上显示					

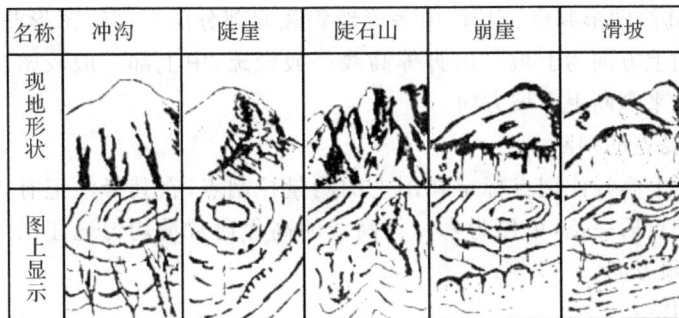

图 2-1-19 变形地貌

崖、滑坡、陡石山等。它们是地球内力和外力的长期作用形成的,人们为此设计了对应的符号,来识别特殊地貌。

冲沟:一种较大的、有间歇性水流活动的长条状谷地,由切沟发展而来。冲沟的沟壁一般比较陡峭,在定向地图上根据其宽度分别用单线或双线表示,冲沟一般注记深度,如分数式注记,分子表宽度,分母表深度。

陡崖:高地斜面坡度接近垂直(大于 70 度),近于垂直的山坡,称为陡崖。陡崖的等高线表示方法是多条等高线会合重叠在一处,符号的实线表示崖壁的上沿部位,陡崖的高度有专门的标记数字表示。

崩崖:沙质或石质山坡受风化作用向山坡方向崩落的沙土或石硝地段。

滑坡:斜坡的局部稳定性受破坏,在重力作用下,岩体或其他碎屑沿一个或多个破裂滑动面向下做整体滑动的过程与现象。

陡石山:崖石裸露的陡峭山脊、独立山石。

10. 地貌起伏的判断

地貌起伏判定的定义是从地形图上根据等高线的组合特点以及一些有关的标记,判断实地地势起伏的方法。换句话说,就是判定实地地貌的斜坡方向。

判定地貌起伏状况总体上应从以下三方面着手:

★ 观察地形地貌,找出河流、谷川等负向地貌;

★ 沿河谷方向判断山头、山脊等正向地貌;

★ 比较高低,根据山体的起伏找出联系。

具体可用以下方法判定:

★ 利用示坡线判定:顺示坡线方向为下坡;逆示坡线方向为上坡。

★ 利用河(流谷)地判定:沿河流向河源为上坡;背河源为下坡。横向河流时,向河流为下坡;背河流为上坡。

★ 利用高程注记判定:朝字头方向为上坡;朝字脚方向为下坡。

★ 利用等高线图形判定：山背、山垄等地貌隆起部分的等高线图形凸出部分总朝下坡；山谷、洼地朝上方向为上坡。山脚等高线一般较疏，中上部一般较密，由此可根据等高线的疏密变化来判断上下坡方向。

11.高程和高差的判断

通常地形图上高程注记点标定在图上的测量控制点，在其旁注记有该点的高程，其注记值取至小数点后一位，单位为米。等高线的高程通常被均匀地注出，一般注在计曲线上，字头朝山顶方向。

点的高程判定：

★ 当某点位于等高线上时，该等高线的高程即为该点的高程；

★ 当某点位于两条等高线之间时，估计该点与最邻近一条等高线的距离占这条等高线与另一条邻近等高线间的距离的比例用以下公式估算：

$$H = H_{下邻} + H \frac{点与下邻等高线之间隔}{相邻两条等高线间隔}$$

★ 当点位于鞍部上时，有两种判定方法：一种是以最邻近的一对山谷的等高线加上基本等高距的一半；另一种是以最邻近的一对山背的等高线高程减去基本等高距的一半。

高差计算：

★ 当两点位于同一斜面上时，只要数一下等高线的间隔数量乘上等高距并加上余高即可。

★ 当两点位于不同斜面上时，先分别求两点高程，然后大数减去小数。

12.坡度判定

地表单元陡缓的程度叫作坡度。常以"度"或百分数表示。常用求坡度公式为：

$$\alpha = 两点间的高差 \div 两点间的实地水平距离 \times 100\%$$

根据图上等高线的间隔大小来判定。在1：15000，等高距为5米的标准定向图上，可按以下公式计算出斜面的概略坡度：

$$\alpha = 19° \div d (d 小于 0.5 毫米不宜使用)$$

α 为坡度，d 为图上相邻等高线的间隔（单位：毫米），几个常见尺寸相应的坡度：

$$2mm \approx 9.5°，1mm \approx 19°，0.5mm \approx 38°$$

13.示坡线

为了便于辨明山头或凹地以及不易辨别的斜坡升降方向，在这些部位的等高线上，一般还绘有示坡线来表示升降方向，即用与等高线垂直相接的短线表示，示坡线不与等高线连接的一端指向下坡方向。

七、地图上的其他内容

1.磁北线

磁北线（MN线）是地图上表示地磁的方向线。它不仅可以用来标定地图的方向、测量目标的方位角,还可以用于概略地判明行进路线的方向和距离。

磁北线在图上用 0.175 毫米的黑色平行线表示。在 1∶15000 万的越野图上,要求两相邻磁北线间的距离约相当于实地 500 米;在 1∶10000 万的图上,要求两磁北线间的距离约相当于实地 250 米。磁北线在图上的长度,要求贯通整个赛区。

2.比赛路线符号

比赛路线是在定向越野比赛前根据设计临时标绘的内容,在较正规的定向越野比赛用图上,比赛路线符号一律用透明紫色表示。对于等级高的比赛,国际定联规定必须在赛前将路线符号加印在比赛用图上,其他等级的比赛则可以用红色圆珠笔手工填绘。

3.定向地图检查点的说明(图 2-1-20)

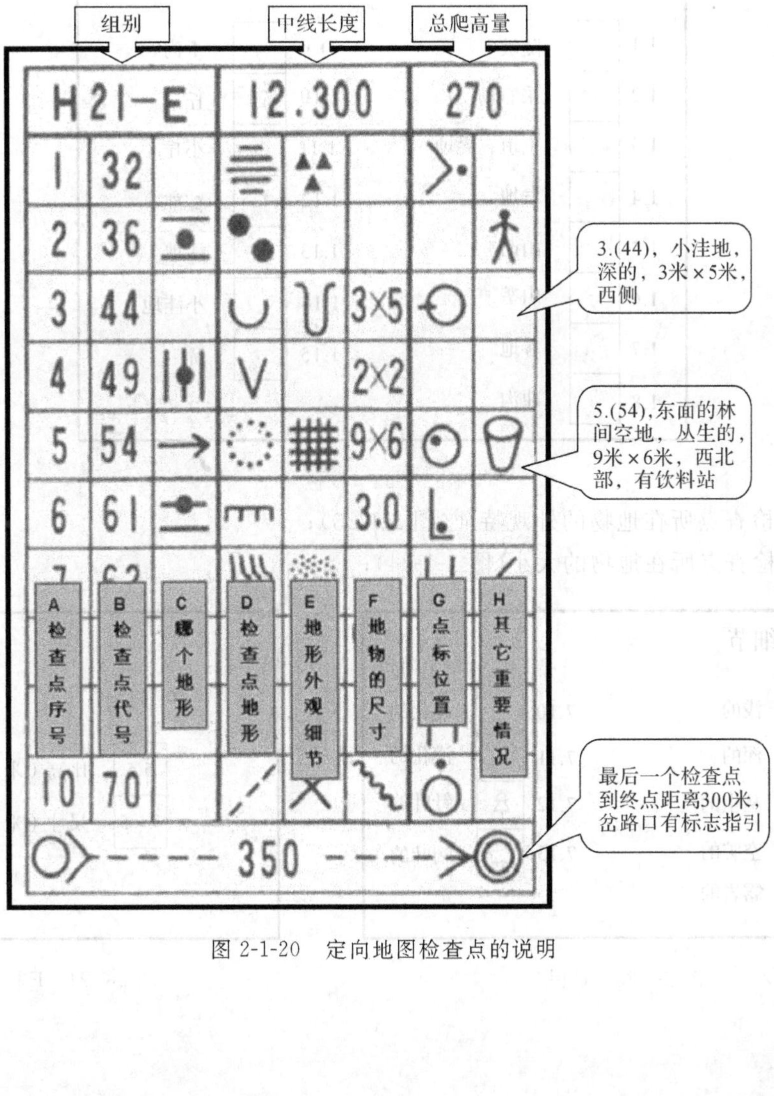

图 2-1-20　定向地图检查点的说明

C栏:检查点所在地物方位(图2-1-21);

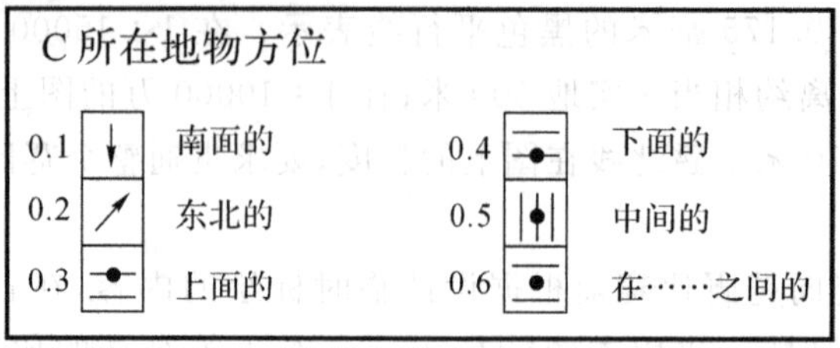

C 所在地物方位			
0.1 ↓ 南面的		0.4 下面的	
0.2 ↗ 东北的		0.5 中间的	
0.3 上面的		0.6 在……之间的	

图 2-1-21 C栏

D栏:检查点所在地物的名称(图2-1-22);

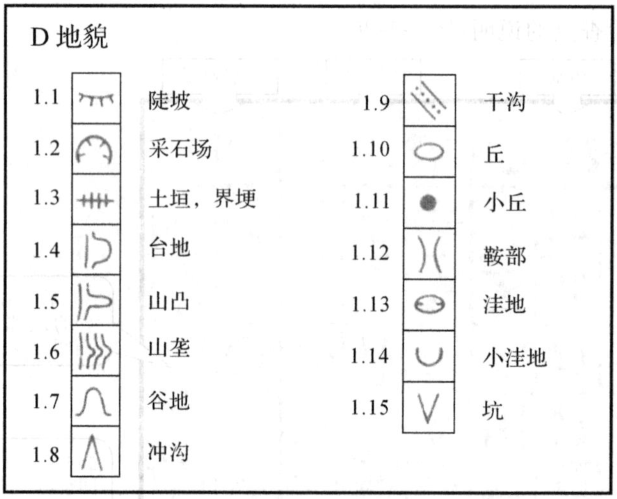

D 地貌			
1.1	陡坡	1.9	干沟
1.2	采石场	1.10	丘
1.3	土垣,界埂	1.11	小丘
1.4	台地	1.12	鞍部
1.5	山凸	1.13	洼地
1.6	山垄	1.14	小洼地
1.7	谷地	1.15	坑
1.8	冲沟		

图 2-1-22 D栏

E栏:检查点所在地物的外观特征(图2-1-23);

F栏:检查点所在地物的大小(图2-1-24);

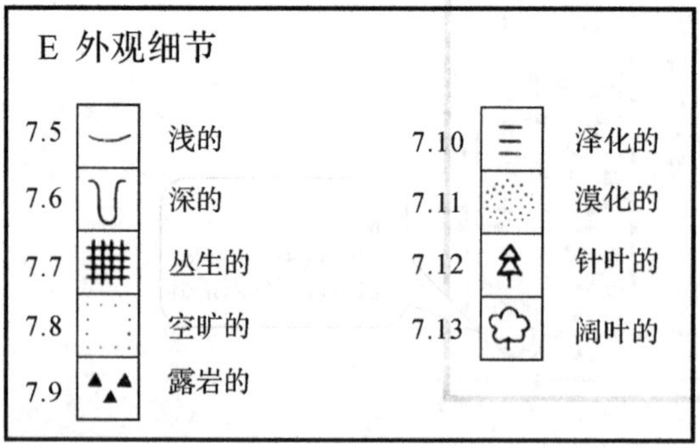

E 外观细节			
7.5	浅的	7.10	泽化的
7.6	深的	7.11	漠化的
7.7	丛生的	7.12	针叶的
7.8	空旷的	7.13	阔叶的
7.9	露岩的		

F 尺寸	
5,5	比高（米）
7×5	尺寸（米）

图 2-1-23 E栏 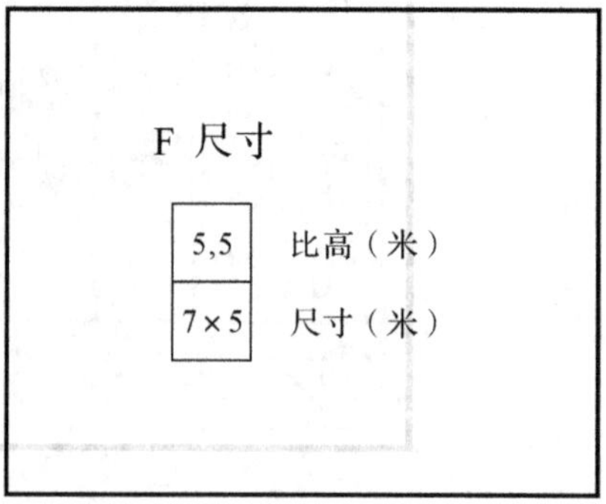　　　　图 2-1-24 F栏

G 栏：检查点标志与地物的相对位置(图 2-1-25)；

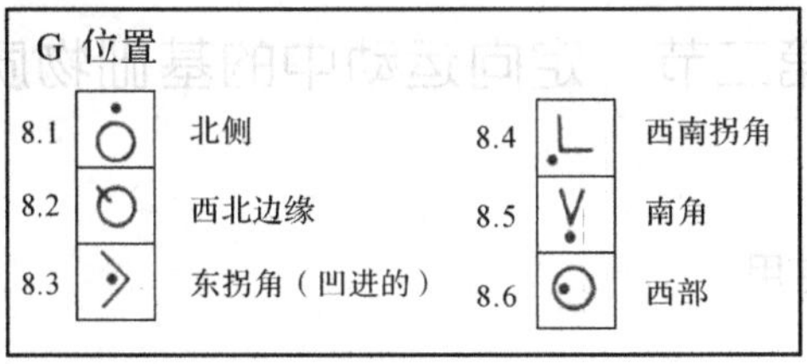
G 位置
8.1 北侧
8.2 西北边缘
8.3 东拐角（凹进的）
8.4 西南拐角
8.5 南角
8.6 西部

图 2-1-25　G 栏

H 栏：其他情况(图 2-1-26)。

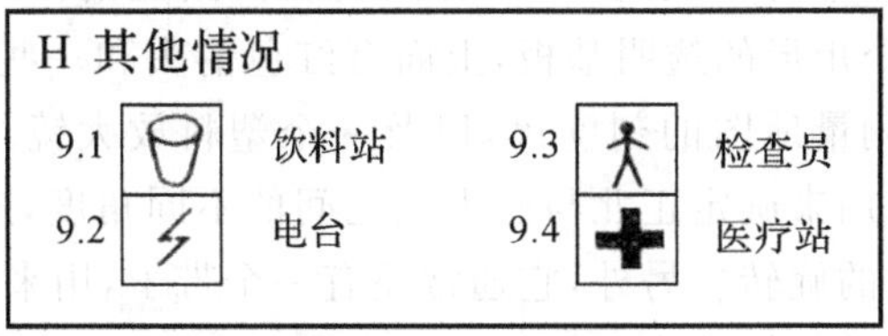
H 其他情况
9.1 饮料站
9.2 电台
9.3 检查员
9.4 医疗站

图 2-1-26　H 栏

4. 检查点—写景图—说明符号对照(图 2-1-27)

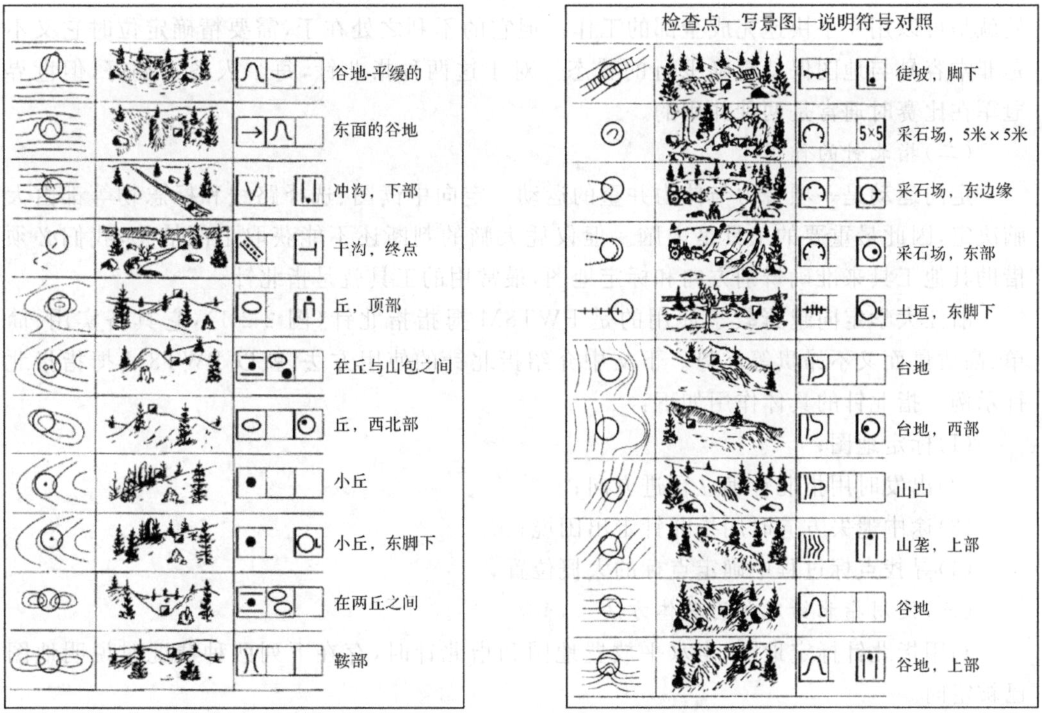
谷地-平缓的
东面的谷地
冲沟，下部
干沟，终点
丘，顶部
在丘与山包之间
丘，西北部
小丘
小丘，东脚下
在两丘之间
鞍部
检查点—写景图—说明符号对照
徒坡，脚下
5×5
采石场，5米×5米
采石场，东边缘
采石场，东部
土垣，东脚下
台地
台地，西部
山凸
山垄，上部
谷地
谷地，上部

图 2-1-27　检查点—写景图—说明符号对照

第二节　定向运动中的基础物质

一、指北针及其使用

（一）指北针

指北针的主要作用是辨别方向，是定向运动不可或缺的工具之一，常见的定向运动指北针包括两类：一种是带有基板的，另一种是套在拇指上的。带基板的指北针是在二战时期发明的，它有一个矩形的透明基板，上面有红色箭头和一些平行线，用来指示前进方向；还带有一个用来测量地图的刻度尺，以及一个塑料放大镜。指北针在转动室中转动，里面也画有平行线，用来确定正北与磁力线之间的不同角度，透明基板和指北针的转动室之间可以做全角度的旋转。另外，它通常还有一个带子，用来把指北针系于腰间。

拇指型的指北针是带基板的指北针的一个变种，它是瑞典人在20世纪80年代中期专门为定向越野开发出来的。它有专门的带子，平时就套在手上，在需要定位时，用左手的拇指穿过它上面的指孔保持方向，同时用左手拿地图完成定位工作。这类指北针的好处就是可以用一手快速完成全部的工作。但它的不利之处在于，需要精确定位时它又不是非常容易与地图保持精确平行的状态。对于这两种指北针，每个人各有偏好，但世界冠军在比赛时通常是两种并用的。

（二）指北针的作用

定向运动是一项智力与体力并重的运动。定向中读图、选择路线和标志物等都由大脑决定，因此最重要的工具是人脑。但仅凭大脑的判断还不能获取全部信息，我们必须借助其他工具来准确辨别方向和标定地图，最常用的工具就是指北针。

浙江大学定向越野教学使用的是 PWT8M 拇指指北针（图 2-2-1），它具备实用、简单、高质量而又不昂贵等优势。下文中介绍指北针的使用方法，就以 PWT8M 拇指指北针示例。指北针的具体作用如下：

（1）标定地图；

（2）出发时用指北针确立行进方向；

（3）途中遗失方向时用指北针走出困境；

（4）寻找点标过程中确定点标的大概位置。

（三）使用指北针定向的具体方法

利用指北针标定地图，当水平放置地图和指北针时，存在下列两种情况时说明地图已被定向。

1.指北针的红色指针指向粗红线（在 PWT 的地图中）；

图 2-2-1　PWT8M 拇指指北针

2.指北针的红色指针与磁北方向线平行,并且方向与磁北箭头方向一致。

(四)利用指北针选择前进方向

1.利用拇指指北针选择前进方向——以 PWT8M 拇指指北针为例(如图 2-2-2)

(1)将指北针套在左手大拇指,水平放在地图上,将指北针右侧的蓝色箭头从你所在的地点指向你所要到达的地点。

(2)把指北针和地图作为一个整体,水平放置在你面前,你的身体和定向图与指北针同时水平转动,直到指北针的红色指针与磁北方向线平行,并且方向与磁北箭头方向一致,此时地图被标定。

(3)此时指北针的蓝色箭头所指方向即为你所要前进的方向。

2.利用基板式指北针选择前进方向

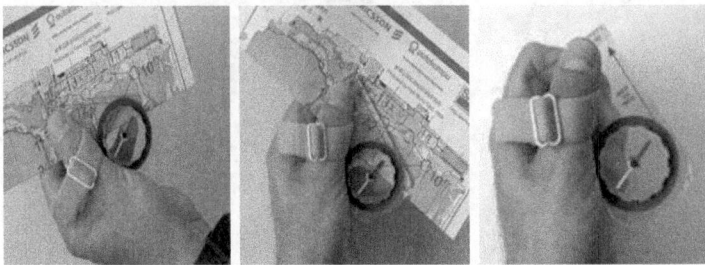

图 2-2-2　利用拇指指北针选择前进方向

图 2-2-3　基板式指北针

基板式指北针(如图 2-2-3)与拇指式指北针的使用原理大同小异,但使用场合和使用方法上又有所不同——基板式指北针特别适合在特征物少、植被密度低、地形起伏不大的树林中使用。具体使用方法如下:

（1）将基板式指北针水平放置地图上，并把直尺边从站立点指向目标点（目标点在前，站立点在后）。

（2）转动分度盘，使磁北标定线与图上磁北方向线重合或平行。

（3）移开地图，并将指北针平持于胸前适当位置，转动身体，使磁针与定向箭头重合，前进箭头所指方向即为目标点方向。

（五）关于指北针的几点常识

1.区分指北针的好坏，主要是看指针稳定性的高低。稳定性越高，指北针质量越好。

2.指北针由充满液体的容器组成，若容器中发现有气泡产生，则此指北针已经失效。

3.检验指北针灵敏程度的方法：用一个钢铁物体（如小刀）多次扰动静止的磁针，若磁针每次都能迅速摆动并停止于同一处，则表明磁针灵敏；反之则说明该指北针已不能使用。

4.指北针使用时应注意避开各种钢铁类物体。

5.磁力异常的地区不能使用指北针。

二、点标旗

点标旗（图2-2-4）由三面正方形标志旗连接组成，每面点标旗的尺寸为30厘米×30厘米，该正方形的对角线分开，左上部为白色，右下部为橙黄色。夜间定向检查点应有光源。检查点标志悬挂的地点，一般距地面80厘米～120厘米。

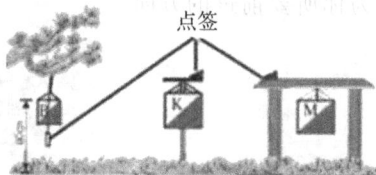

图2-2-4　点标旗　　　　　　　　图2-2-5　针孔打卡器

三、打卡器

打卡器是与检查点配合起作用的，它提供给运动员一个到达位置的凭证。

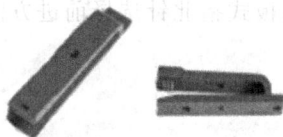

针孔打卡器（图2-2-5）：针孔打卡器用弹性较佳的塑料材料制成，一端装有钢针，每个打卡器的钢针的组合图案都不相同，运动员可在记录卡上打孔，也可直接将孔打在地图的记录卡上。此种打卡器价格便宜，使用方便，适合日常教学与训练以及一些小型比赛的使用。

电子打卡计时系统:电子打卡计时系统一般由指卡(SI-card)、打卡器(SI-Station)和终端打印系统组成(图 2-2-6)。

图 2-2-6　电子打卡计时系统

在使用电子打卡计时系统的定向比赛中,每个参赛者都配有一个统一编号的指卡,它可存贮开始和结束时间。打卡器能存贮运动员到访时的时间,当将指卡插入打卡器时,打卡器便自动将到访的时间写入指卡。

四、操作程序

在参加定向比赛时,一般使用的是电子打卡系统,运动员应将指卡佩戴在手指上,并按以下程序进行打卡:

1.选手出发前打"清除",清除卡中原有的信息,并打"核查"来检验指卡是否已经清查;

2.出发时拿地图,打"起动",比赛开始计时;

3.比赛中途按比赛要求按顺序找到每一个检查点,并在相应检查点的"打卡器"上打卡,读取到达该检查点的时间;

4.回到终点打卡,比赛结束;

5.到主站上打卡,领取个人成绩条。

第三节　定向运动中的地图使用

读图能力的培养是定向技能训练中不可或缺的一个环节,它是建立在了解定向运动地图语言的基础上的。在实际比赛过程中,我们需要清晰理解、熟练掌握自己所选择的路线上的相关信息,地图上的其他信息对我们来说是没有价值的。因此,读图时应有侧重点。

一、读定向地图的一般原则

1.比例尺和等高距:在拿到一张新的地图时,首先要了解的是地图的比例尺和等高距,这直接影响到你的距离感和爬高量。

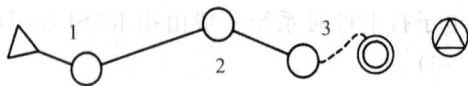

图 2-3-1　起点、检查点、终点、起终点

2.起点:找到起点的位置,并标定地图。

3.第一个检查点:第一个检查点相对其他检查点来说更重要,它会对选手对整个地图的信任度、理解程度和选手在整个比赛过程中的心理状态产生巨大的影响。因此一定要好好选择第一条路线。

4.其他检查点:浏览其他检查点,对比较简单的检查点可以少花点时间,而把更多的时间留给地形相对复杂、路线较难选择的检查点。

如有时间也应查看以下信息:

5.制图时间:制图时间决定了地图的可靠性,即地图和实地差异化的程度。

6.制图人或组织:好的制图人或组织能让你对地图的信任度大大增加。

7.终点:若起点和终点设在一地或相距很近,应在赛前实地观察一下终点设置,即终点与其附近地形的相互关系,以便于终点冲刺。

二、标定地图的概念及方法

对于初学者来说,标定地图这个概念比较难理解。在行进过程中,利用指北针迅速给地图定向,并且始终保持地图方向与实地方向一致,这就是所谓的地图始终被标定。在初学阶段,养成这样的良好习惯是十分重要的。而在比赛中,标定地图是一个持续不断的要求,不管采用何种方法标定,从比赛的开始到结束,都应做到地图始终被标定。

(一)获得地图的正北方

首先我们必须明确,地图的正北方向在哪里。这一般可以通过以下三种途径获得:

1.正置地图,地图的正上方为地图的北方。

2.在中国所有 PWT 制作的定向图上,北都用一条从左至右的粗红线标出。

3.地图的磁北方向箭头所示方向为北。

(二)标定地图的具体方法

1.概略标定(图 2-3-2)

定向地图上的方位是:上北、下南、左西、右东,通常我们在实地正确地辨别了方向之后,只要将定向地图的上方对向实地的北方,此时地图已标定。这种方法简便迅速,是定向比赛中最常用的方法。

2.利用线状地物或直线地物标定

利用线状地物(如道路、篱笆、高压线、水渠等)标定地图。首先应在图上找到这段线状的地物,然后不停地转动地图,使图上的线状地物与实地的线状地物方向一致,再对照两侧地形,

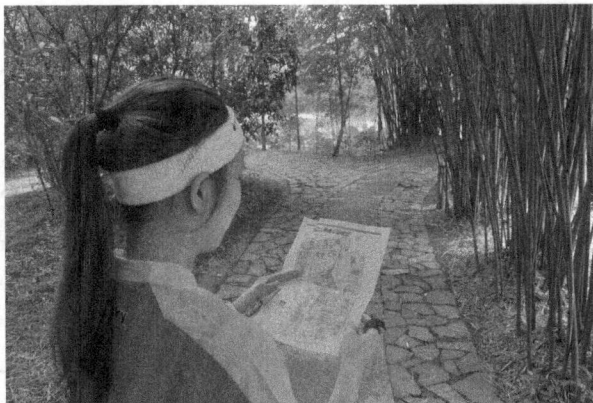

图 2-3-2　大学生在定向运动中进行"标北"

使地图与实地地形点的关系位置概略相符,则此时地图已标定。如图 2-3-2 所示,运动员站在一条明显的大路上,在标定地图时,在图上找到大路位置,转动地图,使图上大路与实地大路方向一致。再对照大路两侧地形,发现左侧为山地,右侧为沟渠。此时,地图已被标定。

直线地物可以抽象为两点连接的线段。因此,当实地和图上均有两个明显地形点时(如图 2-3-3),连线的两点是已知线段。地图上这两点的连线,与实地地形上这两个地形点的连线相平行,则地图已被标定。实际上,在用图过程中我们不可能总是在直线地物上的,但是却总可以在地图上找到和实地同时存在的两个以上明显地形点,用此方法标定地图无疑增加了用图的灵活性。

利用线状地物或直线地物标定地图时应注意的两点:

(1)要注意线状地物或直线地物在地图上相对应的地物符号,不要被相似的地物符号干扰,特别是几条相似道路不能混淆。

(2)要特别留心线状地物或直线地物两侧地形的位置关系,切勿左右对调。

3.利用明显地形点标定

当你在地图上找到自己所站立的明显地形点时,可以利用明显地形点标定地图。方法是:先选择一个图上与实地都有的远方明显地形点(目标点),然后转动地图,使图上站立点、目标点及实地目标点三点一线,此时地图即已标定。如图 2-3-3 所示,运动员站在桥上,远处山顶有一高塔。标定地图时,转动地图,使图上的桥、图上的高塔、实地的高塔三点成一线,则地图已被标定。

4.晴朗夜间利用北极星标定(图 2-3-4)

当你身处野外,且夜间晴朗时,可利用北极星标定地图。标定时,先找到北极星的位置,面向北极星,平持并转动地图,使地图上方概略朝向北方,然后通过东(西)图廓瞄准北极星,地图即被标定。

图 2-3-3　利用明显地形标定

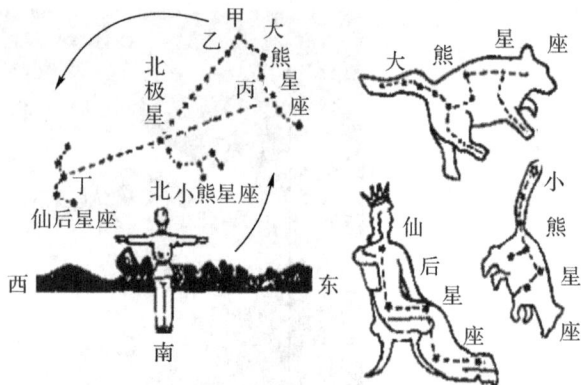

图 2-3-4　利用北极星标定

三、对照地形、确定站立点和目标点

对照地形即实地对照,将地图与相应实地的地物、地貌进行逐一对照,然后确立自己所在的位置。确定站立点,就是确定自己实地站立点在地图上的相应位置;确定目标点,就是确定实地明显标志物在地图上相应的位置。

对照地形、确定站点和目标点,相互依存,关系密切。通过对照地形,可以确定自己的站立点和目标点;知道了站立点或目标点的图上位置,可以提高对照地形时的速度与精确程度。同时,知道了自己站立点在图上位置,便可以确定目标点;同样地知道了目标点的图上位置,就可以确定站立点。在三者中,虽然重点是站立点的确定,但由于三者可互为条件,便没有固定的先后顺序,可根据实际灵活运用。

（一）先明确站立点,后对照地形

先明确站立点,是指已知站立点,通常会在以下几种情况出现:在进行定向运动时,出发点(即出发点的站立点)已经在地图上标明;参加者已经明确站立点。后对照地形,是在站立点已知的前提下对照地形。

在初次进行野外地图与实地对照训练时,应利用"先明确站立点,后对照地形"的方法,先进行控制对照,即可对照大而明显的控制点,如较明显的鞍部、较高的山顶、明显的地物与大的山背山谷等,根据这些控制点在地图上的相互位置,从而确定他们实地的相应位置。这样可提高对照的精确程度和读图速度,控制对照的范围。进行控制对照的具体方法是光线法。从图 2-3-5 中可以看出,起控制作用的有山顶、独立房、独立的石块和车路等。在进行控制对照时,要准确地确定图上控制点的实地位置,在已经标定地图的基础上,用指北针长尺边切于图上站立点,并依次通过各个控制点向实地瞄准,在直尺边的延长线上,根据站立点与每个控制点的距离和周围地形特征,即可在实地找到这些控制点。要确定实地这些控制点的图上位置时,标定地图后,则可用指北针长尺边切于图上的站立点,分别向实地各控制点瞄准并画方向线,目测站立点至控制点的实地距离,依照比例尺并根据控制点的地形特征,即可确定它们的图上位置。

图 2-3-5

在控制对照的基础上,再进行细部对照。进行细部对照时,以控制点为准进行分片对照;也可以由左至右、由近至远或由右至左进行对照。这时对照的重点转向地貌,根据图上等高线弯曲的形状、间隔的距离,判断等高线显示地貌的特点,与实地地貌进行分析比较,使地图与实地逐一对应。

对照地形时要注意:地图在绘制的过程中,会进行适当的删减,那些细小而又没有用处的地物会被省略,不要因细究那些不重要的细节而浪费时间和体力。同时在进行定向运动训练时,一般使用的都是非专用定向越野图,这种地图大都测绘制图时间早,虽然实地地貌与地图差异不大,但地物变化大。因此,对照地形时要综合分析,以对照地貌为主。而且地貌对照是对照地形的难点,只有把主要精力放在对照地貌上,才能收到较好的效果。

(二)先对照地形,后确定站立点

这里所说的"先对照地形,后确定站立点",是在不明确站立点的情况下,通过对照地形来确定自己的站立点。在对照地形有一定基础后,让运动员通过对照地形来确定站立点,在实地运动(包括平时训练与实际比赛)中迷失方向时,也要通过对照地形,才能确定站立点,明确运动方向与运动的具体路线。

1.直接确定

当自己处于明显地形点上时,只要在图上找出该地形点,便可确定自己的站立点,这是一种在行进中,特别是奔跑中最常用的方法。但是,采用直接确定法也有很大的困难:在紧张的行进过程中,怎样才能很快地发现可供利用的明显地形点?当处于某一相似的地形点时怎样准确地区别它们,防止"张冠李戴"?

明显地形点的地物及其特征主要有:

单个地物;面状地物的中心或者有特征的边缘;线状地物的拐弯点、交叉点(呈"十"

字形)、交会点(呈"丁"字形)和端点。

明显地形点的地貌特征主要有:

山地、鞍部、洼地;谷地的拐弯、交叉和交汇点;特殊的地貌形态如陡崖、冲沟等;山脊、山背线上的转折点;坡度变换点。

2. 利用位置关系确定

依据站立点附近明显的地形特征,用综合分析的方法确定。使用这种方法确定站立点时,应该先进行控制对照,即确定各控制点的实地位置。这时的控制对照是在不确定站立点的情况下进行的,但是其前提是要明确站立点所在地图上的范围,控制对照时,应根据各控制点本身的特征及相互之间的位置关系,通过综合分析,反复比对,可以确定图上的位置。确定各控制点(当然不是全部)的图上位置之后,再根据站立点附近的控制点,结合站立点与此控制点的方向距离,经过细部对照,即可确定此控制点的图上位置。该参加者位于实地高地的南山背、冲沟的东侧。确定站立点时,先通过控制对照,确定该高地的图上位置,再通过细部对照,发觉为冲沟的东侧、山背的南面,从而确定站立点在图上的位置。

3. 后方交会法

这种方法通常是在地形较平坦、通视效果较好的地段上采用。用这种方法确定站立点时,先通过控制对照,在实地较远处选择两个地图上也有的明显地形点,如图 2-3-6 所示,选择远山顶与独立房,然后精确标定地图,用直尺或指北针长尺边切于地图上山顶的定位点,摆动直尺,向实地相应山顶瞄准,并沿直尺边向后画方向线;用同样的方法向实地独立房瞄准并画方向线,两方向线的交点就是站立点的图上位置。在定向运动途中,特别是在比赛中,由于受时间的限制,一般都不可能采用直尺瞄准来精确地确定站立点,只能用上述的原理直接目测出方向线,确定出站立点的概略位置。如需要精确位置时,可在此基础上,用"综合分析法"进一步确定。

图 2-3-6

4. 截线法

这种方法是在线状地物上或一侧运动时采用。其要领是:地图标定之后,在靠线状地物一侧较远处的实地,选择一个地图上也有的明显地形点,如图 2-3-7 所示,运动员在水渠一侧运动,选择水渠另一侧较远处的独立房为显眼地形点,将指北针的直尺面切于图上独立房符号,摆动直尺,瞄准实地独立房,直尺切于独立房的一侧与水渠符号的交点,就是站立点的图上位置。在定向运动途中,同样可以直接采用目测瞄准的方法确定。

图 2-3-7

图 2-3-8

5. 磁方位角交会法

在植被密集、视通不良的地段上运动时,由于直接采用地图与实地对照的实际用途不大,加之看不到目标的实地位置,不能从图上找准目标,可采用磁方位角交会法确定站立点的位置。其方法是:首先攀登到周围较高的树上,在远处选定两个地图上标出的明显地形点,如图 2-3-8 所示,选择远处的独立树和三角点,并分别测出站立点到这两个目标点的磁方位角,在树下近旁标定地图,将指北针长尺边切于图上独立树和三角点符号的定位点上,分别以这两点为摆动指北针,并使磁针北端指向相应的位置,然后沿长尺边画出方向线,两方向线的交点即为站立点的图上位置。也可直接在树上概略标定地图,用目测方向线的方法确定站立点在图上的概略位置,然后结合实地站立点的局部地形特征确定出站立点较准确的图上位置。

6. 90 度法

当待测点位于线状地形(包括坡度变换线、山背线、沟渠、谷地线、道路等)上时,如果能够在与运动方向相垂直的方向上找出一个明显地形点,那么就能很快确定站立点:线状地形与垂直方向线的交点即为站立点。

7. 连线法

当待测点位于线状地形上,同时待测的位置恰好是在某两个明显地形点的连线上,可以利用这种方法确定站立点。

（三）确定目标点

在进行地图与实地对照，以及在运动途中需要明确运动方向和具体路线时，都需要确定目标点在图上的位置，其方法除光线法外，主要还有分析法，即在已知的站立点标定地图，以站立点为准，向目标点瞄准并画方向线，根据站立点到目标点的距离来确定图上位置。利用此法的优点是确定明显目标时精度较高，但确定一般目标点时，由于站立点的距离不易确定，因而容易失误。因此，要在此基础上，根据目标点所在实地的地形特征，进行分析比较，确定其图上位置。在快速奔跑中，可用目测瞄准，然后根据目标点所在实地位置的细部特征确定。

从上述确定站立点与目标点的具体方法中可以看出：站立点和目标点的确定互为条件。根据已知的站立点可以确定目标点；根据已知目标点可以确定站立点。当站立点已知，要确定目标点时，用"分析法"确定；当目标点已知，要确定站立点时，可用后方交会法、截线法或磁方位角交会法等来确定。

四、按图行进

按图行进是定向运动的基本运动方式。在奔跑过程中，应做到边跑边对照地形，预知前方要通过的方位物。在经过每个转弯点、岔路口、居民地进出口时，应快速准确地对照地形，随时了解自己在图上的位置，做到"人在地上跑，图在心中移"。

在实践中我们能采用一些方法来提高自身按图行进的能力，从而提高定向水平。

1. 拇指辅行法

如图 2-3-9 所示，先明确自己的站立点和将要行进的路线，然后转动地图（身体也随之转动），使地图与实地的方向一致，并用左手拇指压于站立点一侧，再开始行进。行进中要根据自己所到达的位置，不断移动拇指，转动地图，保持位置、方向的连贯性与正确性。那样你可以在任何时候都能立即指出自己在图中的位置，即做到"人在地上跑，指在图上移，心在图中游"。

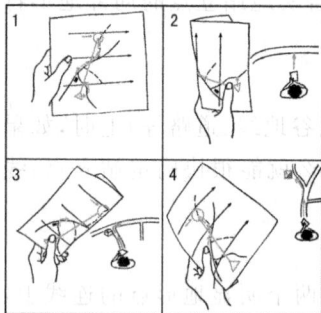

图 2-3-9　拇指辅行法

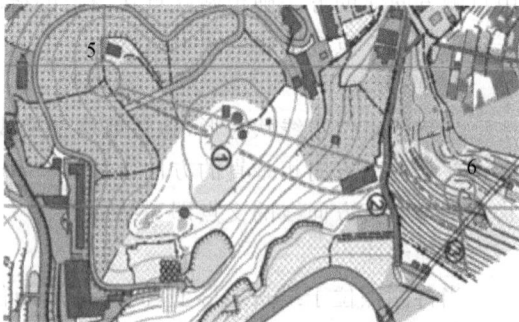

图 2-3-10　分段运动法

2.分段运动法

这是初学者平时练习或比赛时最理想的运动方法。这种方法对于初学者来说,能使其正确把握运动方向,能随时明确自己的站立点的图上位置,减少看图时间,提高运动速度。

如图 2-3-10 所示,先选择 5 号检查点到①号辅助目标的路线,到达①号辅助目标时,检查地形是否与图上地形一致,再选择①号辅助目标到②号辅助目标的路线,依此类推,最终到达 6 号检查点。

3.连续运动法

"分段运动法"在进行地形对照且选择辅助目标与运动路线时,必须在检查点和各个辅助目标做短暂停留,不能有效节省时间。有一定基础的参赛者可以采用"连续运动法"。

所谓"连续运动法"就是指未到达第一辅助目标之前,便先分析下一辅助目标的地形及行进路线的运动方法。到达第一辅助目标后,如观察到的地形与到达之前从地图上分析的地形一致,即可不在辅助目标停留而做连续运动,如此类推直到其他的检查点。

4.一次记忆运动法

技术全面、经验丰富的选手,为了取得更理想的比赛成绩,还可采用"一次记忆运动法"。这种方法是:在出发点,把在地图上选择的从出发点到第 1 号检查点的最佳行进路线,一次性记在脑子里,行进中按记忆的路线运动。未到达第 1 号检查点之前,在地图上选择好从第 1 号检查点到第 2 号检查点的最佳行进路线,又一次性记在脑子里,这样在检查点"打卡"后,可立即离开检查点做连续运动。

第四节　定向运动中的路线选择

路线选择即决定从一点到另一点要走的路线。选择一条好的路线能够极大地提高行进的安全性以及最大限度地减少体能的消耗。在选择一条最佳比赛路线时,选手总是需要根据每一段赛程的具体情况,综合判断是否能发挥,如何发挥自己的技术、战术或体能优势。因此,可以这样说,选择路线是更高一层意义上的技能或定向的战略。选择一条最佳的行进路线,简单地说应符合四个条件:省时间、最安全、省体力、便于发挥自己的技能或体能优势。如图 2-4-1 所示,选手面对翻越与绕行的选择难题时,应综合考虑这四个条件。通过本节的学习,你将学会在定向运动中如何选择最佳路线。

一、路线选择的基本原则

路线选择是定向运动实践的重要环节,选手在行进之前选择一条好的路线,就比别人取得了一定的优势。在选择路线时,应充分考虑自身的体能、技能情况,选择一条能充分发挥自身优势的路线。

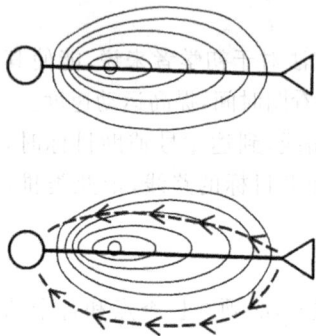

图 2-4-1

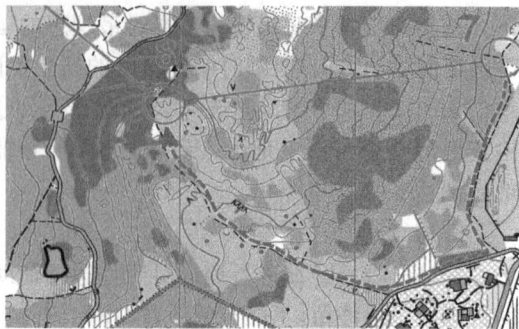

图 2-4-2

（一）"有路不越野"原则

如图 2-4-2 所示，当地图现势性强，点与点之间道路标示详细，则可选择"有路不越野"。因为道路有利于运动中图地对照，在运动中随时明确站立点在图上位置，如路的拐弯角，路与路的交叉口，路的最高点、最低点等，不易迷失方向。而且道路相对光滑、平坦，不仅有利于提高奔跑速度，还可以节省体力。

（二）"择近不择远"原则

如图 2-4-3 所示，若两点之间树林稀疏，地势起伏不大，通透性强，则可选择"择近不择远"。

（三）"走高不走低"原则

如图 2-4-4 所示，路线选择时，若选择了越野，则应遵守尽量在高处行进，避免在低处行进的原则。

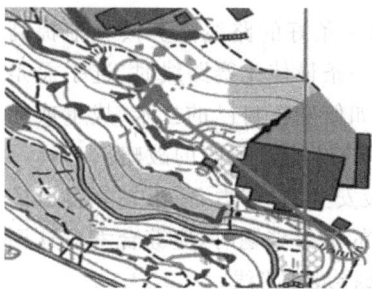

图 2-4-3

图 2-4-4

这是因为：

1.地势高的地方，视线好，便于确定站立点和保持行进方向；

2. 高处大多干燥、通风良好，荆棘、杂草、虫害及其他危险少；

3. 人们都习惯在高处行走，因此，像在山脊这样的地方，常常会有放牧、砍柴的人踏出的小路，利用它便于提高运动速度。

（四）"遇障提前绕"原则

在起伏较大、树林密集、障碍大的地段，坚持"遇障提前绕"，尽量寻找大路或明显参照物来确定自己的站立点，切勿在密林里或有大障碍物的路段穿行。

二、路线选择的方法

（一）借线法（扶手法如图 2-4-5 所示）

当检查点位于线状地形或其附近时，可以采用此法。行进时，要先明确站立点，然后利用易于辨认的线状地形，如小径、山咀、围栅、小溪涧、高压线等，作为行进的"引导"，使自己行进时更具信心。由于沿着线状地形前进如同扶着楼梯的栏杆行进，因此又称这种方法为扶手法。

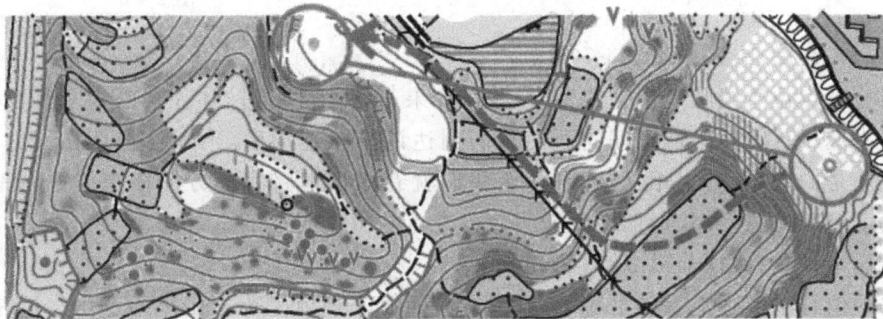

图 2-4-5

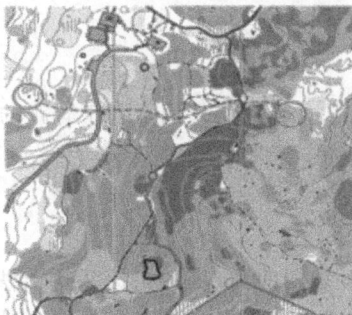

利用土丘作为攻击点　　　　利用道路的转角作为攻击点

图 2-4-6

（二）借点法（攻击点法，如图 2-4-6 所示）

当检查点附近有高大或明显的地形点时，可用此法。高大或明显的地形点可以是高塔、建筑物、路的交叉点等。到达攻击点后利用指北针确定检查点的前进方向，再寻找检查点。从攻击点寻找检查点可以提高寻找的准确性和简化路线。行进前，要先将该地形点辨认清楚，然后用最快的速度前往检查点。

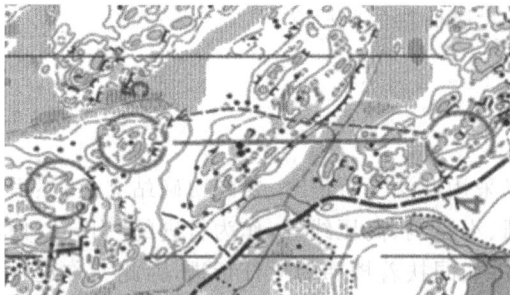

图 2-4-7

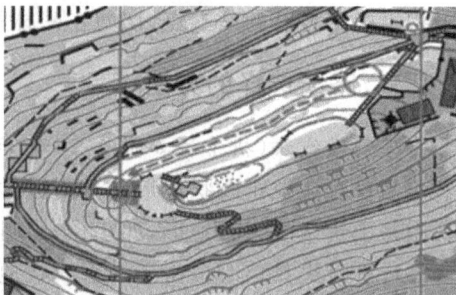

图 2-4-8

（三）偏向瞄准法（如图 2-4-7 所示）

当检查点位于线状地形上或其附近时，如果直接瞄准行进，往往会因为多种因素（如绕过灌木丛、沼泽地等）造成偏向而使我们到达该线状地形后，不知检查点在何方（应该是向左还是向右寻点）。相反，若一开始我们就有意识地将目标方向往左或往右偏移一定的角度，则在到达线状地形后就能明确检查点的位置所在了。

（四）水平位移法（如图 2-4-8 所示）

水平位移法实际上就是沿着等高线行进，简单来说就是不上山也不下山。这是一种常用的而且在寻找地形较复杂检查点时较实用的方法。对地貌的判断和在等高线行进的良好感觉是运用该方法的前提。

运用该方法应注意以下几点：

1.站立点或辅助点与检查点在同一高度。

2.站立点或辅助点与检查点之间的植被可通行且无其他不利于奔跑的障碍物。

3.由于体力下降，选手往往会无意识地往山下偏移，这时要努力做到下（上）几米就上（下）几米的纠错措施。

（五）导线法（如图 2-4-9 所示）

在站立点距离检查点较远，途中地形又很复杂的情况下，可以采用此法，把一条路线分成几个线段逐一完成（同分段运动法）。行进中，要充分利用各个明显地形点，从而保证行进方向和路线的正确性。

（六）距离定点法（步测法，如图 2-4-10 所示）

在起伏不大、植被较多、无道路、观察不便的区域内寻找检查点，可采用此法。首先

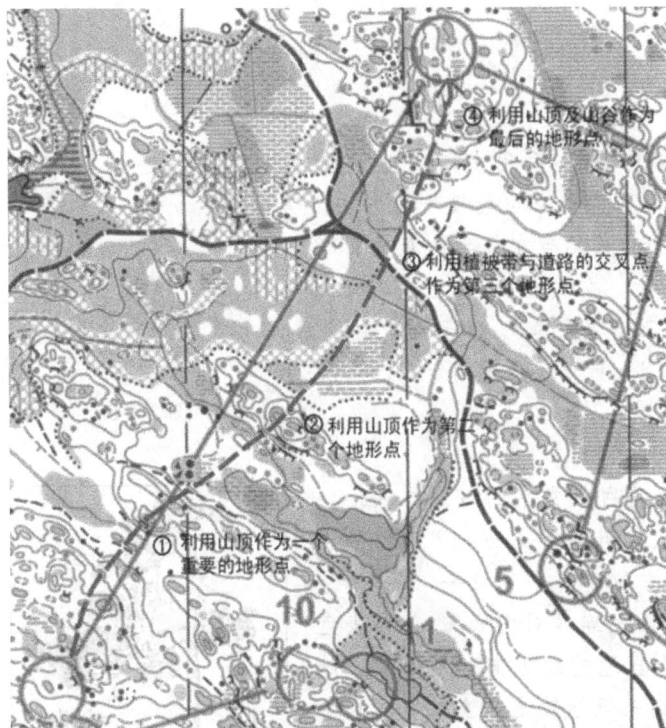

图 2-4-9

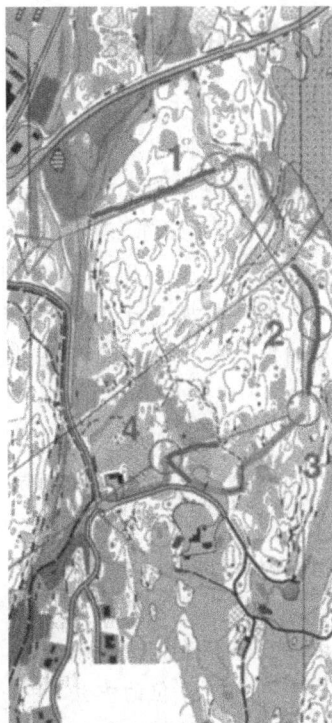

图 2-4-10

通过比例尺从图上量算出站立点或辅助点至检查点的实地距离,并换算成自己的步数。利用指北针确定行进方向,沿直线走(跑)完自己的步数。

选择一条路线,我们可以形象地把它分成三个区域——黄区、绿区、红区,如同交通规则中的划分方式一样。在不同区域应采用不同的定向方法。

黄区——标准定向。这一区域内的各种明显地形点将逐渐引导选手接近检查点,因此应多利用借点、导线、水平位移等方法行进,并尽可能地保持标准跑速。

绿区——概略定向。在这个区域,由于刚刚标定了行进的方向,精确地确定了站立点(借助于检查点),可以用最快的速度奔跑。如有可能,应多采用借线、记忆等方法沿道路奔跑。

红区——精确定向。即将到达检查点,应减慢跑速,防止过早地兜圈子寻找点标或者错过点标。此时应勤看地图勤对照,时时明确站立点在图上的位置。可以多采用拇指辅行、偏向瞄准、借助进攻点等方法,并借助指北针确定行进方向,通过步测确定行进距离,参考检查点说明寻找点标。

知识拓展

1. 利用太阳判定方位

利用太阳出现时刻的位置判定方位:利用太阳早出于东、夕没于西的规律判定方位,是晴天白昼判定方位最便利的方法。其实,太阳出于正东、没于正西的现象,只发生在每年的春分日(3月21日)和秋分日(9月23日)这两天。在我国,大体上说,春、秋季,太阳出于东方,落于西方;夏季,太阳出于东偏北,落于西偏北;冬季,太阳出于东偏南,落于西偏南。据此,就能概略地判定东、南、西、北方位。

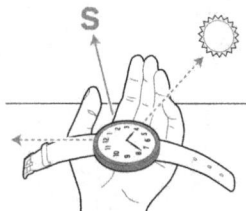
图 2-4-11

2. 利用太阳和手表判定(图 2-4-11)

利用太阳结合手表判定方位是白天常用的一种方法。一般来说,在当地时间 6 时左右,太阳升起于东方,12 时位于正南方,18 时左右没于西方。判定方位时将手表持平,以当地地方时之半处的表盘分划与手表中心之连线对向太阳,此时表盘中心至"12"连接线延长方向便为当地的北方向。利用太阳结合手表判定方位的方法,用一句话来概括就是:"当地时间折半对太阳,12 字头指北方"。使用此法时应注意,时间为 24 小时制计算,在此纬度 23°26″(北回归线)以南的地区,夏季中午时,太阳偏于天顶以北,故此季节不宜采用此法。

3. 利用地物特征来判定(图 2-4-12)

有些地物、地貌由于受阳光、气候等自然条件的影响,形成了某种特征,可以利用这些特征来概略地判定方位。

独立大树,通常是南面枝叶茂密,树皮较光滑;北面枝叶较稀少,树皮粗糙,有时还长青苔。砍伐后,树桩上的年轮,北面间隔小,南面间隔大。

图 2-4-12

突出地面的物体,如土堆、土堤、田埂、独立岩石和建筑物等,南面干燥,青草茂密,冬季积雪融化较快;北面潮湿,易生青苔,积雪融化较慢。土坑、沟渠和林中空地则相反。

我国大部分地区,尤其是北方,庙宇、宝塔的正门多朝南方;广大农村住房的正门一般也多朝南开。

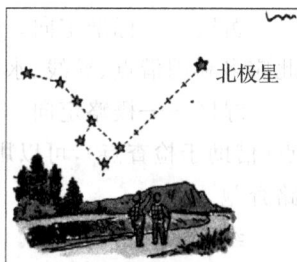
图 2-4-13

4. 利用北极星判定方位(图 2-4-13)

这是晴朗之夜概略判定方位的简易方法,和利用太阳判定方位一样广泛适用。北极星大约位于地轴向北延伸的方向线上。在北方星空，它的位置可以认为相对不变，故可用来判定方位。顺着大熊星座勺口两颗星的方向划一条连线，在长短约是这两星距离5倍的另一端，便是明亮的北极星，人们面向北极星站立的正前方恰是正北方。

学以致用

一、识图题

自我测试一：把以下地图中的点标与照片上所列出的实际地形对号入座。

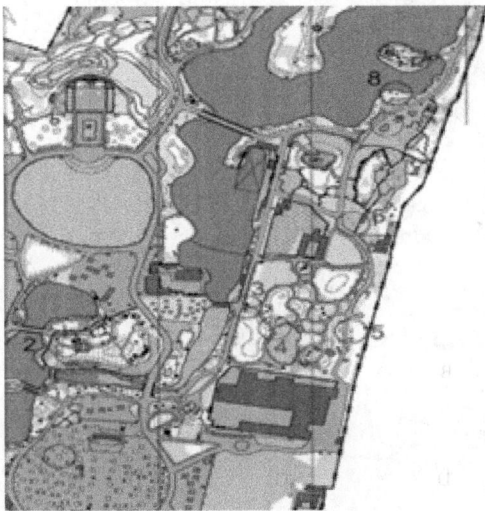

A=
B=
C=
D=
E=
F=
G=
H=

自我测试二：对照以下地图回答相应问题。

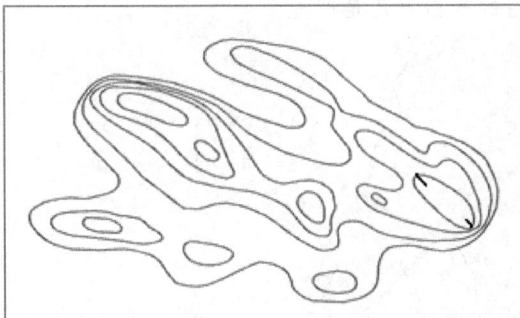

有几个小丘？
有几个小丘高度相同？
陡坡在哪？
哪个或哪些小丘海拔高度最高？
最大的凹地在哪？

自我测试三：说明箭头所指方向地势升降情况。

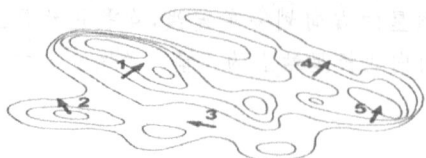

1=　2=　3=　4=　5=

自我测试四：说明箭头所指方向地势升高还是降低或在同一高度。

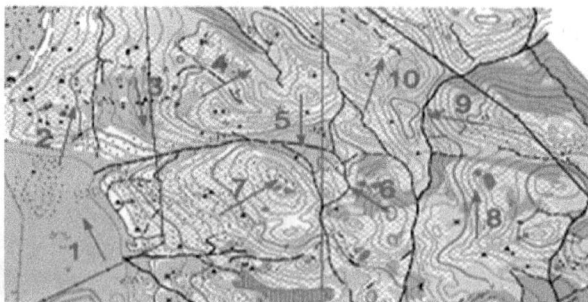

1=　2=　3=　4=

5=　6=　7=　8=

9=　10=

自我测试五：对号入座。

1=　　　　　2=

3=　　　　　4=

5=　　　　　6=

7=　　　　　8=

自我测试六：指出 10 个"×"所指的是山脊还是凹地。

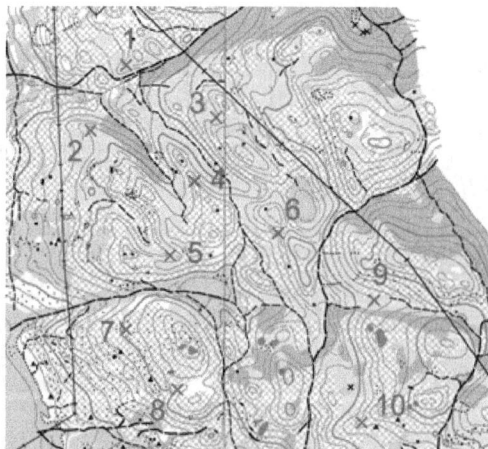

1=　2=　3=　4=　5=

6=　7=　8=　9=　10=

自我测试七：指出从起点到检查点的主要标志物。

自我测试八：指出下图中应当选择的路线。

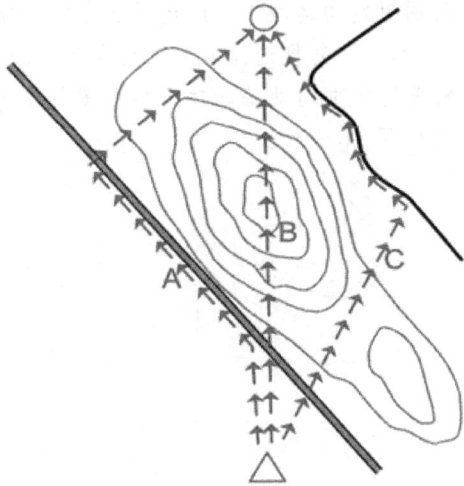

自我测试九：找出三张图中除直线路径外，其他两条可选择的路线，说明每条路线的优缺点，并指出最佳路线。

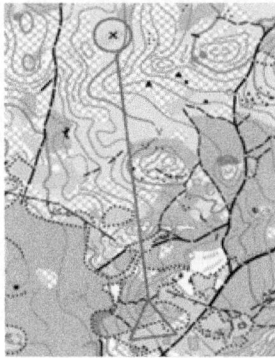

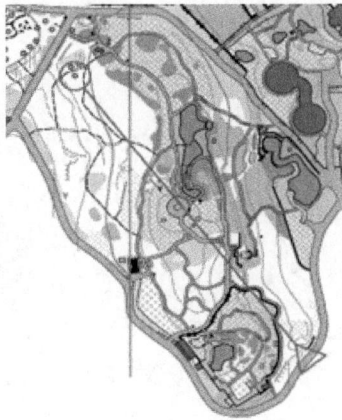

二、简答题

1. 地图上的颜色代表什么？

2. 判定地貌的结构有何意义？怎样进行地貌结构的判定？

3. 如何标定地图？

4. 怎样确定站立点？

5.示坡线有何特点?

6.用什么方法可以快速估算你离一个陌生地点的距离?

7.通过定向运动中路线选择能力的训练,你感悟到了什么? 在人生当中为了实现自己的目标,应该怎样选择一条最适合自己的道路?

8.学习定向运动基础知识和地图使用方法,对你在生活中克服困难,树立远大目标是否有所帮助,为什么?

第三章 定向运动的基本技能与地图制作

应知导航

通过本章内容的学习,你能够全面深入地了解定向运动,并在此基础上提高自己的技能。此外,本章详细介绍了定向运动技能的形成、发展及评价,同时还介绍了定向越野制图软件及使用方法。

第一节 定向运动的技能原理

在定向运动中,我们所要掌握的不仅仅是基础知识和技术,更重要的是运动技能,知识与技术是技能的养料,我们要切实地在把握技术的基础上拓展技能,从而提高自己的运动水平,在实际的定向运动中,实践比赛是培养和提高定向运动技能的最有效的途径。

一、定向运动技能分类

定向运动的技能可分为精确定向技能和概略定向技能。

(一)精确定向技能的培养与使用

精确定向技能是利用户外复杂地物地貌进行定向的一种技能,通常在短距离的路段或长距离路段的最后部分使用。在实施精确定向技能时,选手一般可以借助指北针仔细瞄准目标方向,从"进攻点"接近检查点,并只需要判读预定直线方向的地物地貌,读地图相对容易些。另一方面,由于实施精确定向技能的区域的地貌一般较为细碎而复杂,读地图的地形范围较小,从而要求选手集中注意力进行分析思考,这样限制了奔跑的速度。我们通常用步测结果,确定行进距离。地物地貌很细碎,所以容易出现偏差,需要尽力瞄准方向,尽可能地读出周围的特征地物,从图中量出实地从站立点到检查点的距离,并用步测估算出行进的距离。

(二)概略定向技能的培养与使用

概略定向技能就是利用野外的地物地貌朝着大型地物特征点,或沿明显"扶手"(扶手一般也叫线形地物地貌)进行定向的技能。使用该技能时,选手可以对图上的地物地貌进行简化处理,忽略不重要的地物地貌,只需留下一些突出的对定向有用的大型地物地貌特征。在这个阶段,需要边奔跑边读地图,同时不断调整地图的方位,并不断确认周围地形,留心地形细部特征,但不要把时间浪费在核实地形上。学会超前读图、概括地形、运动中读图和记图是十分必要的。

二、定向运动技能培养

根据定向运动过程结构,分阶段对定向技能进行培养。

（一）出发技能的培养

出发点的技能对定向比赛非常重要,在这个阶段选手必须调整好心态,在拿到地图后准确、迅速地标定好地图,浏览全图,根据图上标给定向路线,弄清基本走向,明确出发点与终点间的关系。迅速进行地图与实地对照,贯彻好路线选择原则,即"有路不越野""走高不走低""遇障提前绕""就近不就远"四大原则。选准适合个人情况的出发点到达1号检查点的具体运动路线。简而言之,出发阶段的任务即:标定地图,了解路线走向,按四大路线选择原则选择好路线,想办法走上大路,然后迅速奔向目标点。

（二）途中技能的培养

虽然参赛者的水平不一,采用的技能有所不同,但均表现出两项基本技能:一是随时标定地图,一般依明显地物地貌点标定或者根据指北针标定;二是明确站立点在地图上的位置,做到"人在实地走,指在图中移"。其具体运动技能主要有七种:一是分段运动法,比如当参赛者在3号检查点上,就根据图上3号与4号检查点的位置,将运动路线分成到达辅助目标鞍部再到达山脊西侧独立房,再到达小高山为准的三段,这样前进,既可把握好行进方向,又能随时明确站立点在图上的位置,并能减少读图时间,提高运动速度;二是连续运动法,在分段运动法基础上,在未达到某一个辅助目标前,在奔跑过程中边跑边从图上分析下一段能通视地域内的地形,考虑选择下一个辅助目标及具体的路线,因而不需要在辅助目标上做停留来寻找检查点,形成连贯性运动;三是路段记忆法(连续记忆法),将最佳路线记在脑中,运动中按所记忆的路线行进,并在到达某一检查点以前又将下一路段的路线记在脑中,以便到达检查点时又能立即离开,连续寻找下一个检查点,如此循环;四是依扶手运动法,扶手一般指道路沟渠、高压线、通风线等线状地物地貌,例如从第4号检查点出发,先沿小径运动,看到高压线向右再沿高压线前进,其特征只用扶手控制运动方向;五是依点运动法,是指用明显的地物地貌点,用分段运动法和连续运动法寻找检查点,其特征是用点来控制运动方向;六是提前绕行法,这种方法是在检查点之间有大的障碍时用的,提前想好绕行方法,将绕行时间降到最低;七是测步法,在起伏不大、无道路、有植被覆盖、通视较差时使用,首先确定前进方向,测出站立点到目标点的距离,并换算成复步数,边记下复步数边接近目标点,直至找到检查点。

（三）检查点技能的培养

定向运动的核心问题是检查点的找寻，在定向运动中，尽快找到检查点至关重要。选手寻找检查点的重要原则是：当接近检查点时，要在地图上分析，确定下段最佳运动路线，熟悉路线两侧地形，对检查点的实地位置做到心中有数，争取一次"捕捉"成功，并在"捕捉"成功之后，迅速打卡快速离开，避免为他人指示目标。接近检查点的技能通常主要有四种：一是简化法，即抓住靠近检查点附近的地形地貌的主要特征，快速接近检查点，利用小山丘脚作为明显特征地物并当作接近检查点的"扶手"；二是放大法，选择一侧进行接近更容易发现检查点，从右侧接近检查点最容易，因为从右侧最容易看见小路末端（检查点所在位置）；三是偏向瞄准法，即当检查点在扶手地物上或一侧，并且运动方向与扶手地物的交角较适宜时，根据地形条件，有意向左或向右偏离检查点，运动时以该线状地物为攻击目标，当运动到该地物时，再向右或向左沿扶手寻找检查点，为了避开灌木丛或其他一些类似地区，用指北针瞄向岔口的一边，当到达小路时向右转沿小路即可到达检查点；四是顺延法，即顺着通向检查点的地物到达检查点。

（四）终点技能的培养

当找到最后一个检查点后，根据出发时明确的出发点与终点的关系，依据已选择的最佳运动路线或组织者的规定必经路线，结合自己的体力状况，以最快速度向终点运动。接近终点时要做最后的冲刺。

三、定向运动智能培养

定向运动是一项富于挑战性且独立性极强的运动，要求参与者在体能极度消耗的情况下，从起点到终点都必须独立地做出所有抉择，独立地处理在运动过程中出现的任何问题，不断地回答"我在哪儿，我去哪儿，我如何选择，如何跑进"的问题，必须合理使用指北针，进行读图和判别。与人进行追逐时，落后者难免会有一些心理上的落差，因而定向运动对参与者在智能上也有独特的要求。定向智能通常可以归结为从事定向运动所需要的地理学、测绘学等基础学科知识，以及视觉反应与鉴别能力，独立思考分析能力，决策与判断能力，方位感知能力，心理调整能力，集中注意力能力等，定向智能培养与提高的方法一般包括定向基础学科知识的培养与提高和定向职业能力的培养与提高两部分。

（一）定向基础知识的培养

1.通过理论学习掌握与提高定向运动所需要的地理学、测绘学等基础学科知识。

2.通过各种实践训练来巩固定向运动的基础学科知识。

（二）定向专项能力的培养

定向专项能力主要包括视觉反应与鉴别能力，独立思考分析能力，决策与判断能力，方位感知能力，心理调整能力，集中注意力能力等。下面介绍几种培养与提高这些能力的方法：

1.采用书面形式训练,即采用侧重于认知能力的测试,从智力、知识技能、能力倾向角度出发,并以定向运动专业知识和与定向运动密切相关的学科知识为主要素材,用题目多、时间少的方式训练学生的紧迫感。

2.图上定向智能实践练习,即在规定时间内,在定向地图上快速完成一条或几条定向比赛路线并对路线选择、运用战术做出分析,然后放下地图进行回忆。

3.实地定向智能练习,安排不同比例尺的定向地图,在地形地貌比较细碎,明显地物少的地带或林地,设置较多点标并形成较多交叉路线的定向路线进行练习,实践的范围可根据需要调整大小,但必须使练习者不断地思考。

4.举行模拟定向训练赛。

第二节　定向运动的技能评价

一、定向运动技能形成与发展的过程

运动技能是指人体在运动过程中掌握并有效地完成专门动作的能力。关于运动技能的形成与发展过程,有多种研究理论分别从不同的角度对运动技能的学习进行了阐释和说明,下面是以巴甫洛夫高级神经活动学说为基础阐释运动技能的四个发展阶段。

(一)运动技能获得阶段——泛化过程

学习任何一个动作的初期,通过教师的讲解和示范以及学生自己的初步运动实践,都只能获得一种感性认识。此时,动作技术所引起的人体内外界的刺激,通过感受器(特别是本体感觉)传到大脑皮质,引起大脑皮质细胞强烈兴奋。另外,因为皮质内抑制尚未确立,所以大脑皮质中的兴奋与抑制都呈现扩散状态,使条件反射暂时联系不稳定,出现泛化现象。这个过程表现在肌肉的外表活动往往是动作僵硬、不协调、不该收缩的肌肉收缩,出现多余的动作,整个动作显得忙乱紧张,完成的动作在空间、时间上都不精确。这些现象是大脑皮质细胞兴奋扩散的结果。在此阶段,练习者主要是通过视觉观察示范动作并进行模仿练习,较多地利用视觉来控制动作。因此,动觉的感受性较差,对于动作的控制力不强,难以发现自己动作的缺点和错误。在此过程中,教师应该抓住动作的主要环节和学生掌握动作中存在的主要问题进行教学,不应过多强调动作细节,而应以正确的示范和简练的讲解帮助学生掌握动作。

(二)动作技能改进阶段——分化过程

在不断的练习过程中,初学者对该运动技术有了初步的理解,一些不协调和多余的动作也逐渐消除。此时,大脑皮质运动中枢兴奋和抑制过程逐渐集中,由于抑制过程加强,特别是分化抑制得到发展,大脑皮质的活动由泛化阶段进入了分化阶段。在动作的联系阶段兴奋和抑制过程在空间和时间上更加准确,内抑制过程加强,分化、延缓及消退抑制都得到发展;注意的范围有所扩大;紧张程度有所减少,动作之间的干扰减少;多余动作趋向消除,动作的准确性提高;识别错误动作的能力也有所加强;初步形成了一定的技能,能比较顺利地和连贯地完成完整动作技术。因此,练习过程中的大部分错误动作得到纠正,这时初步建立了动力定型。但定型尚不巩固,遇到新异刺激(如有外人参观或比赛等),多余动作和错误动作可能会重新出现。在此过程中,教师应特别注意错误动作的纠正,让学生体会动作的细节,促进分化抑制进一步发展,使动作更趋准确。

(三)动作技能稳定阶段——巩固过程

通过进一步反复练习,运动条件反射系统已经巩固,进入建立巩固动力定型的阶段,大脑皮质的兴奋和抑制在时间和空间上更加集中和精确,掌握的一系列动作已经形成了完整的有机系统,各动作都能以连锁的形式表现出来,自动化程度扩大,意识只对个别动作起调节作用。此时,练习者的注意范围扩大,主要用于对环境变化信息的加工上,对动作本身的注意很少;视觉控制作用减弱,动觉控制作用加强,能及时发现和纠正动作的错误。在此过程中,教师应对学生提出进一步要求,如果有条件,可以指导学生进行技术理论学习,更有利于动力定型的巩固和动作质量的提高,促使动作达到自动化程度。

(四)动作自动化

随着运动技能的巩固和发展,暂时联系达到非常巩固的程度以后,动作即可出现自动化现象。所谓自动化,就是练习某一套技术动作时,可以在无意识的条件下完成。其特征是运动者对整个动作或者是对动作的某些环节,暂时变为无意识的。一般来说,许多体育运动技能需要经过多年的和大量的练习才能达到和保持自动化的水平。

二、定向运动的技能评价

在定向运动技能的学习过程中,对技能掌握情况的及时反馈对技能的掌握有十分重要的作用。因此,建立合适的定向运动技能的评价标准,促进练习者更好地进行自我评价是非常必要的,下面根据初、中、高级三个等级评价标准分别进行论述。

(一)初级评价标准

1.使用地图和指北针

学会看懂地图里的比例尺、地貌符号、地物符号、磁北方向线、地域颜色、等高线、山脊、冲沟等;能看懂校园或小型公园的地图;学会指北针的使用方法;利用指北针来找准方向;学会利用指北针来找点标;在校园里、居民小区或公园里能利用指北针完成定向跑。

2.选择最佳的行进路线

初步领会定向运动路线选择的原则,在简单场地做出路线选择;在校园公园等较易辨别方向、标志物明显的场地做出路线选择。

3.能够运用基本技术

初步领会定向运动中的一些方法及技巧,如实地使用地图的技术、选择运动路线的技术、捕捉检查点的技术等。

4.具备良好的专项身体素质

进行基本的专项身体素质练习,具备跑、跳、攀、爬、涉等基本的活动能力。

5.其他方面

了解什么是定向运动,能说出定向运动的常用术语及掌握基本的技术知识;能认识与使用定向器材;能组织趣味型的课堂练习;具备在校园里或公园里完成8～10个标点,2～3千米距离的定向能力。

（二）中级评价标准

1.使用地图和指北针

学会分析野外或大型公园地图,能利用指北针给地图定向;能利用指北针在公园里、居民小区或野外完成定向跑;能利用指北针单独完成接力定向、专线定向。

2.选择最佳的行进路线

在点标间距比较短或路线不交叉或点标与点标间角度大于90度情况下,做出路线选择。

3.能够运用基本战术

掌握两三种定向运动项目的技术及方法。

4.具备的专项身体素质

具备较全面的跑、跳、攀、爬、涉等基本的活动能力,具备一定的户外奔跑能力。

5.其他方面

学会并掌握专线定向方法,能准确画出自己所在地位的点标,能掌握接力定向的方法,了解接力定向的要求,掌握定向运动的简单竞赛规则;具备在校园里或公园里完成15～17个标点,3～4千米距离的定向能力。

（三）高级评价标准

1.使用地图和指北针

熟练掌握国际定向越野图及指北针的使用,做到在复杂的环境下的精确定向,用地图和指北针快速识别方向。

2.选择最佳的行进路线

在不同的环境和条件下做路线选择,如:在点标间距离长短不一、前进的方向和角度时常变化、点标比较难找的情况下,都能选择合适路线。

3.能够运用基本战术

掌握较多的定向运动项目的技术及方法,并能在比赛中熟练运用。

4.具备的专项身体素质

具备全面的跑、跳、攀、爬、涉等专项运动能力;具备较强的野外奔跑能力。

5.其他方面

掌握夜间定向、五日定向跑的基本知识;学会如何科学地制订运动处方;完成标准定向地图的绘制、路线的设计;组织班级间的小型比赛;参加班、校级以上的定向跑比赛。

第三节 定向运动地图的制作

一、定向运动地图制作的基本步骤(如图 3-3-1 所示)

(一)区域的选择

如果想要在公园或校园里举行定向比赛,那么什么样的地形适合比赛呢? 如果要制图的话,哪些地形适合呢? 通常来说,这类区域包括:

1.单个学校或多个校园连在一起的教育园区;

2.中小型的公园;

3.具有足够丰富且能够被标识在地图上的物体的区域,这些物体为人造物体、小径、水系、植被及建筑物等;

4.没有主干道穿越当中的区域;

5.能够明显区分边界的区域。

此外制作地图的区域取决于赛事的目的。如果只是为了举行一场练习赛或者友谊赛,那么地图所需的区域的面积范围在 400 米×400 米左右就足够了,如果是为了举办一场具有一定规模的赛事,那么选取 1000 米×1500 米的区域,就足够完成一张 A4 纸大小且比例为 1:5000 的地图了。

(二)获得该区域的使用许可

在地图开始制作之前,还有一个十分重要的环节不能够被忽略,那就是获得场地所有者的使用许可。那么,我们应该找哪些部门去获得许可呢? 通常情况下,我们可以根据场地的不同情况前往学校的主管部门、公园的园林管理处、公共绿地所在地区的街道管理部门等。

选择合适的区域

获得场地使用许可

获得底图

确定成图的比例

确定地图的色彩问题

实地测绘

计算机辅助制作

场地复查

印制地图

图 3-3-1 定向运动地图制作的基本步骤

（三）获得底图

定向地图制作的本质是在一张实地底图的基础上,在对所需的
区域进行实地测绘之后,将各种符合定向比赛所需要的地理信息添加到底图上去。因
此,计划制作地图区域的底图对于定向地图的制作来说是必不可少的。那么向谁去要这
样的底图呢? 一般说来,在校园中,从学校的基建处就可以获得这样的底图;公园管理处
一般都会有公园的底图;而公共绿地的底图可以从该地区的测绘部门处获得。

看完这些介绍以后,你一定会产生另外的一个疑问:什么样的底图适合用来制作定
向地图呢? 我们认为合适的底图包括以下几种:

1.测量图:包括城市、道路、水利、绿化建设领域使用的规划及已竣工区域的大比例
的地形图资料,它们的比例尺从1：200 到1：5000不等(如图 3-3-2 所示)。

2.航拍地图:这种航空拍摄的地图,目前已覆盖我国的大部分领土区域(如图 3-3-3
所示)。

3.旧的定向地图:有一定年限的定向地图也是很好的底图资料(如图 3-3-4 所示)。

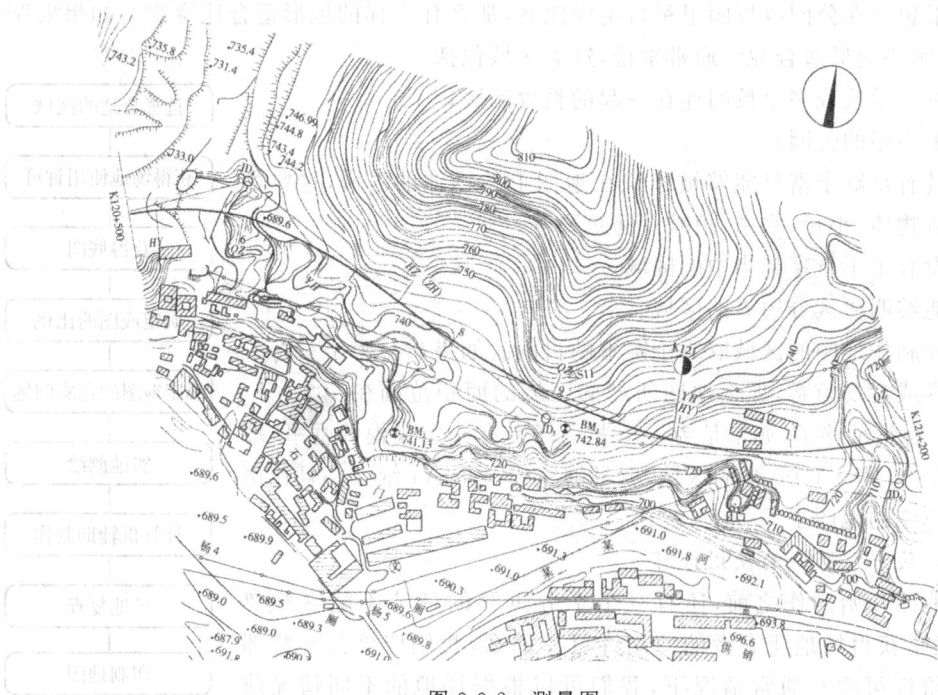

图 3-3-2　测量图

图 3-3-3　航拍地图

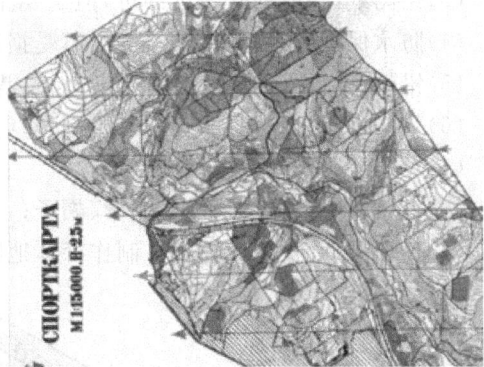

图 3-3-4　旧的定向运动地图

（四）比例尺的选取

比例尺的选取可以根据场地的大小及赛事活动的目的而定，一般在 1∶3000～1∶7500。

对于公园地图，大小最好为 A4 到 A3 之间，比例尺可以在 1∶5000 或 1∶7500 或 1∶10000 中选择。

对于校园地图，大小最好不超过 A4 大小，比例尺一般比较大，可以为 1∶1000 或 1∶2000 或 1∶3000 或 1∶4000 或 1∶5000。

（五）决定地图的色彩

当前，我们一般都采用 OCAD 软件来完成地图的后期绘制工作，OCAD 软件使彩色地图的制作变得十分的简单。地图的印制需要一定的花费，因此赛事的组织者可以根据自身的经济情况以及赛事的规模来决定比赛地图的色彩。对于一般的学校俱乐部来说，彩色地图的印制需要的费用会比较昂贵，操作起来比较困难，我们建议采用黑白地图；另一方面，在组织具有一定规模及经济条件的赛事时，彩色地图以其丰富的信息量显示出优越性，不但能使运动员读图更为清晰，而且也能确保比赛的公正性，此时就有必要采用彩色的比赛地图。

（六）制图的物质准备

1.地图的制作需要的专业物质装备（图 3-3-5）

（1）指北针：作为最必不可少的装备，必须具备良好的准确性和水平性能（针不容易晃），而且要求带刻度盘，记住千万不能使用拇指型指北针；

（2）绘图板：要求表面平整，质地坚硬，轻便易携，大小以 A5 左右为宜，太大会造成正中间的区域在绘制的时候出现麻烦，太小则会限制测绘的区域；

(3)绘图纸:一般的硫酸纸即可,但是要注意防水和防潮;

(4)防水保护膜,用来保护绘图纸不受损坏;

(5)铅笔:直径 0.5mm,常用颜色为红、黑、蓝、绿、黄;

(6)笔袋,可根据自身的喜好自行制作;

(7)尺子、量角器、剪刀、胶带、橡皮;

(8)电话、身份证、钱、手纸、雨伞、帽子;

(9)长袖衣裤、食物、饮料(在制作森林地图时尤为重要);

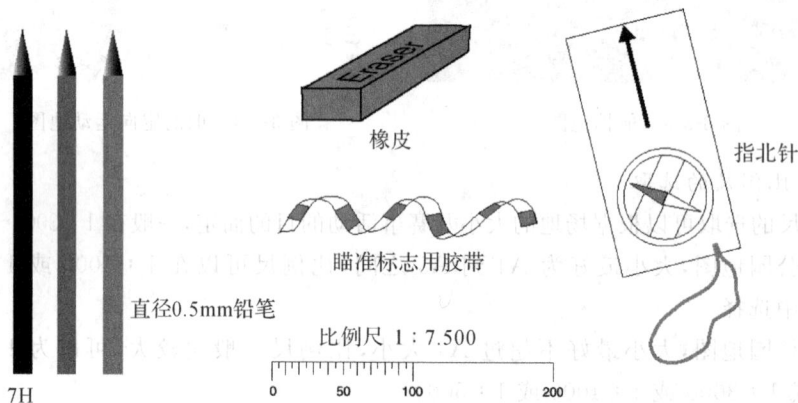

图 3-3-5　地图制作需要的专业物质装备

(10)计算机、扫描仪、制图软件(OCAD)、彩色打印机;

(11)适合自己的步距尺。

2.步距尺制作

由于每个人生理条件的差异,步距都有差异,如果绘制者用 150 步走完 100m,那么他的单步步距就是 $100/150=0.67$(m)(复步步距即为 1.33m)。当绘制者采用 1∶1000 的比例尺的底图进行实地测绘时,在实地行进了 10 步(单步)后,则在图上应该画的距离为 $0.67×10/1000=0.0067$(m)$=6.7$(mm)。这种个性化的步距尺可以减少实地测绘时用于计算的时间,同时使用方便,可以被粘贴在制图板的角落上。在野外制图讲究效率,因而通常使用复步;但绘制公园地图讲究准确性,因而使用单步。

(七)实地测绘

实地测绘是关系到地图最终质量好坏的关键环节,赛事公正性及比赛的结果都会受到其准确性、详细程度等因素的影响。因此,我们在开始实地测绘之前必须为整个测绘过程制订计划。

1.测绘的计划与准备

计划的制订主要须考虑区域性问题和时间性问题。区域性问题主要指需要实际测绘的区域的大小、地图用途、成图大小和成图比例尺等因素对地图成图的影响。时间性问题主要指地形类别、底图新旧、测绘的季节、测绘人的经验及测绘人员每日的工作量等因素对测绘时间跨度的影响。

例如：

应测区域	4 千米^2
每平方千米需要的时间	24 小时
每天实地测绘时间	6 小时
所需时间合计(4×24/6)	16 天
不可预知因素影响	5 天
总计所需时间	19 天

(1)实地检查、确认底图的详细程度

测绘季节的不同,会使植被状况等因素产生变化;除此之外,由于定向地图制作是一个相对个性化的过程,即使是同一块场地,不同的制图员在细节上也会有不同的表述,因此,在开始实地测绘之前,必须大致了解将要测绘的区域,从而产生一个地物选取的基本标准,使地图的表现尽量做到整体一致,这一点在一个团队同时制作一张定向地图的时候显得尤为重要。

制图员在得知需要测绘的区域后,首先要在该区域进行一次快速巡视,对其中的地物以及植被状况形成初步了解,并且建立一个详细的取舍标准。如果该区域的测绘工作是由一个团队负责的,那么所有参与人员都必须一同进行此次巡视。接下来,按照个人特点划分负责的区域,尽量以明显的线性边界作为分割线,比如小溪、道路等等,而且每个区域的边界区域必须有重合的部分,便于后期制作时使用。

(2)确定底图的比例尺

如前所述,我们应该根据赛事的需求及场地的实际情况来确定地图的比例尺。而我们在实地测绘的时候,使用的底图地图比例尺是最终成图的 2 倍。举例来说,如果比赛采用的地图比例尺为 1∶5000,则实地测绘时底图采用的比例尺为 1∶2500。这么做的好处在于,当你在进行实地测绘的时候,图纸上能有足够的空间,用以标注各种符号。当然,情况允许的条件下,其他比例的底图也可以考虑使用。

在确定底图比例尺之后,我们只需要将原始底图在黑白复印机上进行缩放,即可得到我们需要的大小。

（3）标定磁北线

在标定磁北线时，应该选取地图上两个真实的点状地物，然后进行连线，利用角度偏转获得该直线与磁北线的夹角度数。然后我们可以通过量角器来确认磁北线的方向。在实际操作的过程中，我们可以多测量几次，以便于减少误差，使误差尽量控制在±1%以内。

磁北线标注方法如图 3-3-6 所示。

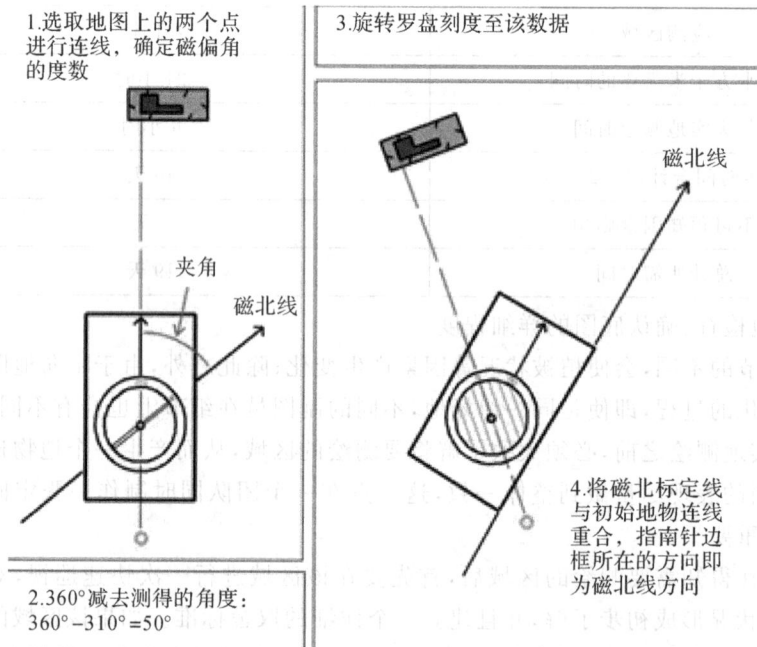

1.选取地图上的两个点进行连线，确定磁偏角的度数

夹角
磁北线

2.360°减去测得的角度：
360°－310°＝50°

3.旋转罗盘刻度至该数据

磁北线

4.将磁北标定线与初始地物连线重合，指南针边框所在的方向即为磁北线方向

图 3-3-6　磁北线标注方法

注意点：

① 地物必须在底图上选取。

② 取 2 到 3 个地物连线的偏角的角度，以减少误差。

③ 金属物质（围栏、铁门、手表等）及地下埋有电缆的区域都会影响指北针，从而产生误差，注意回避这些物体及区域。

地理北极：地球是一个球体，中心由一条假设的地轴贯通，地轴的北端为北极，从地球表面任一点通至北极的直线，都指示真正的方向，故所有的经线均是真北线，真北通常以"＊"号表示。

磁北极：指北针红箭头所指方向，磁北通常以半个箭头符号"↑"表示。由于两磁极的位置不等于两极，故指北针所指的并不是真北而是磁北，北磁极在 1975 年时在加拿大北部,约为北纬 76°西经 100°,磁极会因时而不同,所以地图通常均会注明磁偏角的年月。

方格北极:地图上方网格线所确定的北方。磁北与方格北是最普遍使用的基线,当在户外作业时,使用磁北;图上作业则使用方格北。

（4）制作栅格

在确定了磁北方向后,我们需要将底图栅格化,将磁北线分成若干等分(可根据实际情况划分)。以 1∶2500 的底图为例,我们每段选取 4 厘米,然后再划段做垂直线。

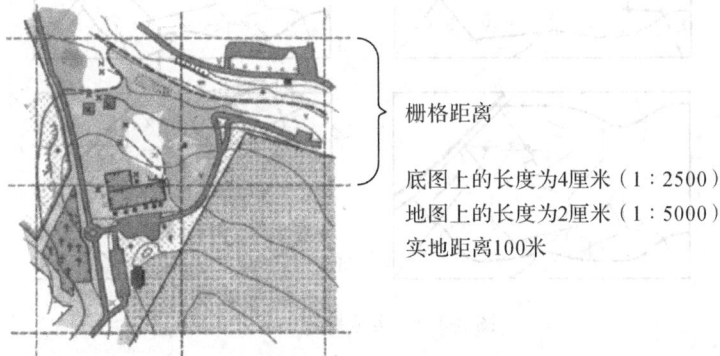

栅格距离

底图上的长度为4厘米（1∶2500）
地图上的长度为2厘米（1∶5000）
实地距离100米

图 3-3-7　底图栅格示意图

（5）制作绘图板（图 3-3-8）

栅格化完毕之后,依据人员的数量复制相应的副本。将首先进行测绘的区域用剪刀剪下(15 厘米×15 厘米为宜,当然这也可以根据各人喜好来确定大小)。然后,把剪下的底图在制图板上展开并粘贴好,再加上一层防水膜,将绘图胶片粘贴在防水膜上。最后,需要用彩色铅笔把底图上的栅格线在绘图胶片上描一次。接下来,就可以去场地,开始实地测绘了。

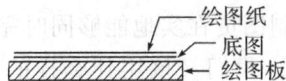

绘图纸
底图
绘图板

图 3-3-8　制作绘图板

2.实地测绘的基本技术

在了解实地测绘技术之前,我们先来看看地图上表示各种细节的符号。这些符号可以分成 4 大类:线状符号,例如道路、围栏、溪流、输电线路等;点状符号,例如岩石、人造物体、小丘等;区域符号,例如植被带、湖泊等;地貌符号,例如等高线。在了解这些分类之后,我们在实地测绘时面对众多的地物地貌就不会手足无措了。

定向运动地图的制作主要采用两种基本技术:角度偏转和步测。何为“角度偏转”?就是利用指北针测量出地物与磁北线的夹角,从而根据该角度确定地物与自己站立点的方向关系。"步测"就是利用步距测量出站立点与目标地物两者之间的距离。在实际操作的过程中,我们一般先确定测绘区域的边界,再添加线性地物和点状地物,接着添加区域性的植被,最后完成等高线(如图3-3-9)。具体操作过程如下:

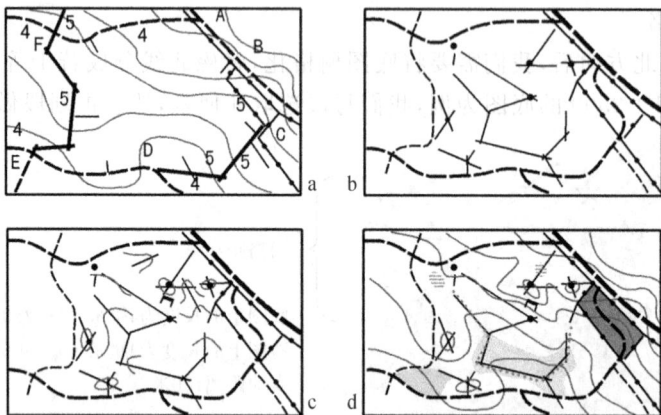

图 3-3-9　实地勘测的程序

(1)确定该时段测绘区域的边际。

(2)确定线性地物:在选定当天要测绘的区域后,就可以从线性地物开始着手,依次将各种线性的地物(如道路、溪流等)添加到底图上。

(3)添加点状地物:首先将线性地物附近的点状地物(岩石、人造物等)添加到底图上,然后再添加远离道路的点状地物。

(4)确定区域性植被状况:利用此时底图上现有的线性符号及点状符号,确定区域性植被的边界及拐点,最终确定该区域的情况。

(5)完成等高线:根据该区域山体走势,完成等高线分布状况。

通常情况下,一个有经验的制图员在实地能够同时完成上述的几个步骤。

在了解完实地测绘的步骤后,我们又该用什么样的实际操作方法来完成上述步骤呢?前面提及的"角度偏转"和"步测"就是基本方法。在实际运用中,还应注意以下几点:

A.角度偏转(图3-3-10):

① 确定线性地物及点状地物的位置;

② 误差要求控制在±1度;

③ 最远测量距离小于150米。

B.步测:

① 准确性受许多因素影响,例如坡度、地面平整度等;

② 最远步测距离不得超过100米。

　　除了单独运用之外,还可以把角度偏转和步测两种手段结合起来。在向前偏转时(如图 3-3-11 所示)先确定自己在图上的站立点,然后利用指北针测出目标地物和磁北线之间的夹角,再用步测来测量目标地物和当前站立点之间的距离。

　　曲线偏转的情况下(如图 3-3-12 所示),弯曲的线性地物会使一些人觉得难以测量。其实我们不妨回想一下数学上对于"圆"的定义:圆就是由无限小直线组成的。利用这种化曲为直的方法,将弯曲的线性地物想象成为若干个直线线性地物的组合,问题就迎刃而解了。具体来说,在测量这样的线性地物时,我们的站立点应该位于各种线性地物的中央,然后利用向前偏转的方法,先用指北针测出第一个拐点与磁北线之间的夹角,再利用步测获得站立点到第一个拐点的距离。接着测量第二个拐点、第三个拐点,直至整个弯曲的线性地物。

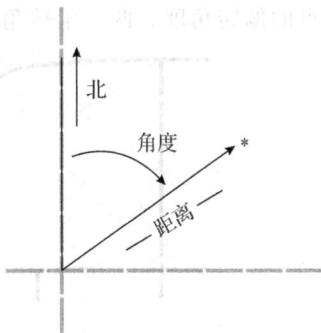

图 3-3-10　角度偏转示意图

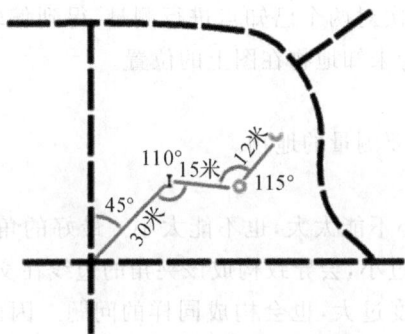

图 3-3-11　向前偏转示意图

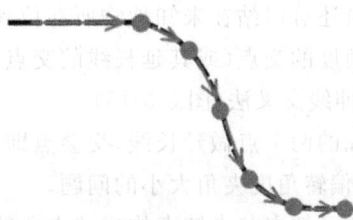

图 3-3-12　曲线偏转示意图

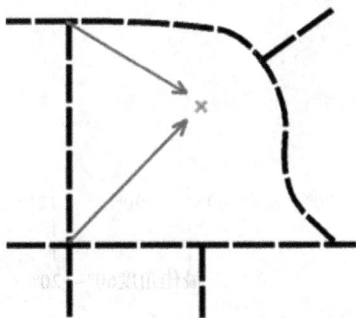

图 3-3-13　交叉法示意图

(6)利用已知点测未知点:利用已知点确定未知点的方法有三种。

① 交叉法(图 3-3-13)

制图员可以通过两个已知地物来确定未测量的地物。依次在两个已知点,测量未知点的偏转角度。两个偏转角度线的交点(或其延长线的交点)即为未知点在图上的位置。

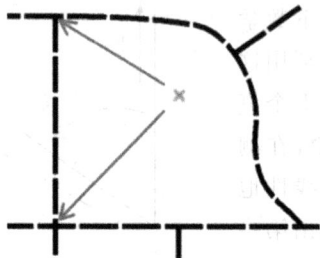

图 3-3-14 反向交叉法示意图　　　　图 3-3-15 延伸线交叉法示意图

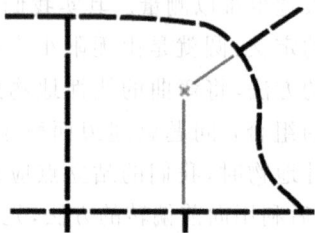

② 反向交叉法(图 3-3-14)

制图员还可以站在未知地物所在位置,依次对两个已知点进行测量,得到偏转角度。两个偏转角度的交点(或其延长线的交点)即为未知地物在图上的位置。

③ 延伸线交叉法(图 3-3-15)

从已知的两个点做延长线,交会点即为所要测量的地物。

要点:偏转角度夹角大小的问题。

由两个已知点与未知点构成的夹角的大小不能太大,也不能太小。最好的角度是在 60 度到 120 度之间(如图 3-3-16 所示)。角度过小,会导致构成该夹角的边线在交点处接触的面积过大,容易造成交点位置的偏差;角度过大,也会构成同样的问题。因此,最适合的角度的范围是在 60 度到 120 度之间。

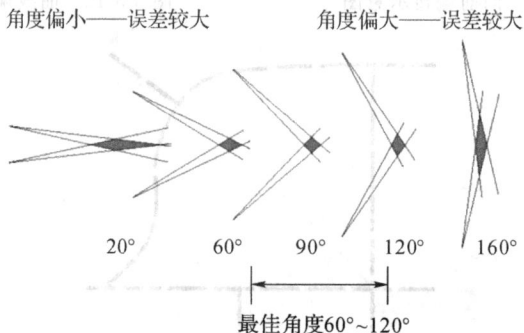

图 3-3-16 磁方位夹角与误差示意图

（八）实地复查

实地复查是保证地图质量的一个相当重要的步骤。通常在实地测绘之后，我们还需要进行这一步骤。尤其是当一块区域的测绘由一个团队共同负责时，实地复查就更为重要了，通过这项工作，可以统一地图的风格和详细程度。若地图是某人独立制作，那么复查最好交由不同人员来完成，若地图由团队制作，那么复查工作最好由团队中的某一个成员担任。

当然，实地复查并不是要对已测绘的区域再次测绘，其目的在于使地图的风格和地物取舍标准达到最大限度的统一。所以实地复查中任何可能的大的变动都必须与该区域的原始测绘人员进行讨论后再决定。

（九）计算机辅助制作

制作一张高质量的定向地图，其完整性的70％来自后期的制作。因此在实地测绘完毕之后，制图员必须及时利用计算机进行辅助制作，并且计算机制作的时间与实地测绘的时间比例为1∶1，也就是说在计算机上几乎要用上与实地测绘相等的时间。

（十）印刷地图

在整张地图全部制作完毕之后，我们将地图文件导出并制作菲林后，送至印刷厂印制成比赛用图。

二、计算机后期制作（OCAD）

（一）OCAD 软件及其特性

最早的定向地图是由绘图人员手工绘制到胶片上，再送去印刷厂印制的。在 20 世纪 80 年代末，瑞士人 Hans Steinegger 发明 OCAD 软件，使定向地图的制作变得更为简便，如今该软件已经成为世界上最主流的定向地图制作软件。OCAD 软件利用矢量化的方法进行地图的制作。地图上所有的符号均由矢量化的点、线条、区块和特用字符来表示。到目前为止，最新的版本为 8.0，大家可以从 http://www.ocad.com 下载试用版。不过试用版有一定的限制性：最多能够绘制 1000 个目标物体，只能制作不多于 5 条线路。接下来我们就对 OCAD 及其最新版本的优点做一些介绍。

1. OCAD 软件的特性

（1）矢量性：矢量图形是指绘图程序对物体的定位、填充、形体构造等以数字的方式进行记录，包括图像对象的几何性质：直线、曲线、基本几何图形的形状和大小。

（2）符号性：地图上所有的物体均由符号构成。

2. OCAD 8.0 版本的特性

（1）更多的模板形式：8.0 之前的版本对于模板格式的要求十分苛刻，只可以为 BMP 及 OCD 格式，8.0 的版本将模板的格式在原来的基础上扩展到 JPG、GIF、TIFF。

（2）打破模板原有的旋转模式：8.0 之前的版本，模板旋转的角度只能为 ±10 度，这就要求手绘底图在扫描时注意磁北方向位于扫描仪的顶部。而在 8.0 的版本里，该界限已被打破,模板允许任意角度的旋转。

(3)多个模板操作及模板恢复功能:8.0 之前的版本,一张地图只能打开一个可操作的模板,在 8.0 的版本中,最多能同时打开 5 个模板,而且模板关闭之后,重新开启不需要再进行任何调整,模板即可自动恢复到原始位置(模板即为你在野外测绘的成果草图,已经用 100dpi 以上的分辨率扫描到电脑,并储存为 OCAD 认可的文件)。

(4)比赛路线设计功能:8.0 版本增加了赛事路线设计功能,使做图和路线设计能够被同时完成。

(二)OCAD 软件的操作示意图(图 3-3-17)

1.标题栏

图 3-3-17　OCAD 软件操作示意图

在整个窗口的最上方是标题栏,显示的是目前打开的文档的途径。标题栏的右侧分别是:最小化按钮、还原按钮、关闭按钮。

2.菜单栏

OCAD 8.0 的菜单栏共有 10 个子菜单,分别是 File(文件)、Edit(编辑)、Symbol(符号)、View(视图)、Extra(附加)、Course(路线)、Temperate(模板)、Option(选项)、Windows(视窗)、Help(帮助)。在这一版本中着重强调了路线及模板栏的特性,这两个都是先前的版本中没有涉及的。

(1)File(文件)菜单栏

File 菜单栏中的命令有创建新文件,打开已存的文件,保存,导出,导入文件以及退出等。

New:新建文件,点击后弹出一个窗口,分为上下三个复选框:map type(地图类型)、Information(地图信息)和 load symbol from(导入地图符号)。首先,制作一张新的地图,可以选择 Normal map(普通地图文件),接着在第二个复选框中选取 Orienteering map

10000 或者 Orienteering map 15000。除此之外，如果设定了其他比例的符号集，也可以通过 Browse 命令进行编辑。然后，要制作专用于比赛的路线，可以选择 Course setting for orienteering（路线设计），选择后根据手工地图的比例尺在第二栏内选择与其相符的路线设计的文件。上述的选择结束以后，在 OCAD 里就会打开一个新的地图符号集和作图区。Information 则用来记录这幅地图制作过程中的一些信息。

Information：给目前正在工作的工作文件添加解释说明。

Open：用于打开存档文件中文件格式为＊.ocd，＊.elt 的文件。

Close：关闭当前工作文件。

Save：对当前工作文件进行保存。

Save as：将当前的文件另存为一个新文件名的文件。

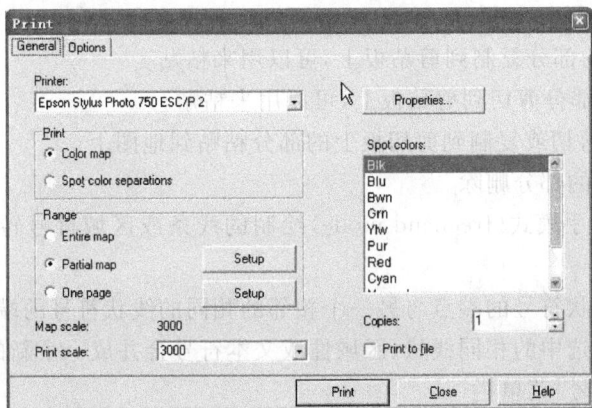

图 3-3-18　地图打印

Print：地图打印。点击后弹出如图 3-3-18 所示的打印设置窗口，它分为 2 个二级窗口：General（一般设定）及 Options（选项）。在 Printer 中可以选择所需的打印机。Print 中 Spot color separations 表示用单色打印，Color map 代表打印出的是彩色地图。Range 是用来控制打印的区域大小。Entire map 选项表示打印的是整张地图，当当前地图的尺寸大于打印纸的尺寸时，就只能够分幅打印了。在这种情况下，我们便可以选择 Partial map，通过 Setup 来确定某一页的大小。如果选择了 One page，就表示地图会印在一张打印纸上。Map scale 是定向地图的比例尺，会在计算机中自动生成，Print scale 指实际输出地图的比例，一般来说与 Map scale 的比例是相同的。在 Options 中可以对是否对打印输出的地图进行栅格化处理进行选择。

Import：用来保证导入文件是 OCAD 支持的格式，他们分别是＊.ocd、＊.ai、＊.dxf、＊.emf、＊.wmf。很多情况下用于分幅地图的拼合。点击后会弹出一个新的窗口，有 Place with offset 和 Place using the mouse 两个选项，都是用来确定导入的地图的所在位置。Place with offset 指通过具体的坐标偏移来确定初始位置,Place using the mouse 指用鼠标直接确定导入初始位置。

Export:导出地图文件。通过 Export 可以将原本为 ocd 格式的文件导出为我们常用的图片格式。输出的格式可以为＊.bmp、＊.ai、＊.dxf、＊.tiff、＊.gif、＊.jpeg/jpg、＊.eps等。

Backup:对当前的文件进行备份。

Restore:将备份的文件恢复。

Exit:退出 OCAD,也可以在标题栏直接点击关闭按钮退出。

(2)Edit(编辑)菜单栏

Edit:菜单中撤销和编辑选中的部分的命令。

Undo:撤销上一次的操作,最多可以撤销 15 个操作步骤。

Redo:作用与 Undo 相反。

Copy:将选中的部分复制到剪贴板上,可以用来粘贴。

Cut:将选中的部分剪切到剪贴板上,可以用来粘贴。

Paste:将已被剪切或复制到剪切板上的部分粘贴到地图上。

Delete:将选中的部分删除。

To curve:将徒手模式(freehand mode)绘制的线条或区域符号转换成曲线模式,使之更为平滑。

Join:把一个线状符号的端点与另一个相邻的相同的线状符号的端点连接起来。

Merge:把多个选中的相同线状、区域性或文本符号合并成一个新的符号。

(3)Symbol(符号)菜单栏

Symbol 菜单栏包括新符号建立,对现有符号修改,色彩定义等功能。

New:建立新符号。点击后,会出现新的对话框,可供选择。可以建立 Text(文字)、Line text(线性文字)、Point(点状)、Line(线状)、Area(区域)、Rectangle(矩形)六种符号。

Edit:对选中的标识进行编辑。

Icon:对符号在符号栏中显示的图标进行编辑。

Enlarge/Reduce:放大或缩小选中的符号。在子对话框中可以选择适当的比例放大或缩小,如果在 All symbols 选项中打钩,那么该操作适用于所有的符号。

Copy:将选中的符号保存到剪贴板。

Paste:将储存在剪贴板上的符号复制到当前的地图符号中。

Delete:删除选中的符号。

Duplicate:复制选中的符号到当前的符号中。此命令可以用于新建一个与当前符号相近的符号,只需在复制之后对该符号进行修改即可。

Sort:排列符号。可以根据符号的编号(by number)对符号进行排序,也可以根据符号的色彩(by color)进行排序。

Colors：新建、重定义及编辑符号目前所使用的颜色。可改变当前符号使用的色彩。

Normal：恢复命令。可以将被保护和隐藏的符号恢复到初始状态。

Protect：保护命令。可保证选中的符号在图上不被改动或移动。被保护的符号在符号集中图标上会出现一条灰色的斜杠作为记号。

Hide：隐藏命令。可以隐藏选中的符号。被隐藏的符号在符号栏中的图标也会出现相应的灰色十字叉作为记号。

Load colors from：导入色彩。可以从别的符号中导入色彩，但是导入之后，将完全覆盖原色彩。

Load symbols from：导入符号。可以从别的符号集中导入符号，新的符号将覆盖原有的符号。

（4）View（视图）菜单栏

View 菜单栏集合了在视窗内显示地图区域的命令。

Spot colors options：分色显示选项，选择需要分色显示的色层。

Spot colors：分色显示，把地图分色层显示。

Transparent map：使地图透明化。

Transparent map options：透明化地图选项。

Redraw：刷新。

Move：移动屏幕的显示范围，快捷键为 F6。

Move to：移动到具体位置，可根据横纵坐标来使移动更加精确。

Zoom out：扩大显示的范围，快捷键为 F8。

Zoom in：缩小显示的范围（及放大显示的内容），作用与 Zoom out 相反，快捷键为 F7。

Entire map：显示所有地图区域。

0.25×～32×：选择地图显示放大倍数。

Hatch areas：阴影化已绘制在地图上的区域符号。操作之后，能够看到区域符号下面的底图及各区域性符号之间的重叠情况。

Standard toolbar 或 edit toolbar 选项可以选择在工具栏内是否显示标准工具栏及编辑工具栏。

（5）Extras（附加）菜单栏

Extras 菜单栏是包括了一些附加功能的综合功能栏，这些功能可应用在整张地图。

Change symbols：图上所选的符号可以由另一符号完全替换。

Export by symbol：可将所选中的符号绘制的物体导出到全新的地图文件上。

Delete by symbol：删除所有的由选中的符号在图上绘制的物体。

To curve by symbol：可将选中的全部 freehand mode 绘制的符号转化为 curve mode。

Partial map：将当前文件的局部输出为新文件。

Grid lines：栅格化地图。

Name index：建立名字索引。

Optimize/Repair：优化（减小）地图文件的大小，将先前的一些诸如删除、粘贴等操作引起的存储增量压缩，并恢复被损坏的物体。

Move map：可以将选中的地图，移动至全新的位置。在点击之后，出现的子对话框可以精确定义地图在作图窗口的位置。

Change scale：改变地图比例尺。通过该功能能够改变地图的比例尺，并生成相应比例尺的全新地图。

Rotate map：旋转地图。在点击后出现的子对话框中通过对 Angle（角度）的选择确定旋转的情况。

Stretch map：水平或垂直拉伸地图。

Select by symbol：可以用来全选选中的符号在图上描绘的物体。即在符号栏选中Contour（等高线）符号，则地图上所有的等高线均被选取。

（6）Course（线路）菜单栏

该菜单用于路线设计时使用，呈现了8.0版本的新增功能。

Course statistics：用于检查检查点是否被分配到每条路线及该检查点的被共同使用的情况。

Options：点击后出现子对话框，可以定义检查点编号与检查点圆圈的距离，连接线与检查点圆圈的距离。如果选择 Print the code，在打印时检查点编号之后会出现检查点所在位置的打卡器的编号。Course title 用以定向在检查点说明表上的标题。Controls description on map 可以定义检查点说明表方框的大小。

（7）Temperate（模板）菜单栏

Temperate（模板）即为你在野外测绘的成果草图，已经用100dpi以上的分辨率扫描到电脑，并储存为 OCAD 认可的文件。8.0版本强化了模板打开功能，并将它单独列入菜单栏。

Open：打开已扫描入电脑的模板，使之成为绘制地图的背景图层。8.0加强了模板的接受模式，可以打开的文件格式为 ＊.bmp、＊.ocd、＊bid、＊.tiff、＊.gif、＊.jpeg、＊.jpg。另外，8.0版本允许同时打开5个模板。

Reopen：重新打开模板。可以将已关闭的模板打开并自动恢复到原始位置。

Close：关闭模板。

Scan：扫描模板。分选项 select source 用于选择扫描仪，Acquire 用于进行扫描。

Adjust：调整模板。打开模板之后，点击该命令调整模板使之与屏幕坐标的网格或已绘制的部分地图相对应。

在前面，我们讲过底图栅格化的问题，这个时候，底图上的栅格的交叉点被用来作为基本点与作图窗口上的栅格线进行对应。具体操作如下：

Hide：隐藏模板。快捷键为 F10，可暂时将模板隐去。

Options：用以雾化底图，使底图的色彩变淡。

（8）Options（选项）菜单

Options 菜单包括关于模板及 GPS（全球定位系统）的命令。

Preferences：可以根据个人的喜好设计 OCAD 软件的参数。

Shortcut：对快捷功能键进行定义或改变。

Color correction：纠正屏幕显示的色彩。

Scales：设置底图的比例尺及网格的大小。

弹出的子对话框中显示的 Map scale 即为目前地图的比例尺。Paper coordinates 中 Grid distance 即为作图窗口中栅格框的边距。可根据地图比例及底图比例进行设置。

Real world coordinates 表示栅格以实地尺寸为坐标，在 Horizontal offset 和 Vertical offset 栏中输入坐标原点的水平及垂直偏移量。Angle 中输入角度值，在 Grid distance 中输入栅格的边距。

Adjust GPS：调整使底图坐标与 GPS 提供的坐标一致。

Open GPS：打开 GPS。

Close GPS：关闭 GPS。

（9）Help（帮助）菜单栏

Help 菜单提供所有关于软件的信息及当前地图的相关信息。

（10）Windows（窗口）菜单栏

该菜单用于改变作图区的显示方式。

Title：将所有已打开的作图窗口同时显示在屏幕上。

Cascade：叠层显示所有的已打开作图窗口，下面的地图只能看到其标题。

3. 工具栏

（1）按钮作用

OCAD 的工具栏由六组带有形象图标的按钮组成，分别为 Standard buttons（标准按钮）、Edit（编辑按钮）、View（视图）、Parameters（参数）、Edit mode（修改）和 Drawing mode（绘图模式）。

① Standard buttons：标准按钮，用于进行文件操作。

② Edit：编辑

Duplicate object：复制。首先选中目标物体，按复制键即生成一个与这个物体完全一样的符号。

Fill or make border：填充封闭曲线或给区域性符号添加边界。操作时先选中目标物体，然后在符号栏内选择希望填充或作为边界的符号，按该键即可。

Change all symbols：全体替换。首选选中目标物体，然后在符号栏中选择希望对其进行替换的符号，按全体替换键把先前的符号在图上绘制的所有目标物体，如果想对某一目标物体进行单独替换，可按替换键 Change symbol，操作方法与完全替换相同。

Reverse：翻转所选的线状符号或调换线条的起终点。例如，对于栅栏及土崖等有齿线的线状符号，按该键可以改变的是齿线的方向。

Measure：测量。可以测量所选中符号的长度及面积。

Grid：栅格。显示参考坐标的栅格的开关。可在 options 中设置其边距长度。

Smooth：平滑度。用以设置从 Freehand mode 到 Curve mode 的平滑程度。1 为默认选项。

Edit mode：编辑方式

③ View：视图

④ Parameters：参数

⑤ dit object：编辑目标物体。用于选中物体及被选中物体的整体移动。

Direction：方向。用于改选点状物体、字符的方向。

Rotate：旋转。用于旋转选中物体的方向。

Cut hole：裁剪区域。用于对区域性符号中某块区域的裁减。先选择需要裁剪的区域，然后选择裁减的方式（及绘图模式直线、曲线等），接着按该键，最后绘出所需图形的边界即可。

Cut：裁剪。仅用于对用线性符号绘制的物体进行裁剪。

Move parallel：平行缩放。能够对线状物体径向缩放，并保存与原位置的平行。

Edit point：编辑点。对线条及区域的基本点进行编辑。按该钮后，对目标物体进行选择，所选中的物体会出现多个特性点（基本点、角点、虚点和曲线点）。通过拖动上述各点来改变目标物体形状。

Normal point：基本点。用于插入基本点，也可以将其他性质的点转为基本点。

Connor point：角点。用于插入角点，也可以是将其他性质的点转为角点。一般多用于描述直线物体在转弯时。

Dash point：虚点。用于插入虚点或将其他性质的点转为虚点。对于虚线类型的符号在交叉、出现拐点等情况下表示极为有用。

Remove point：删除点。

⑥ Drawing mode

在绘制目标物体之前，必须先选择绘图模式，然后从符号栏中选择相应的符号。这六种绘图模式,各有各的长处,制图员可以根据自己的喜好,并结合底图上线条、区域的特性来选择绘图模式。

Curve mode:曲线模式。该模式绘制的曲线最少含有 2 个曲线点,若含有基本点的话,基本点前后均会出现相应的曲线点,通过对曲线点位置的移动可以达到改变线条形状的目的。

Ellipse mode:椭圆模式。确定需要绘制的椭圆的两个端点,再在两点之间拖动即可获得理想中的椭圆形状。

Straight mode:直线模式。

Circle mode:圆形模式。通过确定圆周上某点的位置来确定圆,可获得任何直径的圆。

Rectangular mode:矩形模式。多用于绘制矩形的目标物体,多用于建筑物的绘制。

Freehand mode:徒手画模式。单击鼠标左键即开始,随着鼠标的运动由基本点与点之间的线段构成的线条。若按住左键不放并拖动鼠标,下一次点击鼠标时可绘出直线。

(三)OCAD 制作地图的一般过程

图 3-3-19 展示了整个计算机后期制作的流程。

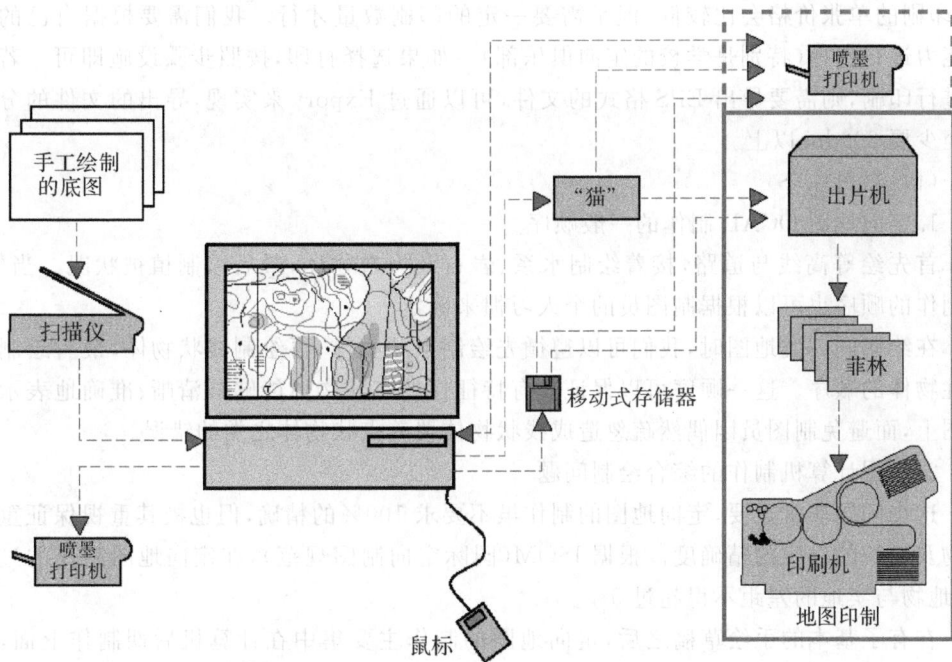

图 3-3-19　OCAD 制作地图的一般过程

1.新建(或打开)文件并导入模板地图

经过实地制作,制图者完成手绘底图之后,最好能够第一时间在计算机上将当天的工作成果用 OCAD 加工。首先,新建或打开一个 ocd 文件。若是新建地图,则需要在新建文件之后,在 Options 选项中设定地图的比例尺和栅格的边距,然后将当天的手绘底图放置在扫描仪内,通过 Temperate 中的 Scan 将底图导入电脑。扫描精度要求大于等于200dpi。务必把文件保存成为 OCAD 软件认可的模板格式。

2.绘制各种符号、调整模板

导入底图以后,要做的工作就是设置底图和实际绘制的地图的参数,在点击 Temperate 的 Open 选项之后,会出现子对话框,根据实际的情况设置参数并根据底图扫描后的情况设置适宜的角度,切记底图的正北方向必须指向作图窗口的正上方。然后,点击 Show grid,在屏幕上会出现栅格线,最后,利用 Adjust,将底图的栅格线的交点与作图窗口栅格线的交点重合。

3.打印或印刷地图

经过艰苦仔细的野外实地测绘和严谨的计算机绘制,一张定向地图就可以制作完毕了,在完成时需在二者中选择:是打印还是印刷呢?打印更为便捷,但是价格也会比较高;印刷的单张价格会比较低,但是需要一定的印刷数量才行。我们需要根据自己的支付能力进行选择(特别是学校的定向俱乐部)。如果选择打印,按照步骤设施即可。若需要进行印刷,则需要导出 EPS 格式的文件,可以通过 Export 来实现,导出的文件的分辨率至少要 200dpi 以上。

(四)制图综合

1.定向地图 OCAD 制作的一般顺序

首先绘等高线与道路,接着绘制水系、岩石及人造物体,最后绘制植被状况。当然,这制作的顺序也可以根据制图员的个人习惯来确定。

在绘制同一类地图时,我们可以遵循先绘制点状物体,再绘制线状物体,最后绘制区域性物体的顺序。这一顺序可以保证具有特征性的点状物体能够被清晰、准确地表示在地图上,而避免制图员因偶然疏忽造成线状物体覆盖点状物体之类的错误。

2.地图计算机制作的综合绘制问题

这个问题非常重要,定向地图的制作虽不要求 100%的精确,但也极其重视保证重要地物及地貌的对应的精确度。根据 ISOM(国际定向制图规范),在定向地图制作的过程中,地物与实地的差距不得超过 5‰。

在有了基本的手绘草稿之后,定向地图的制作主要集中在计算机后期制作上面,制图员通过适当的取舍、概括、夸张、位移等技法,使地图更适于阅读和使用。接下来,我们就为大家介绍一些制图的综合问题:

(1)取舍法:在同一块区域,一个或多个细小的同类型的地物可不予考虑。

在一块同一点状地物十分密集的区域内,十分显著的同类地物必须被清晰准确地表示在地图上,而那些细小的同类的地物则可以被忽略。

(2)位移法:当地物之间的距离太过接近,则在最终印刷制品上将会出现重合或者叠印的情况,尤其易出现在很小的区域,从而对运动员造成判断上的困惑。为了解决此种情况,我们往往采用位移法来解决此类问题,虽然经过位移之后,我们在地图中表示的地物并不处于其原始的精确位置,但是能帮助运动员在实地进行判断。这种技法的主要方法为:

★当点状地物(坑、洼地、小丘等)离道路太近的时候,可以适当将该点状地物向远离道路方向做小量的偏移(图 3-3-20)。

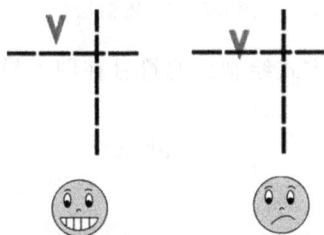

图 3-3-20　单方位移示意图

★当实地出现如图 3-3-21 所示的交叉型道路时,在地图上显示时,则会出现道路是正十字交叉的状况,显然地图的表示与运动员在到达该地时的视觉感受有所差异,为了弥补此类的问题,我们人为地将地图的两条道路进行一些位移,以缓解这种由于比例缩放造成的问题。

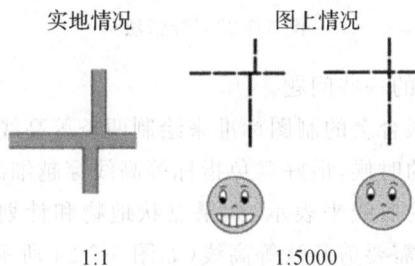

图 3-3-21　双方位移示意图

(3)概括法:如果在某个区域高频出现很多相似地物,制图员用某一区域性符号给予统一表示。例如在某一区域密集出现很多的大小不一的坑,逐一绘制非常困难,我们可以将该区域概括为凌乱的地区,用凌乱区域的符号进行表示(如图 3-3-22 所示)。

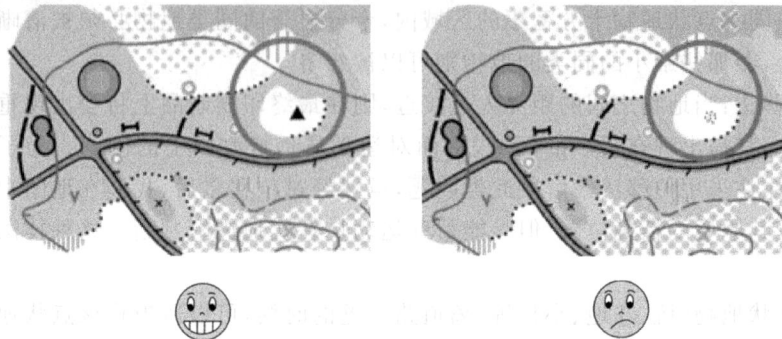

图 3-3-22　概括法

（4）夸张法：当采用按比例方式绘制出的符号在图上呈现效果不佳时，制图员可以适当地将所描绘的物体放大（图 3-3-23）。

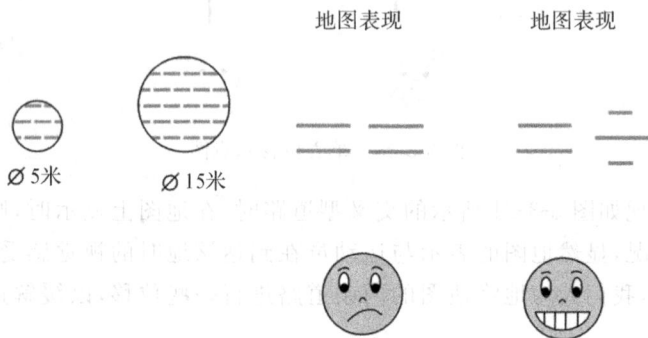

图 3-3-23　夸张法

（5）与等高线表示相关的一些问题。

★必须遵照国际定向联合会的制图标准来绘制两条等高线的间距。

★在选择指标等高线的时候，最好避免指标等高线穿越细部地物十分密集的区域。

★等高线最好由封闭的曲线来表示，如果点状地物和计划中的等高线相距太近，则可以适当移动等高线，否则需要剪断该等高线（如图 3-3-24 所示）。

★当等高线穿越点状地物及色彩不显著的地物时，应该将该等高线剪断。

★在实际绘制的时候，需要注意逻辑问题（如图 3-3-25 所示）。

（6）成图时必须添加的元素。

对于初级选手参加的比赛，我们可以在地图上添加上图例。如果地图是有偿制作的，我们需要标明制作人员及地图版权归属问题。还有，地图制作时间、地图所在区域周围的主要干道的名称、当地的一些风土人情及赞助商的广告也都可以根据需求添加到地图上。

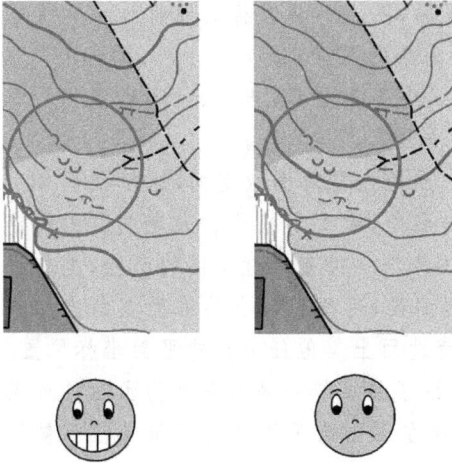

图 3-3-24

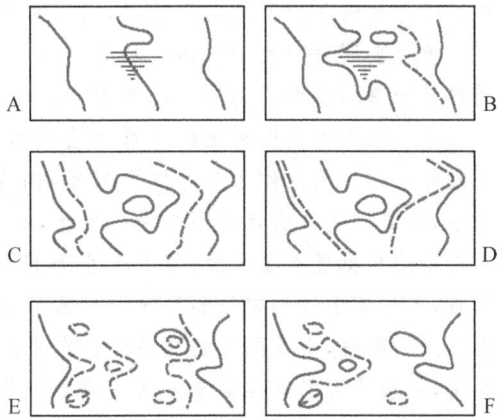

图 3-3-25

地图做好了之后,还有一些很重要的元素必须被添加上去,而且这些元素是必不可少的。比如地图名称、比例尺、线性距离标尺、等高距及磁北线。

(五)印制地图

地图印制可以根据自身的需求和自身的经济承受能力来决定,我们主要将地图印制分为两种形式:印制彩色地图和印制黑白地图。

1.黑白地图印制:制作黑白地图主要考虑到两种原因——经济条件、初级及迷你型的赛事。这样的情况下,我们如果完全按照国际定向联合会提供的 ISOM 体系的符号制作地图,则在黑白印制后,会出现颜色区别困难,不同色彩的同型符号无法分辨等问题,此时黑白的效果并不会很好。

2.彩色地图印制:一般有三种形式——印刷、喷墨彩色打印和激光打印。首先我们可以选择到印刷厂去印刷地图,特别是在举办中型赛事的时候,我们可以将地图导出并储存为一个 EPS 的文件,先去出片公司做出菲林胶片,然后送到印刷厂即可。这样的做法价格比较昂贵,但可以获得大量的地图。在需要的量不是很多,时间又相当紧的时候,我们可以选择用彩色喷墨打印机直接打印,这种做法无疑是单张价格最为昂贵的做法。在有了彩色激光打印机之后,我们可以在导出 EPS 文件后,直接去图文公司打印,价格也不是很高,而且速度很快。

知识拓展

定向地形图是怎样测绘出来的:

人们看到的一张张反映地球表面形态和面貌的地形图是相当复杂的。不论是地形起伏变化的山区,还是河流湖塘水网密集的水乡平原,图上各种各样的地貌和地物符号都准确地反映了地面的实际情况,它们是怎样测绘出来的呢?

首先要明确确定地形图上的每个点位需要的三个基本要素:方位、距离和高程。同时这三个基本要素还必须有起始方向、坐标原点和高程零点作依据。

用一张固定在图板上的白纸测绘地形图时,一开始先要对图板定向,这可根据事先测量的大地控制点作为起始方向来定向;在简易测图中,也可用指北针来定向。图板定向后,就要确定测图点在图纸上的位置,对于纳入国家统一的基本地形图的测绘,是有统一规范的坐标展点要求的;但对于小面积局部地区测绘,可假设独立的平面直角坐标系原点,即可着手按测方位和距离两要素的方式,测定地面上其他任何点的平面坐标位置。至于点的高程,由于国家高程系统已在全国各地布设了很多统一高程基准的水准点可供利用,一般均可用水准测量方法连测到测图区,因此在测图时采用视距三角高程测量的方法就可同时测定出任何一点的点位和高程。

我们知道,地面上任何地貌和地物的描绘都可用其变换点所组成的线条反映出来。地貌可用等高线反映出其高低和形态变化;地物如房屋、道路、河流等均可用其变换特征点所构成的线条表示出来;有不少特殊的地貌和地物还有专门的图例符号来表示。因此,测绘地形图的工作实际上就是测定并表示地面上所有地貌和地物的特征点。当然,不同比例尺的地形图,也还有个对特征点的取舍和繁简综合问题。

随着测绘科学技术的发展和进步,现代地形图的大量艰巨的测绘工作也已由传统的户外白纸测图转向室内的航空摄影测绘和航天遥感测绘,并已逐渐迈向全数字化、自动化测图。

学以致用

1. 运动技能的形成和发展分哪几个过程?

2. 一般接近检查点技能有哪些?

3. 定向地图的制作分哪几个步骤进行?你觉得哪一步最重要,并请说明理由。

4. 试列举在制图过程中应该注意的事项,并请说明理由。

5. 尝试制作一张简单的定向地图。

第四章　定向运动素质训练与安全

应知导航

本章介绍了发展定向越野的耐力素质、速度素质、力量素质、灵敏素质、柔韧素质等专项身体素质的练习方法以及发展各项身体素质的注意事项,便于练习者了解各项身体素质练习的手段与方法,使练习者有针对性地选择合适的练习方法,有的放矢地进行训练,从而达到理想的训练效果。同时,本章还提出了心理素质的重要性,只有身心同时发展才能自信地面对定向运动中遇到的难题。另外,本章节也介绍了定向运动中常见运动损伤的表象、产生的原因及处理与预防措施,在野外活动时可能会碰到的危险及进行应急处理的有效方法。

第一节　定向运动专项身体素质的内容与方法

定向运动的专项身体素质主要包括耐力素质、速度素质、力量素质、灵敏素质、柔韧素质等。

一、耐力素质的内容与方法

(一)耐力素质的概念及意义

1.耐力素质的概念

耐力素质是指人体在长时间进行工作或运动中克服疲劳的能力。这是反映人体健康水平或体质强弱的一个重要标志。任何田径运动项目,都必须具备相应的耐力素质。耐力素质可分为:

(1)根据活动持续的时间,可分为:短时间耐力、中等时间耐力和长时间耐力。短时间耐力主要是指运动时间为 45 秒～2 分钟的运动项目(如 400 米跑、800 米跑)所要求的耐力;中等时间耐力主要指运动时间为 2～8 分钟的运动项目所需要的耐力,其强度小于短时间耐力项目而大于长时间运动项目;长时间耐力是指运动时间超过 8 分钟以上的运动项目所需要的耐力。

（2）根据与专项运动的关系，可分为：一般耐力与专项耐力。一般耐力是指运动员有机体各器官系统长时间协调工作的能力；专项耐力是指运动员有机体为了提高专项成绩，最大限度动员机体能力，长时间地承受专项负荷，并保持工作的能力。一般耐力和专项耐力之间存在着密切的相互关系，由于一般耐力是在多肌群、多系统（中枢神经系统、心肺系统）长时间工作的条件下形成的，这就已经为专项耐力的发展创造了良好的条件。无论专项特点如何，良好的一般耐力水平都有助于运动员在专项耐力的发展中获得成功。因此，常把一般耐力看成是专项耐力发展的基础。

（3）根据器官系统的机能，可分为：心血管耐力和肌肉耐力。心血管耐力是循环系统保证机体长时间肌肉活动时营养和氧的供应以及运送代谢废物的能力，心血管耐力是影响耐力素质最重要的内在因素。根据运动时能量供应中氧参与的程度，心血管耐力可分为有氧耐力、无氧耐力、有无氧混合耐力和缺氧耐力。有氧耐力是指机体有氧供应比较充足情况下的耐力；无氧耐力是机体在氧供应不足产生氧债情况下的耐力。无氧耐力又可以分为乳酸供能无氧耐力（糖原无氧酵解供能）和非乳酸供能无氧耐力（ATP、CP分解供能）；有、无氧混合耐力是指机体在有氧和无氧双重情况下的耐力；缺氧耐力是机体在严重缺氧或处于憋气状态下的耐力；肌肉耐力是指运动员肌肉系统在一定的内部与外部负荷的情况下，能坚持较长时间或重复较多次数的能力。

2. 发展耐力素质的意义

耐力素质是人体的基本身体素质之一。耐力素质在超长跑、长距离跑、中长跑等周期性运动项目中的意义是不言而喻的。耐力素质对其他非周期性项目也有重要意义。

（1）通过耐力训练，提高运动员的呼吸系统、血液循环系统的功能。从而提高抗疲劳能力，抗疲劳能力越强，有机体保持持久的运动能力越强，是创造优异成绩的物质基础。

（2）通过耐力训练，使呼吸及心血管系统机能得到发展，血氧供应充分。有利于增加机体能量物质的贮备，使机体生理、生化功能提高，缩短训练后消除疲劳的过程。机体快速恢复可以使训练间歇缩短，增加重复次数，有利于完成大强度大运动量的训练任务。

（3）经过合理耐力训练，运动员提高了抗疲劳及疲劳后机体快速恢复的能力。快速恢复与提高大脑皮层中兴奋与抑制过程有节奏的交替能力，再加上有充足的能量、物质供应，这都成为其他素质（力量、速度、灵敏等）发展的物质基础，促进其他素质的发展。所以在现代的田径运动训练中，运动员在儿童、少年时期就逐步接受耐力素质的训练，改变了以往的传统观点。

（4）耐力训练还可以培养运动员坚毅、顽强、勇于克服困难的品质。这对运动员的心理素质的培养及技术、战术的发挥很重要。随着科学技术的发展，竞技场上人才辈出，现代的运动竞赛更为紧张激烈，运动员消耗的体能比以往更多，所以比赛不仅仅是比技术、比战术，很大程度上也是比体力、比意志。所以说运动员如果没有良好的耐力素质，无论在体力上、心理上以及技术、战术的发挥上,都很难适应竞争激烈的比赛需要。因此,目前对运动员耐力素质训练的认识应提高到一个新的地位。

(二)耐力素质的构成要素

耐力素质的基本构成要素主要有神经系统调节机能、心肺功能、能量供应、能量贮备、肌纤维结构以及心理素质等。

1.中枢神经系统的功能

中枢神经系统的功能对耐力素质有很大的影响。在耐力训练中,神经系统的活动特点是兴奋与抑制长时间保持有节律的转换,这种转换是形成人体能够长时间工作的首要条件。其次,中枢神经系统通过交感神经对肌肉、内部器官和各神经中枢起到适应与协调的作用,如各神经中枢间的协调性程度、神经中枢与运动系统间的协调性程度,运动系统间的协调性程度等,对提高肌肉活动的耐力水平具有重要意义。除此之外,中枢神经系统还能通过神经体液的调节,提高人体的耐力素质水平。如加强肾上腺素的分泌和肾上腺皮素激素的分泌,使心血管系统和肌肉工作能力提高,从而提高耐力水平。从上可知,中枢神经系统的功能对耐力素质有制约作用。反过来,耐力素质的训练又能促进神经系统有关方面功能的提高。这一点在发展耐力素质过程中要引起充分重视。

2.最大吸氧量

最大吸氧量是指在运动过程中,人体的呼吸和循环系统发挥出最大机能水平时,每分钟所能吸取的最大吸氧量。最大吸氧量的大小对耐力素质的影响十分明显。因为最大吸氧量本身就是反映有氧耐力水平的一个重要指标。最大吸氧量越大,有氧耐力水平也就越高。以有氧过程为主的运动项目中,运动员的最大吸氧量明显大于其他项目的运动员。同样,最大吸氧量水平越高,耐力性运动的成绩就越好。

3.有机体的能量储备与能量供应能力

有机体活动时的能量供应和能量交换的程度,在某种意义上取决于各种能量储备的大小和能量交换过程的动员水平。能量储备越多,耐力发展的潜力也就越大。如肌肉中磷酸肌酸(CP)、糖原的含量增多,就有利于无氧、有氧耐力水平的提高。肌肉中的CP储备能保证速度耐力活动中的能量供应;而肌肉中糖原的储备是耐力活动中能量供应的主要因素。能量供应速度主要在于能量交换的速度,耐力水平高的运动员,其机体内的能量交换速度也快,从而保证了能量供应在人体活动中不间断。能量交换的速度主要和各种酶的活性有关,耐力训练能有效地提高各种酶的活性(如肌酸激酶、乳酸脱酶、氧化酶等),使ATP的分解与合成速度加快。

4.有机体机能的稳定性

有机体机能的稳定性是指有机体的各个系统在疲劳逐步发展、内环境产生变化时,机能积极性仍然保持在一个必要的水平上。由于耐力活动会产生大量乳酸,乳酸的逐步堆积也引起肌肉组织和血液中的PH值(酸碱度)下降。因此,造成一系列人体机能能力下降的现象。如神经肌肉接点处兴奋的传递受到阻碍,影响冲动传向肌肉;酶的活性受到限制,使 ATP 合成速度减慢;钙离子浓度下降,肌肉收缩能力降低等。由此可见,有机体机能的稳定性往往取决于有机体的抗酸能力,抗酸能力越强,稳定的程度就越高,时间也越长。影响有机体抗酸能力的因素有许多,但主要和血液中的碱储备有关,碱储备是缓冲酸性的主要物质,习惯上以血浆中与碳酸结合的碱含量来表示。运动员的碱储备比未受过训练的人高出 10% 左右,这对提高运动员的抗酸能力,保持机能稳定性是很有利。

5. 有机体的机能节省化

耐力素质的水平还取决于有机体的机能节省化程度。机能节省化和有机体能量储备的利用率有很大关系。耐力活动过程中,各种协调性的完善、体力的合理分配都能有效地提高能量储备的利用率。如协调性的完善可以减少不必要的能量消耗;体力的合理分配则可以提高能量的合理利用程度(匀速能量消耗少,变速能量消耗多)。总之,高度的机能节省化,能使人体在活动时单位时间内能量消耗减少,从而保证人体长时间的运动。

6. 耐力素质取决于红肌纤维数量

人体肌肉纤维的类型及数量对耐力素质有很大影响。据研究,肌肉中红肌纤维因含血红蛋白多,线粒体多,供氧能力强,收缩速度虽慢但能持久,适宜有氧耐力训练。据测定,耐力性项目运动员肌肉中红肌纤维占的比重极大。

7. 速度的储备能力

速度储备即以较少的能量消耗保持一定速度的能力。这也是影响耐力特别是影响专项耐力的因素。在周期性运动项目中,其重要作用尤为突出。如一名 100 米跑 10.5 秒的运动员,跑 400 米成绩达到 50 秒是很容易的,他的速度储备指数是 $50 \div 4 - 10.5 = 2$(秒);而一名 100 米跑 12 秒的运动员,如 400 米成绩要达到 50 秒是很困难的,因为他的速度储备指数只是 $50 \div 4 - 12 = 0.5$(秒)。这就是说,如果运动员能以极快的速度跑完一个短距离,也能更容易地以较低的速度跑完较长的距离。因为速度储备较高的运动员能以较少的能量消耗保持一定的速度,达到轻松持久的效果,这是中距离项目运动员所要求的专项耐力。除此之外,运动技能水平的高低、体型、性别、体温、季节、气温等因素也都会在不同程度上影响耐力素质的水平。

8. 个性心理特征

运动员的运动动机与兴趣,在运动中的心理稳定性以及主观努力程度、自控力和忍耐力等都直接影响到耐力素质水平的发展。特别是忍耐力与耐力素质的关系更为密切。所谓忍耐力是指人体忍受有机体发生变化后的能力。忍耐力的大小和有机体发生变化的程度以及忍受时间的长短有关。忍耐力越大,也就越能长时间地忍受有机体发生的剧烈变化。如在以强度为主的长时间训练中,有机体就会发生很大的变化(如缺氧、酸性物质的堆积等),在这种情况下如果运动员的忍耐力不能忍受这种变化,训练就将中止,耐力素质的发展也只能停留在一定的水平上。一般来说,耐力素质要得到最大限度的发展,就必须充分动员忍耐力去克服耐力发展过程中一个又一个"极点"。

（三）发展耐力素质应注意的事项

1.耐力训练应遵循人体生长发育规律

耐力素质的发展水平与其他素质一样,在相当程度上受到人体生长发育水平的影响。如果耐力水平与生长发育水平不相一致,非但不能收到良好训练效果,可能还会严重地损害人体健康。因此,根据运动员的发育水平,合理地安排耐力训练,是发展耐力素质过程中一个非常重要的步骤。

2.耐力素质训练中注意体现运动员的个体差异

要最大限度地发展耐力水平,就必须在训练中体现大负荷训练的原则。由于运动员之间训练程度、机能水平、项目要求等方面都存在着不同的差异,因此,耐力训练的方法与手段应有所不同。而且训练的强度、训练的持续时间、间歇的时间与方式以及重复练习的次数也应根据实际情况具有差异性。

3.耐力训练应注重呼吸方法、节奏和深度

发展耐力素质,特别是发展有氧耐力水平,正确的呼吸是十分重要的。呼吸的作用在于摄取发展耐力的必要氧气。机体摄取氧气是通过加快呼吸频率和加深呼吸深度来实现的,而后者更重要。训练有素的运动员在呼吸时,不是靠加快呼吸的频率,而是以加深呼吸的深度、特别是呼气的深度来调整。只有呼气深,呼吸道中的二氧化碳吐出也多,才能吸进更多的氧气。同时应培养运动员用鼻子呼吸的习惯,因为鼻腔有黏膜可以净化空气,也可以使氧气暖和一些再吸入气管,还可减少尘埃和冷气进入肺部。有人还认为用嘴呼吸会出现膈肌升降的浅呼吸,用鼻呼吸就可避免这种现象。各项目的运动员都应注意在训练时保持呼吸的节奏与动作的节奏协调一致。呼吸节奏紊乱,就会使动作节奏遭到破坏,也会使能量物质的消耗增加,不利于耐力水平的提高。

4.注意有氧耐力与无氧耐力训练相结合

有氧耐力和无氧耐力虽然在代谢过程中表现出较大差异,但是两者存在着非常密切的关系。有氧耐力是基础,无氧耐力的发展是建立在有氧耐力提高的基础上。通过有氧耐力训练能使心脏体积增大,每搏输出量提高,从而为无氧耐力的发展打下了坚实的基础。如一开始便是无氧耐力训练,就很难提高每搏输出量,还会影响全身血液的供给,对今后发展不利。反过来,发展有氧耐力过程中,穿插一些无氧耐力训练,能改善运动员的呼吸系统和循环系统的功能,这有利于提高机体输送氧气的能力,对提高有氧耐力水平极为有利。由此可见,有氧耐力和无氧耐力之间是相互联系,相互促进的,所以在耐力训练中要注意两者的结合。

5.耐力训练要根据各专项的特点,科学安排运动负荷

实践证明,不同强度的负荷对发展某一代谢能力作用不同,如短跑运动员必须在有

氧代谢能力的基础上,重点发展无氧代谢能力,以短距离大强度负荷为主。马拉松运动员必须重点发展有氧代谢能力,以强度不大的慢跑为主。不同强度的负荷对人体内有氧及无氧代谢供能的比例不同。

6. 发展耐力素质时应注意符合动作技术的要求

长时间进行有氧耐力训练时,对运动员的技术动作有严格要求,使之保持正确、协调、运用自如、准确。这可使神经系统的兴奋与抑制过程合理、稳定,有节律地交替,从而推迟疲劳的产生。

7. 耐力训练后应注意消除疲劳

耐力训练时间长,消耗的能量大,所以训练后积极补充能源物质很重要,它使训练者机体更快地恢复并获得超量能源的储备。另外还要采取有效措施和手段,使疲劳的肌肉及神经系统得以放松和消除疲劳,为下次训练创造条件,这对耐力性项目的运动员极为重要。

8. 耐力训练要注意加强医务监督

由于耐力训练时间较长,运动负荷较大,对人体各系统的影响也比较深刻。如果运动员在健康水平不佳或者机能能力有障碍的情况下,进行大负荷的耐力训练,就容易对人体各系统的功能造成严重的损害,所以在耐力训练时要加强医务监督。耐力训练中的医务监督一般包括两方面的内容:

(1)训练前的机能评定:包括血压、心率情况以及运动员的自我感觉等。

(2)训练时运动员对负荷安排的承受情况:如重复动作的变异程度、运动员训练时的面部表情等,发现异常情况就应根据实际情况,或减量或中止训练,以防不测。

(四)耐力素质练习的一般方法

1. 持续练习法

持续练习法是指在相对较长的时间里(不少于 30 分钟),以较为恒定的强度持续地进行练习的方法。持续练习法具有持续刺激机体的作用,能提高心血管系统和呼吸系统的功能,能较经济地利用体内储备的能量,有利于发展有氧和一般耐力。持续练习法的特点是练习负荷量较大,没有明显的间歇。但是练习时的强度较小,而且比较恒定,变化不大,一般在 60% 的强度上下波动。持续练习时,强度可通过测定心率等方法计算,心率一般控制在 140～160 次/分钟的为宜,优秀运动员可达 160～170 次/分钟。这种练习较多用于运动训练的准备阶段。持续练习法的基本要素是重复练习的方式、时间与强度。在练习方式不变的情况下,练习的时间与强度可做相应调整,如练习强度大,时间可缩短;练习强度小,则适当延长练习时间。比如同学们可以以适合自己的速度绕操场跑 50 分钟左右。

2. 重复练习法

重复练习法是指不改变动作结构和外部负荷表面数据,在相对固定的条件下,按照既定间歇要求,在机体完全恢复的情况下反复进行练习的方法。重复练习法能使能量物质的代谢活动得到加强,并产生超量补偿与积累,既有利于发展有氧耐力,又有利于发展无氧耐力。重复练习法采用的距离长于或短于比赛距离,主要发展专项或比赛耐力。重复练习法每次练习的负荷量与强度可大可小,根据具体任务、目的而定。由于每次练习前均需恢复到原来开始练习前的水平,即心率在 100～120 次/分钟的水平上,故每次练习可以保证强度在中等偏大或极限强度(90%～100%)范围内,从而使有机体的耐力水平得到有效的提高。重复练习法的一个重要作用是通过多次重复发展运动员的意志力。训练时,整个负荷量可以为 4～8 个比赛距离,休息间歇可根据重复的距离和强度安排 5～10 分钟。

3.间歇练习法

间歇练习法是指在一次(或一组)练习之后,按照严格规定的间歇负荷和积极性间歇方式,在机体未完全恢复的情况下从事下一次(或一组)练习的方法。这是一种 20 世纪 60 年代在欧洲广泛流行、80 年代在北美受到欢迎的训练方法,其优点是对提高耐力十分有效。

间歇练习法休息间歇的时间主要根据心率来确定,并不要求运动员达到充分的恢复,重复的距离则可根据时间或距离本身来确定。为了使练习效果更好,最好配合使用三种间歇练习法。在练习时要严格控制间歇时间和间歇方式。当心率降低到 120～140 次/分钟时,必须及时让运动员进入下一次练习;心率处于不低于 120～140 次/分钟时,心脏每搏输出量和耗氧量达最大值,最有利于提高心肺功能。

持续 15 秒～2 分钟的短距离间歇练习,主要发展无氧耐力。比如冲刺 100 米,记录时间,间歇时间为慢走回来的时间,6 个一组,视情况做 1 到 2 组;

持续 2～8 分钟的中距离间歇练习,可发展两种供能系统。此练习可以是 800 米冲刺跑,4 个一组,记录时间;

持续 8～15 分钟的长距离间歇练习,主要发展有氧耐力;此练习可以跑操场也可以进行适当的环校跑,记录时间,视强度做 1 到 2 组。

构成间歇练习法的基本要素有练习的数量、强度、间歇的时间与方式和重复次数等。

不同的练习目的对这些要素的组合变化有不同要求。如以周期性项目中的跑步练习为例,发展一般耐力时,每次练习的距离要长,组数要多,中小强度。又如,可在练习中增加重复练习的次数,调整间歇时间,加大对运动员机体的刺激,贯彻超量负荷原理,从而提高有机体的机能能力。

4.变换练习法

变换练习法是在变化各种因素的条件下反复进行练习的方法。由于耐力练习比较枯燥,采用变换练习法可以在一定程度上提高运动员的练习兴趣和积极性,从而改善练习的效果。变换练习法所变换的因素一般有练习的形式、练习的时间、练习的次数、练习的条件、间歇的时间、间歇的方式与负荷等。比如可以将枯燥的跑步变成环校跑,将台阶练习变为跑楼梯,跑桥梁等等,如果天气太热,可将时间改为晚上,过于疲惫的时候就适当缩减训练强度,总之一切视个人情况而定。通过改变以上一个或多个因素,从而对运动员机体造成负荷刺激的变化。可见变换练习法的核心是变换运动负荷。

变换运动负荷的形式一般有三种:第一种是不断增加负荷;第二种是不断减少负荷;第三种是负荷时增时减。在实际练习中究竟采用哪一种形式,应视具体情况而定。如要加大对机体的负荷刺激,就要增加负荷。"法特莱克法"是变换练习法的一种特殊形式,也可以理解是一种由持续练习法和变换练习法综合而成的组合练习法。这是斯堪的纳维亚半岛国家和德国运动员在 20 世纪 20 年代创造的一种训练方法。采用这种方法训练时,运动员可以发挥自己的主观能动性,根据自己的意愿在固定强度训练中随时短时间地提高强度。这种增加强度的快速跑并不是事先计划好的,而是根据运动员自己的主观感觉和判断随时进行的。因此,这种方法能使耐力练习变得较为生动,使得运动员在练习中能主动投入,积极进取,有利于发展一般耐力。

变换练习法可以提高练习的兴趣和积极性,在运用时要注意贯彻循序渐进原则,各种因素的变换一开始不能太突然,以免机体一下子不能适应,造成受伤。

5.循环练习法

在安排全面身体素质训练时,应有针对性地把练习内容和手段编制成套进行练习。具体做法可以询问自己的教学老师。循环练习时的各站内容及编排,必须根据专项要求进行选择和设计,同时应根据"渐进负荷"或"递增负荷"的原则安排练习。循环练习可分为:无重量负荷的一般循环练习和有一定重量负荷的大强度循环练习。

6.其他练习

借助球类或自行车等工具进行耐力练习,或在空气稀薄的缺氧情况下进行训练,提高有氧耐力和无氧耐力的水平。

二、速度素质的内容与方法

(一)速度素质的概念及意义

速度素质是人体运动中的一种十分重要的素质。近十几年来随着体育运动水平的迅速提高,各国训练学专家和优秀教练员在理论和实践中越来越重视运动员速度素质的发展。

1.速度素质的概念

速度素质是指人体或人体某部位快速运动的能力,也就是人体或人体某一部位快速反应、快速完成动作、快速移动的能力。以前人们对于速度素质的内涵有着不同的认识,不少人认为"速度是指尽快向前运动的能力"。近几年对速度素质的认识逐步趋向一致。如,苏联的普拉诺夫认为:"速度素质是指运动员保证在最短时间内完成动作的综合功能。"民主德国的盖·施莫林斯基提出:"所谓速度素质是指在神经系统和肌肉组织运动过程的可变性的基础上,以一定的速度来完成动作的能力。"加拿大图多·博姆帕将速度素质的内涵定得更为简明:速度素质是人体"快速运动的能力"。我国的过家兴教授提出:"速度素质是人体快速完成动作的能力和动作反应时间的总称,也可理解为人体或身体的某部分进行快速运动的能力。"董国珍教授指出"速度素质是指人体快速运动的能力,这里包括人体快速完成动作的能力和对外界信号刺激快速反应的能力"。

上述专家学者对速度内涵所表达的语言文字虽有差异,但含意基本上是一致的,速度素质包括三个方面,即运动时人体对各种信号刺激的快速反应能力;快速完成动作的能力;快速通过一定距离的能力。因此,速度素质的基本表现形式有反应速度、动作速度、位移速度。

反应速度:反应速度是指人体对各种信号刺激(如声、光、温度等)的快速应答能力。

动作速度:动作速度是指人体或人体的一部分完成单个动作或成套动作的快慢以及单位时间内重复动作次数多少的能力。因此,动作速度又分为单个动作速度、成套动作速度及动作速率三种。

位移速度:位移速度是指在周期性运动中,单位时间内人体快速位移的能力。通常用通过一定距离的时间或单位时间内所通过的距离来表示,如短跑运动员的跑速、跳高运动员的助跑速度等。

2.发展速度素质的意义

速度素质是人体的基本身体素质之一,在素质训练中占有重要的地位和作用。民主德国的著名训练专家 D.哈雷博士在《速度及速度训练理论》一文中说:"在田径的短跑和跳跃等项目中,速度对成绩起决定作用。"此外,速度还是短时间耐力项目的重要基础。曾培养过一批世界级优秀运动员的加拿大图多·博姆帕博士在《运动训练理论与方法》一书中指出:"体育运动中最重要的生物运动能力之一是速度。"我国的田麦久博士在《运动训练科学化探索》一书中提到:在现代体育运动中速度的作用更为突出,如短跑强调不充分后蹬的快速摆动,长跑多采用高步频技术,跳跃从"可控速度助跑"变成以最快速度助跑,投掷则要求最后出手速度尽量快。可以说,所有田径项目的运动员训练都应结合专项特点及技术变化,高度重视快速能力的训练。

(二)速度素质的构成要素

速度素质包括反应速度、动作速度与位移速度。三者之间既有联系,又有区别,特别是在内部机制方面,反应速度和动作速度、位移速度具有较大的差异,前者着重表现在神经活动方面,而后两者则着重表现在肌肉活动方面。神经过程的灵活性、爆发力,肌肉的伸展性、弹性和放松能力,运动技术的质量,意志力和生化机制是构成速度素质的重要要素。

1. 构成反应速度的要素

反应时是决定反应速度快慢的基础。反应时也称反应潜伏期，是指运动员接受刺激与做出肌肉动作之间的应答时间。反应潜伏期的存在涉及以下过程：首先，某些感觉器官被刺激而唤起兴奋；其次，兴奋传到中枢；第三，一旦兴奋传到大脑中枢，就要根据过去的经验进行分析，刺激方式越复杂，在中枢分析的时间就越长；第四，沿着传出神经，传到相应的肌肉群；最后，肌肉根据刺激的特点与要求，做出相应的回答。整个过程都有时间延搁，其中以在大脑皮层内的延搁时间最长。由于反应潜伏期具有以上特征，所以反应时间的长短主要取决于以下因素：

（1）感受器（视、听、触觉等）的敏感程度：感受器越敏感，越能缩短对各种信号刺激的感受时间。感受器的敏感程度在相当程度上受到注意力集中程度与指向，以及感受器疲劳程度的制约。

（2）中枢神经系统机能：从神经活动的过程看，人的反应速度快慢取决于信号通过反射弧所需时间的长短。时间越短反应越快，时间越长则反应越慢。这种反应是通过人体眼、耳、鼻、皮肤等感受器接收信号刺激后，经传入神经、神经中区、传出神经，继而引起肌肉效应的反应。这种反应称为反射弧，它由感受器 → 传入神经 → 中枢神经 → 传出神经 → 效应器五个环节组成（图 4-1-1）。

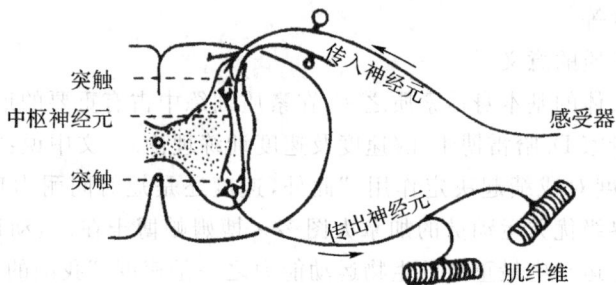

图 4-1-1　反射弧模式

（3）效应器（肌纤维）的兴奋性：有材料表明，肌肉在紧张状态下比放松状态下的反应时要缩短 7％左右，另外，肌肉疲劳时反应时间明显延长。根据以上分析，注意力的集中程度与指向，疲劳程度与反应过程的巩固程度对反应速度有相当大的影响，在反应速度的训练中要引起充分的重视。

2. 构成动作速度、位移速度的要素

动作速度与位移速度的主要特点都是通过肌肉系统最大限度的快速活动形式，在最短的单位时间内完成动作。由于人体肌肉活动的形式与质量受到形态、生理、心理、力学、技术等方面的影响，故影响动作速度、位移速度的因素也表现为多方面。

（1）人体形态：人体形态对速度的影响，主要在于四肢的长度。在其他条件相等的情况下,上、下肢的长度与该部位的运动速度成正比。上下肢的长度越长,该部位的运动速度就越快。人体四肢的运动形式是肢体绕关节轴的转动,效应部位(手或脚)离轴心的距离越远,运动速度就越大。径赛运动员下肢的长度也是影响运动成绩的重要因素。所以,对运动速度要求较高的项目,都把人体形态作为一个重要的选材指标。

(2)肌纤维的类型和肌肉用力的协调性:肌肉的快速收缩是速度素质的基础。从肌肉的结构来说,人体骨骼肌分为快肌纤维(白肌纤维)、慢肌纤维(红肌纤维)和中间型纤维三种。快肌纤维主要依靠糖酵解供能,并具有较高的脂肪、三磷酸腺苷(ATP)、磷酸肌酸(CP)含量,但活动时容易疲劳。不同的人体内快、慢肌纤维占的百分比是不同的,这种百分比受遗传影响,后天不可能相互转化,只能通过中间型肌纤维的作用进行功能上的代偿。人体肌肉块肌纤维百分比越高,快速运动的能力也越强。例如,速度性项目优秀运动员的快肌纤维比耐力性项目运动员多得多,世界大赛短跑项目的前几名基本上都是黑人,是因为黑人的快肌纤维比其他人种多。另外,良好的肌肉弹性以及主动肌和对抗肌之间的协调交替能力也是实现快速运动、准确完成技术动作的重要保证。关节的柔韧性对大幅度完成动作(如步幅)的作用十分明显,这对要求快速奔跑的项目十分重要。因此,在发展速度(特别是位移速度)的过程中,安排适量的柔韧练习,对速度素质的提高有积极意义。

(3)神经活动过程的灵活性:这主要指运动神经中枢兴奋与抑制之间快速的转换能力以及神经与肌肉之间的协调能力。人体部位各种形式的快速运动,都是神经中枢活动高度协调的表现。只有这种高度协调,才能保证在快速运动时,迅速地调动所有必要的肌肉协作参与活动,并抑制对抗肌的消极影响,发挥出最高速度。另外,神经活动过程的灵活性不仅能影响肌肉的猛烈收缩,而且对肌肉随意放松的能力也有直接的作用。随意放松肌肉是神经中枢合适的抑制状态造成的。运动员在发展位移速度时,如果能充分放松肌肉,就能较长时间维持高速运动。中枢神经系统兴奋与抑制转换的持续时间,与转换速度的快慢有关,转换速度越快,转换持续时间越短。在进行高速度活动时,中枢神经很快就会疲劳,从而降低运动速度,甚至会使运动完全停止。所以,发展最高速度时,要考虑中枢神经系统的特点,持续时间不能过长。否则,适得其反。

(4)力量发展水平与技术:在许多运动项目中,力量的发展水平与技术因素是影响动作速度和位移速度的重要因素。从力学公式中可以知道,力量等于人体质量与加速度的乘积,力量是引起人体加速度的原因,力量越大则加速度也越大,加速度越大,人体运动速度就越快。由于人体质量与人体加速度成反比,因此,要最大限度地提高人体加速度。对力量的要求更偏重于相对力量。相对力量越大,肌肉就越容易在运动中克服内、外部阻力,产生快速的收缩速度。另外,动作速度和位移速度往往也要受到技术的影响,运动员的快速能力在很大程度上取决于完善的运动技术。动作的幅度与半径大小、工作距离的长短与时间、动作的方向、角度及部位等均与速度的快慢有密切关系。合理、有效的技术可以通过缩短运动杠杆、摆正重心、有效地使用能量等方式快速完成动作，并能使动作完成更省力、更协调。

(5)肌肉中能量物质的储备与能量物质分解以及再合成的速度：肌肉收缩的速度首先决定于肌纤维中动用化学能的速度与强度以及化学能转变为收缩机械能的速度与强度。这在很大程度上取决于兴奋从神经向肌肉传导的速度与强度，以及释放和分解三磷酸腺苷（ATP）的数量和速度。所以，速度与肌肉中三磷酸腺苷的含量有关，与神经冲动传入肌肉时三磷酸腺苷的分解速度有关。其次，快速能力是以肌肉收缩和舒张的迅速转换为前提的。要使肌肉舒张，并能进行下一次收缩，必须使它收缩时消耗的三磷酸腺苷有比较完全的恢复和再合成。如果三磷酸腺苷完全耗尽，肌肉就不能继续工作。因此，速度又取决于肌肉收缩的间歇中三磷酸腺苷再合成的速度。肌肉快速收缩中，三磷酸腺苷的再合成是靠肌肉中磷酸肌酸（CP）分解释放出能量来完成的。磷酸肌酸（CP）也是速度素质的物质基础。人体快速运动的能力越强，其肌肉中磷酸肌酸的含量就越高，同时肌肉中的糖酵解活动能力也越强。同样，速度训练除了能增大三磷酸腺苷的再合成能力外，还能增加肌肉中能量物质的储备和能量物质迅速被利用的能力。所以，速度素质的水平取决于三磷酸腺苷（ATP）、磷酸肌酸（CP）、糖原物质储备的数量，以及代谢过程中的改善状况。

(6)注意力的集中程度：动作速度、位移速度除受以上因素影响外，还和运动员注意力的集中程度有很大关系。注意力的集中程度实际上是一种心理定向能力。这种能力不仅能影响中枢神经系统兴奋与抑制快速转换的速度，而且对肌肉纤维的紧张程度与收缩效果有重大作用。另外，注意力集中程度的作用还表现在人体对快速随意运动的感觉与控制，这对发展人体快速能力是十分重要的。因此，在发展速度素质练习中，对运动员注意力的要求千万不能忽视。此外，运动员是否有勇敢顽强的精神，是否有坚定不移的信心与意志以及果断的性格，能否保持适度的兴奋和稳定的情绪等，都是影响运动员速度素质的提高和发展的重要因素。

(三)发展速度素质应注意的事项

速度素质的发展受多种因素的影响，为了有效地提高人体的快速运动能力，在运动训练中应注意如下事项。

1.合理安排速度素质训练的时间

速度素质训练的时间，在一个大周期中主要放在准备期的后期和比赛期的前期；在一周中最好安排在小强度训练或调整训练后的第一天进行；在一天或一次训练课中，一般放在上午或者课的前半部分，最好安排在运动员身心状态最佳、精力最充沛的时候进行。因为人体疲劳后神经过程灵活性降低，兴奋与抑制的快速转换不可能建立，在这时发展速度素质效果相对较差。

2.以发展力量和柔韧等素质来促进速度素质的发展

快速力量和柔韧性是影响速度素质的重要因素。所以在发展速度素质中,首先要注意发展快速力量。如采用40%~60%的强度多次重复快速负重训练,使肌肉力量增大,并提高肌肉活动的灵活性,以及适当采用75%以上的大强度训练,使肌肉用力时能够最大限度地动员更多的肌纤维同时进行收缩,提高肌肉的收缩功效。其次,通过各种手段提高柔韧素质。柔韧性提高后可以增加力的作用范围和时间,同时能使肌肉协调性得到改善,从而减少肌肉阻力和增大肌肉合力,最终导致运动速度的提高。

3.机体处在适宜的工作状态时进行速度训练

机体适宜的工作状态对发展速度素质是十分必要的,其中包括神经系统、内脏系统和肌肉系统的适宜状态。这种适宜状态可以通过集中注意力和速度训练前用强度较小并保持一段时间的活动来达到。运动员注意力集中,可使神经系统处于适宜的兴奋状态,并使肌肉保持一定的紧张度。而强度较小并保持一段时间的活动能提高运动性,使内脏系统与肌肉系统间形成适宜的相互关系,对改善肌肉协调性有良好的作用。这在速度素质练习中应引起重视。

4.发展速度素质应重视肌肉放松

肌肉放松对速度的提高非常重要。肌肉放松能够减少肌肉本身的内阻力,增大肌肉合力,使血液循环通畅。如肌肉紧张度达到60%~80%,血液流动就会严重受阻,时间稍长,动作就会失去协调性,已有的快速能力也无从发挥。肌肉放松时,肌肉中血液流动情况大为改善,比紧张时提高15~16倍。血液循环通畅,能给参加活动的肌肉输送大量氧气,加快ATP再合成的速度,并能节省能量物质,使能量物质得到合理利用,还可增加肌肉收缩前的初长度,从而提高运动素质。

5.速度素质训练应结合运动员的专项进行

一般人视、听、触觉三者相比,触觉反应最快,听觉反应次之,视觉反应较慢。如短跑运动员的反应速度训练应着重提高听觉的反应能力。动作速度训练应与各专项运动的技术相结合,让运动员在速度训练中能感觉到躯干等各部位的协调配合及在空间、时间方面的速度节奏,发展专项技术所需要的动作速度的能力。为此,必须正确选择与专项技术在结构上相似的训练手段及练习。

除上述影响速度素质的内在因素外,速度素质的提高还受到一些外部因素的影响,如气候、温度、环境等。这一切在发展速度素质的过程中都应引起充分的重视。

(四)速度障碍的形成原因及克服措施

所谓"速度障碍"就是当速度能力发展到一定水平时产生的停滞现象。不同水平的短跑训练都会碰到这个问题。为了使短跑训练有所突破,必须闯过速度障碍关。为此,我们必须进一步发掘造成速度障碍的原因,并设法加以克服。

1.造成速度障碍的原因

速度障碍表现为暂时的速率与步幅的定型,而速率与步幅定型的形成是有一个过程的。从运动生理学原理来理解:形成运动技能就是建立复杂的、连锁的、本体感受性运动的条件反射;随着运动技能的巩固、完善和发展,兴奋与抑制的转换在时间、空间上相对稳定下来,形成动力定型。这有其客观的必然性,从训练方面看,主要有以下几个原因:

(1)忽视对青少年运动员的规范技术的教学与训练:训练中没有摆正技术训练与身体训练的关系,为了短期行为,偏重身体训练,忽视基本技术训练,致使青少年运动员不能掌握正确合理的技术,逐步形成错误动作的动力定型,由技术不合理而影响速度的提高,这是产生速度障碍的很重要的一个因素。

(2)对青少年的全面身体训练不够,专项训练过多:这主要表现在训练中往往从局部利益出发,为了早出成绩,对青少年进行成人化训练,这样就会滑到早期专项化的歧途上去。国外学者认为,如果青少年运动员只进行短跑练习,或者优秀运动员忽视采用专门练习来发展弹跳力,那么就可能出现速度障碍。

(3)力量发展不平衡:在安排训练时,偏重大肌肉群的训练,忽视小肌肉群的训练;偏重下肢力量的训练,忽视躯干、上肢的力量训练。结果使大腿肌群与小腿肌群、上肢肌群与下肢肌群、主动肌群与对抗肌群难以得到平衡发展,使得有些运动员从外表上看肌肉很发达,但跑起来重心低、弹性差、步幅小、支撑时间长,速度难以得到提高。特别要指出的是,少年时期缺少小肌肉群的训练,到成年后再发展就显得非常困难,这也是造成速度障碍的因素之一。

(4)不能经常变换训练的距离与强度:训练手段单一,这种训练不利于神经肌肉兴奋与抑制的转换过程获得更广泛的发展,影响了神经兴奋过程的强度和灵活性的提高。另外,大脑皮层在这种单一条件刺激的反复作用下,兴奋性逐渐下降,容易形成速率定型。

(5)放松能力差:对短跑训练中放松技术重视不够,或训练方法欠佳。有的运动员在快跑中速度一快动作就紧张、僵硬,难以表现出高速、放松、自如流畅的动作;有的运动员不能准确地掌握放松的时机,浪费了体力;还有的运动员在平时训练中的放松技术还比较好,但一旦参加比赛,由于心理素质差而难以表现已有的放松技术,致使动作的实效性受到很大的影响。

(6)柔韧性差:短跑速度的提高与良好的柔韧性密切相关,但对柔韧性练习重视不够或缺乏耐心,应付了事,导致柔韧素质不能满足短跑技术和速度训练的需要,动作幅度减小,因而易产生错误动作,甚至造成肌肉拉伤,影响到训练的连续性和系统性,阻碍了训练水平的提高。

2.克服速度障碍的措施

速度障碍实质上是一种动力定型,动力定型形成后不是不可以改变的,只要外界刺激的条件发生变化,动力定型也会逐渐发生变化。我们可以根据消退抑制的原理,在一定时间内停止强化已形成速度障碍的速率与步幅的训练,而注重调节训练过程,掌握和运用合理的技术,改变训练方法和手段,变化刺激条件,在全面发展身体素质的基础上,不断提高专项素质,这样就可以尽快地克服速度障碍。具体应采取如下措施:

(1)动员更多的运动神经参与工作,提高神经系统的灵活性:短跑是周期性运动,并具有持续时间短、强度大的特点。因此,在训练中必须提高大脑皮层运动中枢兴奋与抑制的转换能力,采取有效措施,打破原有的速率定型,建立新的条件反射。如牵引跑、下坡跑、顺风跑等手段,就是通过利用外力加快步频来提高神经系统的灵活性。

(2)青少年要打好全面身体训练的基础,切忌早期专项化:青少年正处在学知识长身体的阶段,各个器官比较娇嫩,如果进行早期专项化训练,将会影响到他们的正常生长发育,使身体局部超前发展或负担过重,身体素质得不到平衡发展,最终影响专项运动水平的提高。

(3)发展力量要注意平衡:短跑运动是整个身体进行快速协调的运动,这就要求身体有关肌肉协同发挥出相应的效率。根据这一特点,必须注意各部位肌肉力量的平衡发展,如下肢肌群与上肢肌群、大肌肉群与小肌肉群、主动肌与对抗肌等部位的协调发展;要经常变换力量训练的手段,并测定各部位力量的增长情况,采取相应的措施。只有身体各部位肌肉力量均衡发展,适合发展速度的需要,才能有效地克服速度障碍。

(4)形成新的技术概念,掌握正确的技术:多年来在技术教学和训练中强调"三关节"充分伸直,这就延长了支撑时间,影响了前摆的速度,并消耗更多体力。当今由于塑胶跑道的投入使用,短跑技术也有了新的发展,短跑技术朝着缩短支撑时间的趋势发展,形成了一种新的技术。例如,短跑强调不充分后蹬的快速摆动,即蹬离地后迅速前摆、下压,创造较高的步频,使落脚点较靠近身体重心投影点以缩短支撑时间,加快频率。

(5)结合专项特点发展爆发力:爆发力=力量×速度。根据短跑运动的特点,要提高步幅和步频,就必须在较短时间内发挥出较大的力量。众所周知,人肢体的运动速度越快,则越难发挥力量。当今世界优秀短跑运动员的技术特点是摆动速度快,蹬、伸幅度浅,这样就遇到两个问题,运动员不但要在较短的时间内发挥较大的力量,并且要以较快的速度完成发力动作。根据这种特点,我们在消化吸收国外先进技术的同时,必须把学习技术与发展爆发力结合起来,用类似专项技术的练习手段发展爆发力。

(6)提高跑的放松能力:能够很快地使肌肉收缩与放松交替是短跑的本质。运动员跑得放松,整个动作既经济又有实效,可以使有关神经肌肉的恢复更加容易,加快运动中枢兴奋与抑制的转换速度,有利于加快频率;可以促进血液循环,改善肌肉工作的能量供给;可以减少对抗肌的活动,拉长肌肉收缩前的初长度,提高肌肉收缩的速度和力量,增大步幅;另外,这对减轻疲劳,防止肌肉拉伤都有积极的意义。因此,为了突破速度障碍,一定要正确地掌握和运用跑的放松技术,特别在特定的时段里,要提高全速跑的主动放松能力,达到快速、自如、流畅的境地。

（7）速度训练要掌握好强度、距离、间歇的变化：在速度训练中要经常变换训练强度和距离，这样可以使神经肌肉兴奋与抑制的转换现象获得更广泛的发展，能形成对各种刺激应答性运动反应的精细分化能力，提高神经活动过程的强度和灵活性。同时也要注意间歇中的变化。最近美国的伯尼尔·戴尔在介绍速度训练中曾提到："我们也强调短跑训练间歇中的变化，这可帮助避免同样强度的重复训练中有可能产生的一种停滞现象。"

（8）对有氧训练应引起重视：在短跑训练中，如果仅把有氧训练作为调整和恢复体力的手段，这是远远不够的。虽然短跑是一个无氧代谢过程，但人体的有氧代谢能力是无氧代谢能力的基础，并且三磷酸腺苷再合成是一般耐力的基础，而这一耐力对于提高专项耐力来说是必要的。此外，有氧代谢训练能尽快地消除机体疲劳，提高心血管系统的功能。因此，在训练中适当安排有氧训练是必要的。如刘易斯为了提高短跑训练水平，经常跑 5～7 千米的越野跑。目前我国优秀短跑运动员，在这方面做得很不够，这样不仅影响训练水平，而且还会影响运动员的健康水平。由此可见，要克服速度障碍，必须把有氧训练摆到适当的位置。

（9）重视柔韧性训练：提高柔韧素质，为提高技术和训练水平打下基础。进行柔韧性练习，可以提高肌肉的伸展性。通过提高柔韧性，可以提高肢体的运动幅度，减少肌肉的阻力，增加关节的灵活性，加大动作的速度和力量，从而提高步频与步幅。另外，这对防止肌肉拉伤或撕裂具有重要的作用。

（10）要重视训练、比赛后的恢复：当今运动水平越来越高，竞争更加激烈，处理好运动员训练、比赛后的恢复和超量恢复具有特殊的意义。我们应当把恢复和超量恢复与完成训练一样看待，因为机体在承受一定负荷后，通过获得足够的恢复和超量恢复，才能承受更大的负荷量，训练水平才能不断提高。反之，逐渐形成疲劳积累，容易产生过度疲劳。

造成速度障碍的原因是多方面的，它们之间既相互联系，又相互制约。所以教练员必须具有丰富的专业知识和基础理论知识，通过自己的经验和科学仪器，准确地诊断出产生速度障碍的原因，然后运用行之有效的手段和方法，尽快地突破速度障碍。

（五）发展速度素质的方法

1. 反应速度的练习方法

反应速度的练习包括简单反应速度和复杂反应速度的练习。简单反应速度练习的特点是通过练习尽量缩短感觉（视、听、触）的动作反应时间。复杂反应速度练习的特点则是尽量缩短感受（视、听、触）的中枢分析选择判别的动作反应时间。

（1）简单反应速度的练习方法

——完整练习：利用已经掌握的完整的单个动作或组合动作，尽可能快地对突然出现的信号或突然改变的信号做出应答反应，以提高反应能力。这种对信号反应的完整练习,在运动员初级水平阶段作用比较明显。

——分解练习:由于简单动作反应是通过具体的、有目的的运动动作及其组合来完成的,因此采用分解练习能充分利用动作速度向简单反应速度转移效果。分解练习在更为简单的情况下完成部分技能或技术动作,这样有助于加快对信号或动作反应的速度。分解练习是相对完整练习而言,就是分解回答反应的动作,使之处于较容易或更为简单的条件,提高分解动作的速度来提高简单反应速度。

——变换练习:根据动作的强度和具有时间变化的信号刺激,明显改变练习的形式和环境来提高简单动作的反应速度。改变练习的形式主要包括两方面内容。第一,改变对刺激信号的接收形式,如由视觉接收的刺激信号改变成听觉触觉的形式;第二,改变回答反应的动作形式。利用变换练习,既能有效地提高人体各感受器的功能和缩短简单反应的时间,又能提高练习积极性避免兴奋不必要的扩散,提高训练的效果。应用变换练习法还可以借助专门的心理素质练习来发展简单动作的反应速度。

——运动感觉练习:运动感觉练习是身体训练与心理训练相结合的一种方法。在人体反应过程中,提高对微小时间辨别的时间知觉,从而发展反应速度。可以认为,能够感觉出不同重复间隔的练习者,便具有良好的反应能力。这种练习对运动实践具有一定的实际意义。运动感觉练习可以分为三个步骤进行:第一步骤是练习者接收到信号后,以最快的速度对信号作出应答反应(例如做 5 米的起跑),然后获得该次反应练习的实际时间。第二步骤是练习者自己估计反应练习所用的时间,然后与实际所用时间进行对照比较,由此提高练习者对时间感觉的准确性。第三步骤是要求练习者按照预先确定的时间去完成某一反应的练习,以提高练习者的时间判断能力。当练习者的估计时间与实际时间在大多数情况下吻合时,练习者就能较准确地判断反应时间的变化,使反应速度得到提高。

反应速度在很大程度上取决于练习者的注意力集中程度及注意力集中的目标。在练习中应要求练习者把注意力集中在将要进行的动作上,而不是把注意力集中在其他信号上,因为注意力集中在动作上比集中在信号反应上的速度要快一些。注意力的指向和肌肉紧张有关。注意力集中在动作上,完成该动作有关的肌肉群紧张度就会升高,从而加快动作的完成。

(2)复杂反应速度的练习方法

复杂反应速度也称为选择反应速度,它是指对瞬间的变化做出相应动作的回答。复杂反应在运动中大部分属于选择反应。选择反应一般包含两种形式:一是对移动目标的反应,即指对运动客体的变化做出反应;二是选择动作的反应,主要指根据对手动作变化做出相应动作反应。所以,复杂反应速度的练习也包括移动目标练习和选择动作练习。

——移动目标练习:移动目标练习是对移动目标产生反应并做出反应选择。一般要经历四个阶段:第一看到目标移动或听到信号;第二是判断目标移动的速度与方向;第三是选择自己动作的方案;第四是实现这个动作方案。这四个阶段组成了复杂反应过程,整个过程时间一般为 0.25 秒到 1 秒。实践表明,第一阶段所需时间最长,而其他三个环节的时间要短得多。因此,移动目标练习中要特别考虑到反应时间分配的特点,强调第一阶段的训练,即视觉观察移动物体的能力,从不同的位置、方向或以不同的速度进行动作,都可以提高练习者对移动物体的反应能力。

移动目标练习,一方面要加强"预料"能力的培养,培养在视野中预先"观察到"和"盯住"运动物体,以及预先确定运动物体可能移动的方向和速度的能力。这种能力要在技术和战术动作的提高过程中得到相应的提高。另一方面,要有意识地引入和增加外部刺激因素,如可人为地改变练习方式及增加辅助器械练习,以提高练习者迅速确定运动物体的能力。

——选择动作练习:根据对手动作变化做出相应的动作反应是人体反应与专项运动密切结合的一种形式。这种练习专项化程度很高,对专项运动的作用十分明显。选择动作练习内容包括两部分。其一,在专项训练练习中使需要选择的情况复杂化。例如,在练习中提供更多的需做出反应的动作。由此增加反应过程中的选择面和难度,促进中枢神经系统的分析辨别能力,缩短反应的时间。从而使练习者掌握全面的技能,以便在各种不同的情况下,选择合适、有效的动作。其二,练习中努力教会练习者合理利用对手可能做出动作变化的"预先信息"。这种预先信息可从观察对手的姿态、面部表情、眼神、准备动作、总体风格中得到。一旦能准确意识到对手可能采用的动作变化,就可以快速、准确地选择相应的动作来应答。

2.动作速度的练习方法

动作速度寓于具体的动作之中。在动作速度的练习中,专项要求不同,动作速度练习的任务和内容也有区别。因此,动作速度和动作技术的完善程度紧密联系在一起。另外,动作速度直接受到力量、柔韧、灵敏等其他身体素质发展水平的制约,所以动作速度的练习与其他素质的发展也密切有关。如在非周期运动项目中,动作速度与动作技术关系较密切,而在周期性运动项目中,动作速度与各种能力的关系更密切些。动作速度的培养,必须通过技术水平的巩固与提高,以及有关身体素质的发展才能实现。

(1)完善技术练习

动作速度的提高,在很大程度上取决于完善的动作技术,因为动作幅度大小、工作距离长短、工作时间多少以及动作的方向、角度与部位等都与动作速度大小有着极为密切的关系。完善技术可以通过多次重复,形成动力定型,从而节省用力,提高动作速度。初学者重复练习时应循序渐进地提高速度,直至达到最大速度,而高水平运动员可以最大速度进行重复练习。

(2)利用助力练习

指在动作速度练习中,利用外界自然条件的助力和人为因素的助力来发展动作速度。外界自然条件的助力是指利用风的方向或水的流向,如在跑的训练中利用风力进行顺风跑训练等。这种方法在提高动作速率方面既经济又有效。人工因素的助力可分为机械助力和人为助力,机械助力是由专门机械设备的牵引形成的,如牵引机的牵引等。人为助力是教练员或他人直接或间接施加给运动员顺运动方向的力,帮助运动员提高动作速率或完成某一技术环节的动作速度,如短跑项目快带慢的牵引跑。在使用助力时,必须掌握好助力的时机和用力的大小,最好能同时用语言加以刺激,让个体体会动作及感觉助力,便于及时达到动作速度的要求。不论是哪一种助力形式,运用时都应循序渐进。

（3）利用后效作用练习

这一练习利用动作加速和器械重量变化而获得的后效作用来提高动作速度。如在跑的练习中,利用下坡跑可获得加速的后效作用。这是由于在第一次动作完成后,神经中枢剩余的兴奋在随后动作过程中仍然保持着运动指令,从而可以大大缩短动作进行的时间,提高动作速度。但是,这种后效作用的产生取决于负荷的大小和随后减轻的情况,以及练习重量的重复次数和不同重量的练习交换次数与比例。在短跑练习中应该按上坡跑、水平跑、下坡跑的先后顺序来训练,这种由难到易的安排就是要利用动作的后效作用。

（4）加大难度练习

加大难度练习主要是通过缩小练习完成的空间与时间界限,用特定的要求来促使动作速度的发展。活动中动作速度表现的平均水平和快速动作的完成,在相当程度上受专项活动持续时间和活动场地条件的影响。因此,在动作速度的练习中,通过限制练习的时间、空间条件,可使运动员以最大速度完成动作,从而提高训练效果。

3.位移速度的练习方法

位移速度在某种意义上可看成是一种人体综合运动能力。位移速度的快慢不仅和动作技术水平有关,而且和力量、柔韧、速度耐力以及协调性的发展也有着十分密切的关系。发展位移速度可采用以下方法。

（1）力量练习法

力量练习是提高位移速度的基本方法之一。国外有关专家发现,短跑运动员成绩的提高,力量因素在影响因素中占较大比重,特别是爆发力水平对发展移动速度极为重要。因此,在发展移动速度训练中把提高力量作为基本途径。提高移动速度的力量训练基本方法是:①进行基本的力量训练,跑步练习者进行基本力量练习的主要手段有:负重屈伸、抓举、卧推、快挺、深蹲、半蹲、半蹲跳、提踵、俯卧挺身、仰卧起坐等;②在发展基本力量的同时,应加强发展速度力量,可采用超等长的力量练习,以提高肌肉收缩时的快速力量。如:各种单双足跳、多级跳、立定跳远、跳箱、跳台阶和跳深等练习。

在力量练习中应注意以下几点:

——力量练习时,以提高速度力量为主,通常强调负重力量练习的速度,力争快速完成,促进位移速度的提高。

——进行基本力量练习时,一般采用 40%～60% 的强度多次快速重复练习。而采用极限和次极限负荷强度练习时,练习的次数与组数不宜过多。

——通过力量练习,使练习者的力量素质得到全面的、均衡的发展。

——力量练习后应有 2～6 周的减量练习阶段,以便通过"延缓转化"把所提高的力量能力转移到速度能力上去。

——通过力量练习提高肌肉、韧带的坚韧性,防止在速度训练中受伤。注意:练习者的小关节的力量练习是非常必要的。

(2)重复练习

是指以一定的速度,多次重复一定距离的练习。这种方法对提高人体在快速移动中克服各种内外阻力的能力以及速度耐力十分重要。它是移动速度训练最基本的方法。采用重复练习时要重视以下问题:

——练习强度:这是提高运动员快速移动能力的主导因素。位移速度属于极限强度,应以高强度进行位移速度的练习,强度一般可控制在 90%～95%,在此之前要安排一些中等或是中上强度的练习作为适应。在练习中,运动员高度集中注意力,最大限度地动员肌肉力量,并加大动作速度与幅度,发挥最高速度水平。此外,训练强度应是变化的,固定训练强度,会形成速度障碍,尤其不能固定在极限强度或接近极限强度下进行训练。

——练习持续时间:位移速度练习要保证一定时间,但不宜太长。高强度练习一般持续时间在 20 秒以内,以跑为训练手段的距离为 30～60 米。因为在 20 秒以内的短时间练习中,人体无氧代谢主要靠三磷酸腺苷和磷酸肌酸直接分解供能,所以能较好地保持位移速度。速度训练持续时间还应根据运动员的具体情况,特别是根据保持最大速度的能力来确定,当出现疲劳、工作能力下降、不能继续保持最大速度时,应停止练习。

——练习重复的次数与组数:练习重复的次数与组数应根据运动员最高速度出现与保持的时间,以及克服疲劳和机体恢复能力来决定。一般来说,练习重复的次数与组数不应过多,练习的重复次数过多,每次间休息时间有限,就会使训练的强度下降。为保持训练时间,可用增加练习的组数来实现。

——间歇安排:应以运动员机体相对得到恢复为标准。运动员在下一次练习开始前,中枢神经系统又再度兴奋,机体内物理化学变化在很大程度上已经中和,能保证下次练习的能量供应。间歇时间的长短主要和练习持续时间有关。如休息时间过短,机体的疲劳没有恢复,必然要导致下次练习的强度下降,使练习效果受影响。一般说,练习持续时间 5～10 秒,各次练习间休息 1～2 分钟,组间间歇 2～5 分钟;若练习持续时间 10～15 秒,各次练习间休息 3～5 分钟,组间间歇 10～20 分钟。休息时,可采用放松慢跑、各种伸展练习等恢复手段。

（3）步频、步幅练习

步频和步幅是影响位移速度的两个主要因素。步频受肌纤维类型和神经活动灵活性制约，步幅受腿的长度、柔韧性、后蹬技术力量的制约。在这五个影响因素中，柔韧性和后蹬技术可通过训练得到较大改善，从而提高位移速度，而其他三个因素受遗传的影响较大，训练后改善的程度有限。因此，对有一定训练水平的运动员，主要是通过提高步幅来提高移动速度。目前，通过人为条件发展步频步幅的手段很多，如牵引机、加吊架的领先装置、转动跑道、惯性跑道等。另外，少年时期是发展步频的有利阶段，要充分利用这段时期促进速度提高。

（4）比赛法、游戏法练习

比赛法是速度训练中经常采用的方法。采用比赛法能促使运动员情绪高涨，表现最大速度的可能性就会增加。通过比速度、比技术、比成绩等可以起到激励斗志、鼓舞情绪的作用。在比赛的条件下，往往能比平时更快地做出反应，完成快速移动。游戏法同比赛法作用一样，可以激起运动员高涨的情绪，还能增加练习过程中的趣味性，避免不必要的肌肉紧张。另外，游戏过程中动作的多样化，还可以防止因经常安排最大速度练习而引起的"速度障碍"。游戏可以是贴膏药、斗牛等。

三、力量素质的内容与方法

（一）力量素质的概念及意义

1.力量素质的概念

力量素质是指人的机体或机体的某一部分肌肉工作（收缩和舒张）时克服内外阻力的能力。外部阻力是指物体的重量、支撑反作用力、摩擦力以及空气或水的阻力等。内部阻力包括肌肉的黏滞力、关节的加固力以及各肌肉间的对抗力等。外部阻力往往是发展力量素质的手段，人体在克服这些阻力中提高、发展自身的力量素质。人体的任何活动离不开肌肉的收缩力量，它维持着人体的基础生活能力。丧失肌肉活动力量的人，生活将无法自理。当人体从事运动时，需要特殊的肌肉力量能力，这些特殊的肌肉能力是通过运动训练获得的。它是掌握运动技能，提高运动成绩最重要的物质基础。

田径运动项目由于完成的动作不同，所以表现出的力量也不同。跑的运动员要有快速向前的推进力；跳跃运动员要有起跳后的腾空力；投掷运动员要有器械出手时的爆发力等。根据不同运动项目对力量素质的要求，以及力量的不同表现形式，力量素质可分为多种类型。根据肌肉收缩形式可分为动力性力量与静力性力量；根据力量和体重的关系可分为绝对力量与相对力量；根据力量的表现又可分最大力量、速度力量和力量耐力；根据与专项的关系又可分为一般力量与专项力量。在运动训练实践中，往往按体育运动不同项目对力量素质的要求，从力量的训练特征来划分，一般将力量素质分为最大力量、相对力量、速度力量和力量耐力四种。

最大力量：最大力量是指人体或人体某一部分肌肉工作时克服最大内外阻力的能力。亦是指参与工作的肌群或一块肌肉在克服最大内外阻力时，所能动员出的全部肌纤维中最多数量的肌纤维发挥的最大能力。

相对力量：相对力量是指人体每公斤体重所表现出最大力量值的能力。它主要反映运动员的最大力量与体重之间的关系。

速度力量：速度力量也叫快速力量，是指人体在运动时以最短的时间发挥出肌肉力量的能力。也可指运动员在特定的负荷条件下所表现出来的最大动作速度。

力量耐力：力量耐力是指人在克服一定外部阻力时，能坚持尽可能长的时间或重复尽可能多的次数的能力。也就是无论运动员在静力或动力性工作中，能长时间保持肌肉紧张用力而不降低工作效果的能力。

反应力：反应力是指肌肉在先做离心式收缩，然后立即做向心式收缩时爆发出的力量。在我国通常把它称为"超等长力量"。肌肉的这种工作形式经常出现在速度力量性项目中的关键动作环节（如起跳动作）。人们试图通过对这一类关键力量素质的研究使整个速度力量性项目的运动水平得到突破性提高。反应力量的产生在肌肉的工作方式、能量产生以及神经调节支配等方面与传统的快速力量、爆发力等力量素质是不同的。目前在许多国家已经将反应力作为一种独立的力量素质进行研究和训练。

2. 发展力量素质的意义

力量素质对人体运动有极大影响，是人体运动的基本素质，也是衡量运动员身体训练水平的重要指标。

(1)力量素质是进行一切体育活动的基础：我们所进行的各种体育活动都是由主动运动器官的肌肉以不同的负荷强度、收缩速度和持续时间进行工作而带动被动运动器官骨骼的移动来完成的。如果没有肌肉的收缩和舒张来产生的力量牵拉骨骼进行运动，则连起码的行走和直立也不可能，更不要说进行运动训练。一个人想要跑得快就需要具有较好的腿部力量；想要跳得高、跳得远就要有较好的弹跳力；要想投得远就需要发展上肢、腰、腹以及下肢力量，所以说力量素质是人体最基本的身体素质，是进行一切体力劳动和运动训练的基础。

(2)力量素质影响并促进其他身体素质的发展：任何身体素质都是通过一定的肌肉工作方式来实现的，而肌肉的力量是人体一切运动的基础。力量素质决定速度素质的提高，耐力素质的增长，柔韧素质的发挥和灵敏素质的表现。首先，力量素质的增长有助于速度素质的提高。因为肌肉的快速收缩是以力量为前提的。如短跑运动员如果没有两条强有力的腿，是不可能取得优异成绩的。其次，力量素质也有助于耐力素质的增长。此外，力量、速度的提高会增加肌肉的弹性，促进灵敏素质和柔韧素质的发展。

(3)力量素质的水平直接影响技术动作的掌握和运动成绩的提高：运动员力量素质

的增长,直接反映了运动技术掌握的快慢及运动成绩提高的程度,尤其在投掷项目中更是如此。

(4)力量素质在运动训练实践过程中,是衡量运动训练水平的重要指标和判断某些专项运动潜力的因素,也是一些体能性田径运动项目选材的依据。因此,对力量素质的发展必须给予足够的重视,尤其是速度力量,往往作为选拔田径运动员苗子的重要指标。

(二)力量素质的构成要素

力量素质的提高和发展是以人体肌肉的形态、结构、机能、生理生化机制的改变为基础,以神经中枢的兴奋和抑制过程的强度的集中以及相适应的神经过程充分协调为前提而建立起来的各种用力动作的条件反射的结果。也就是说一个人肌肉力量的大小受到生长发育水平、性别、体型、肌肉自身结构、特征以及生理生化和训练方面的各种各样因素的影响。其主要要素与人体生长发育、肌肉组织结构、神经系统的调节机能、营养系统的供能能力以及训练因素等相关。因此,了解构成力量素质的要素,与力量素质训练效果有着密切的关系。

1. 与人体生长发育相关的要素

(1)性别:按照一般规律,男子的力量通常比女子要大,这主要是由于肌肉大小的差异。例如,一般成年男子肌肉重量约占体重的 $40\%\sim45\%$,而女子则占 35%。研究证明:女子的力量平均约为男子的三分之二,但并非所有肌群均成此比例。如伸肌群:当男性力量为 100% 时,女性约为男性的 55%;手指内收肌、小腿伸肌约为 65%;髋关节屈肌、伸肌、小腿屈肌、咀嚼肌约为 80%。另外,在力量训练的影响下,女子力量的增长和肌肉体积的增大比男子要慢。

(2)体型:实践证明,运动训练能影响人的体型,而体型也能影响人的运动能力。同样,体型的差异与力量的大小有着密切的关系。根据实践观察,体格健壮型的人由于肌肉较发达,因此表现的力量也较大;体型匀称的人力量次之,但这种体型的人一般比较精干,肌肉线条比较清晰,往往会具有比较好的速度力量;体型细长的人力量相对较差;肥胖型的人看起来似乎力量要大,因为这种体型的人体重较重,但若从相对力量的角度看,其力量水平就不一定高,因为脂肪过厚影响肌肉的发展。

(3)身高与体重:俗语讲"身大力不亏",说明体重较重的人往往力量大,体重较轻的人则力量小些。当一名运动员的体重与其最大力量的比值不变时,则体重与最大力量成正比关系。也就是说体重增长,则其最大力量也随之增长。然而身高与力量的关系就比较复杂了,两者之间似乎必然联系不大。如果某人身高高而壮实,则力量也较大;若身高高但细长,则力量就不一定会大。如果身材矮小又粗壮,则力量也不一定会小;若又矮又瘦则力量会更小。所以在田径运动项目选材中,常常把体重与身高联系起来考虑,用体重/身高指数(克/厘米)来衡量。

(4)脂肪:脂肪聚集在内脏的四周、骨骼肌表面(肌肉与皮肤之间)和骨骼肌中,肌肉中的脂肪不仅本身不能收缩,而且在肌肉收缩时会产生摩擦,从而降低肌肉的收缩效率。同时脂肪过厚影响肌肉的发展。有的专家认为青少年肥胖,脂肪过厚,会影响自身的睾丸酮激素的发展。通过运动训练可以减少肌肉内脂肪,从而提高肌肉收缩效率,使力量增强。脂肪的多少与相对力量的大小密切相关,因为减少了脂肪就意味着减轻了体重,故相对力量也就得到了提高。所以,中长跑等运动项目,要重视控制运动员体内脂肪的含量,以提高运动员的相对力量。

(5)睾丸酮激素:据科学研究证明,睾丸酮激素水平的高低与力量的大小也有密切的关系,睾丸酮激素水平高的人往往一般力量比较大。所以,有专家认为可以通过测定血液或者尿液中的睾丸酮指标来进行力量性田径运动项目的选材。

2.肌肉的形态和组织结构

人体的运动是在中枢神经系统调控下,通过肌肉收缩产生的力来完成的。因此,有目的地改善肌肉的形态、组织结构对发展力量素质具有重要意义。

(1)肌纤维:肌肉力量的大小取决于不同类型肌纤维在肌肉中所占的比值。肌纤维类型通常分类白肌纤维(快肌纤维)、红肌纤维(慢肌纤维)和中间肌纤维三种。从事时间短、强度大的运动项目的运动员肌肉中含白肌纤维相对较高,而从事时间长、强度低的耐力性运动员肌肉中则含红肌纤维相对较高。原因是白肌纤维中酶的活性比红肌纤维大三倍;白肌纤维中促使糖酵解的酶的活性比红肌纤维高二倍以上。白肌纤维中支配其运动的神经元传导速度快,使白肌纤维达到最大张力的时间只有红肌纤维的1/3。所以白肌纤维最适于做短距离、高强度的田径运动项目。红肌纤维的有氧代谢能力比白肌纤维强。因为红肌纤维有氧氧化酶系统活性高,毛细血管的数量、线粒体的大小和体积、肌红蛋白的含量等均大于白肌纤维,能使人维持长时间工作不易疲劳,所以适合于强度小、工作时间长的耐力性田径运动项目。人体肌肉中红、白肌纤维的比例受遗传因素的影响。同一个人的不同部位肌肉的红、白肌纤维比例也不同。在不同负荷、不同动作速度进行运动的条件下,参加肌肉收缩的肌纤维类型也不同。一般规律是:在一定负荷强度下用较慢的速度完成动作,红肌纤维起主导作用,如快速完成动作,则白肌纤维起主导作用。

(2)肌肉的生理横断面:肌肉的绝对肌力取决于该肌肉的生理横断面积。肌肉的生理横断面愈大,肌肉收缩时产生的力也愈大,两者接近正比例关系。肌肉的生理横断面为该肌所有肌纤维横截面的总和。肌肉横断面增大,是由于肌纤维增粗造成的。肌纤维的增粗表明肌纤维中的能源物质三磷酸腺苷(ATP)和磷酸肌酸(CP)增加,结缔组织增厚,肌糖原含量增多,毛细血管开放密度加大,肌凝蛋白质含量增多,从而提高了肌纤维的质量,提高了每根肌纤维的力量,进而决定了最大力量的提高。有学者通过科学研究论证肌肉横断面每增加1平方厘米,可提高6~12千克的负重力量。

(3)肌肉的初长度:肌力的大小与肌肉收缩前的初长度有关。在一定范围内,肌肉的初长度长或肌肉弹性拉长后,则肌肉收缩时产生的张力和缩短的程度就越大。因为肌肉拉长时,肌梭将感知肌纤维长度变化产生冲动,提高肌纤维回缩力来对抗拉力,当长度拉到一定程度将引起牵张反射,可以提高肌力的发挥效率。

(4)参与活动的肌纤维数量:每块肌肉是由许多纤维构成的。肌肉收缩时并非所有的肌纤维都能被同时动员起来参加活动,动员参与活动的肌纤维数量越多,则收缩时产生的力越大。根据运动生理学揭示,由于遗传的作用,人体肌肉中的肌纤维数目,红、白肌纤维比例,从出生5个月后就已确定,1年后形成。以后随年龄增加,通过训练或其他科学方法,无法改变肌肉中肌纤维的数量以及红、白肌纤维的比例,只能改变纤维形态以及红、白肌纤维功能和参与活动的肌纤维数量。运动场上的新手最多只能动员60%左右肌纤维参加活动,而优秀运动员参加活动时动员的肌纤维可达90%,这和训练后中枢神经发出的神经冲动强度和频率加大有关。

(5)肌肉的牵拉角度:肌肉收缩牵拉骨骼进行运动时,如在杠杆运动,在整个活动中,随着杠杆的移动,肌肉在不同位置、不同角度上牵拉,其力量大小是不一样的。例如,当负重屈肘做弯举动作时,肘关节角度在115°～120°时,肱二头肌的张力最大,30°时的张力最小;膝关节弯屈在164°和130°时腿部力量几乎表现一样,屈膝低于130°时,腿部力量则下降。肌肉不同的牵拉角度对力量素质的影响,及完成技术动作用力正确与否关系较为密切。这是进行技术分析、改进技术动作必须慎重考虑的问题。

(6)肌肉收缩的形式:不同的肌肉收缩形式对肌肉力量的大小及特点带来不同的影响。不同的田径运动项目各有不同的用力特点,因而也就需要不同特性的力量。不同特性的力量要用不同训练方法来发展力量素质,而不同的力量素质训练方法又是在肌肉不同的收缩形式的基础上形成的。肌肉收缩的主要形式如下:

——克制性收缩:其特点是肌肉工作时,肌肉长度逐渐缩短。随着关节角度的变化,肌肉在缩短过程中张力也发生改变,如手持哑铃的弯举动作。无论何种运动项目,在发展运动员的力量素质时,掌握好发挥最大肌力的关节角度,可以得到事半功倍的效果。动力性向心克制性收缩是力量训练的主要形式。

——退让性收缩:其特点是肌肉收缩时,张力增加的同时肌肉的长度也增加。例如,负重慢慢下蹲,这时阻力是在运动过程中起作用。国内外许多学者研究认为,肌肉在做离心退让性收缩时可以产生更大的张力。实验证明,肌肉做离心收缩时所产生的张力比同一肌肉做向心收缩时所产生的张力大约40%。

——等动性收缩:"等动"就是"恒定"的意思。其特点是在整个关节活动范围内,肌肉始终以某种张力收缩,而收缩速度始终恒定。它的优点是集等长收缩和等张收缩之所长,使练习者肌肉在各个关节角度上用力基本均等,且均具有足够刺激。现在有目的地进行等动性收缩,一般利用特制的等动练习器,通过速度控制器的机械作用,以保证不管张力多大,肌肉收缩的速度始终保持恒定。同时还可以保证肌肉在整个活动范围内达到理想的生理负荷(即以主观上尽量用最大力量为前提)。

3.中枢神经系统的调节机能

大脑皮质具有相适应的神经兴奋和抑制过程,又具有最适宜的灵活性,从而积极动员植物性神经系统和内分泌功能,能够协调肌肉在运动训练中发挥更大的功率。即神经过程强度愈大愈集中,肌肉力量发挥就愈大。这也说明了中枢神经系统的机能状态如何,直接影响肌肉的力量。

(1)神经过程的频率和强度:肌肉的收缩由神经传导电脉冲引起,一次脉冲可引起肌肉收缩一次。若在肌纤维还没有完全松弛时,新的脉冲信号又传来,就会出现肌肉的重叠收缩,能产生更大的力量。科学的训练促使练习者中枢神经系统传出的神经冲动频率高、强度大。在同一时间里,动员肌肉内更多的运动单位进行收缩,产生的力量就愈大。参加比赛的运动员由于兴奋性高而且兴奋的程度集中,神经过程的强度也比平时大,因此比平时训练能发挥出更大的力量。恰如当发生意外事件时,人由于高度的神经冲动表现出惊人的力量,往往能搬起平时无法搬动的重物。

(2)神经中枢对肌肉活动的支配和调解能力:在运动训练中,完成一个最简单的动作也需要许多块肌肉共同来参与。不同的肌群是由不同的神经中枢所支配而进行工作。不同神经中枢之间的协调关系得到改善,就可以提高主动肌、对抗肌、协同肌、固定肌之间的协调能力,使上述肌肉群在参加工作(完成某一动作)时能各守其职,协调一致,尤其是对抗肌神经中枢处于抑制,或对抗肌保持放松状态,减少了其产生的阻力,保证主动肌、协同肌群发挥更大的收缩力量。有专家研究证明,肌肉收缩的最佳效果不是由于肌肉,而是由于神经冲动的合理频率的提高,促进运动员的情绪高涨(即兴奋性提高),从而引起调动肌肉工作能力的肾上腺素、去甲肾上腺素、乙酰胆碱及其生理活性物质的较多释放,使力量增大。因此,中枢神经系统的机能状态可以直接影响肌肉的力量,并对力量素质的发展和发挥起着极为重要的作用。

4.营养系统的供能能力

肌肉工作时营养供应直接影响到肌肉力量的发挥。最大力量的增长、速度力量的提高、力量耐力的持久将取决于三磷酸腺苷—磷酸肌酸供能系统、糖酵解供能系统、有氧供能系统的供能能力,即无氧非乳酸性供能,无氧乳酸性供能,有氧供能。根据运动生物化学理论,三磷酸腺苷是肌肉收缩的直接能源。当人体激烈运动时,肌肉中的三磷酸腺苷首先起发动作用,促使磷酸肌酸同步分解再合成三磷酸腺苷供能,与此同时磷酸参与糖的无氧酵解产生三磷酸腺苷以补充肌肉中的三磷酸腺苷的浓度。当三磷酸腺苷—磷酸肌酸系统供能接近生理允许的极限消耗时间($5.66 \sim 5.932$ 秒)时,开始启用无氧糖酵解提供的三磷酸腺苷与三磷酸腺苷—磷酸肌酸系统消耗的能力共同供能,直至糖的无氧酵解供能占优势,但此时运动能力下降。极限运动 8 秒钟后,开始糖的有氧酵解生成丙酮酸进入三羧循环氧化生成三磷酸腺苷补充肌肉中三磷酸腺苷浓度。当运动 30 秒左右时,由于糖的无氧酵解被抑制,迫使运动能力降低(即每秒每千克肌肉消耗的三磷酸腺苷数量减少),乳酸作为有氧供能的衔接能源供能。随运动时间的延长,糖的有氧及脂肪的有氧供能维持肌肉长时间的活动。对发展力量素质来说,无氧非乳酸性供能最为重要。因为力量增长在较短时间内,以较快的速度完成技术动作效果最佳。进行力量训练时,还应注意动员白肌纤维参加工作,因为白肌纤维中磷酸肌酸含量较高。由于进行力量训练时肌肉活动的强度很大,工作时间很短,又常伴有憋气,特别是静力练习时肌肉持续紧张,血管被挤压,血液流动不畅通,往往造成缺氧。在这种情况下,肌肉收缩的能量供应,主要依靠能源物质的无氧分解,其表现特征是磷酸肌酸大量消耗,肌糖原生成乳酸,血液中乳酸也升高。因此,发展力量素质,必须提高肌肉的无氧代谢能力。

5.训练因素

在运动训练中,如负荷强度、动作速度、动作幅度、练习的组数、每组练习重复的次数、每组练习的间歇时间等训练因素都会对力量的大小和特性产生很大的影响。

(1)负荷强度与重复次数:运动实践证明,练习时若负荷重量大,重复次数少,则发展最大力量效果较好;尤其肌肉群受到超负荷练习后,力量素质会得到有效的发展;若重量与次数皆适中,则增大肌肉体积较显著;若重量小重复次数多,则主要发展肌肉耐力。每组练习的间歇时间较长,使机体消耗的能量得到恢复再进行下一组练习,发展力量效果就好。

(2)动作速度:训练时,完成技术动作速度的快慢对发展力量的特性带来重要的影响。例如:训练时尽量加快动作的速度,尤其是单个动作速度,能有效地发展爆发力;训练时既注意加快单个动作速度,也注意加快动作的频率(重复若干次数),能发展速度力量。若强调每次练习的负荷量或次数,能发展最大力量或速度力量。

(3)原有的训练基础:训练基础较差者开始训练后,力量会增长得很快,而训练基础较好的人,力量增长速度就比较慢了,如果停止力量训练,增长的力量就会逐渐消退。力量消退的速度大约为提高速度的三分之一。也就是说,力量提高得快,停止训练后消退得也快。经过长时间训练逐渐提高力量,停止训练后,保持时间也长。有的专家研究,只要每6周进行一次力量训练,就可延缓力量的消退速度。如果每1~2周进行一次最大力量训练,则基本可以保持所获得的力量。

6.其他因素

(1)营养物质的补充:必要的营养物质补充对力量的增长有着明显的影响,其中最重要的是蛋白质。构成肌肉组织的主要成分是蛋白质,从事力量训练的人必须比发展其他身体素质的人补充更多的蛋白质,才能保证正常的新陈代谢,特别是合成代谢的需要。而且这种补充不能单纯地依靠天然食品来完成,而是需要补充蛋白质制剂,甚至直接补充氨基酸。人体中的许多矿物质,对机体的生命活动起重要作用。其中对肌力力量影响最大矿物质是钾和钠。钾的作用是使肌肉收缩,而钠的作用是使肌肉放松。缺钠会引起食欲不振、体重下降、血压降低、力量减弱、肌肉痉挛等等,所以,运动员在夏天大量排汗后应补充食盐。缺钾会影响蛋白质的合成,使肌肉的正常活动受限制。严重缺钾者,骨骼肌的收缩功能会丧失。钾对肌肉收缩具有极为重要的作用。因此,如何合理地、科学地摄取和补充钾、钠是进行力量训练时应引起重视的问题。

(2)温度:运动时体温的适宜升高可提高人体中枢神经系统的兴奋性,加强呼吸、血液循环机能,降低肌肉的黏滞性,使收缩和放松的化学反应加快,加大关节的活动范围,从而有助于肌肉收缩力量和收缩速度的展现。格罗兹研究发现:手臂浸在 50℃ 的热水中 8 分钟,力量就有提高。温热对力量和其他身体素质的良好作用是显而易见的。运动员在训练和比赛之前要做好充分的准备活动,其目的之一就是使身体预热,以提高运动能力。

(3)紫外线照射:人们在夏季时体能较其他季节更优,因此,运动员在较热的几个月对训练的反应比较明显。德国专家对此研究后指出:实验情况下,接受训练者的力量增加在 7、8、9 月较其他月份更快。主要原因是在炎热的夏季里,受训者获得较多的来自太阳光紫外线的辐射,其次是训练者能吃较多的新鲜水果,增加了维生素的摄取量。海丁格尔和缪勒进行的 6 周实验证明,采用紫外线照射进行训练的效果,比不用紫外线照射的效果高一倍。

此外,气味、声音、血型、生物节律等对力量的发挥也有一定的作用,例如,举重运动员出场前会闻的高浓度氨水气味、运动员在爆发性用力时发出的吼声、观众的助威呐喊声等。日本生理学家认为 O 型血的人肌肉弹性较好,肌肉收缩有力,神经中枢易高度集中,在跳跃项目中成绩突出。综上所述,构成力量素质的要素较多,认识和理解这些构成要素,有助于力量素质训练的科学性、有效性、合理性。

(三)发展力量素质应注意的事项

力量素质发展水平是影响身体训练水平的关键因素。在实施发展力量素质过程中为达到优化控制,取得事半功倍的效果,必须注意如下几点。

1. 力量素质的发展要全面而又有重点

在发展力量素质的过程中,一方面应使四肢、腰、腹 、背、臀等部位大肌肉群和主要肌肉群通过训练得到发展与提高,另一方面也要注意发展那些薄弱的小肌肉群的力量。因为在运动中的许多动作是很复杂的,需要身体各部位许多大小不同的肌群协同工作才能完成,所以发展不同类型的力量素质并不意味着面面俱到、平均发展,应该在全面发展的基础上针对项目特点有所侧重。

2. 练习时要使肌肉充分拉长和收缩,练习后要使肌肉充分放松

每次练习时,应使肌肉先充分伸展拉长,然后再收缩,动作的幅度要大。因为肌纤维被拉长后可以增大收缩的力量,同时又可保持肌肉良好的弹性和收缩速度。力量练习以后,肌肉常会充血,胀得很硬,这时应做一些与力量练习动作相反的拉长动作,或者做一些按摩、抖动,使肌肉充分放松。这样既可加快疲劳的消除,促进恢复,又可防止关节柔

韧性因力量训练而下降,同时也有助于保持肌肉良好的弹性和收缩速度。

3.进行力量练习时,要全神贯注,念动一致,注意安全

肌肉活动总是在中枢神经系统的调节下进行的,训练时要全神贯注,训练哪里就想到哪里,使意念活动与训练动作紧密配合、保持一致。这样有助于肌肉力量得到更好的发展。特别是进行大负荷训练时不能说说笑笑,注意力应高度集中,否则容易受伤。因为笑的时候肌肉最容易放松,而力量训练的负荷又大,一不留神就易造成损伤。此外,为了训练安全,达到期望的效果,还应注意加强自我保护和互相保护。尤其在举起或肩负极限重量时,更应该注意加强相互保护。

4.紧密结合专项特点安排力量训练,注意正确的动作技术规格

不同的专项动作有各自不同的技术结构,要求参加工作的肌肉群力量也不同。如,跑要求竭尽全力连续、快速地向前推进的力量;投掷要求竭尽全力使运动器械获得最大加速度的爆发力量。因此,力量训练时首先要根据专项技术的动作结构来选择恰当的练习,以发展有关的肌肉群力量,其次通过肌电的研究,了解主要肌群的用力特点、工作方式、用力方向、关节角度等,来确定力量训练的方法与手段。只有紧密结合专项特点来安排力量训练,才能收到更好的训练效果。

5.进行力量训练时,要掌握正确的呼吸方法

由于憋气有利于固定胸廓,提高腰背肌紧张程度,提高训练时的力量,所以极限用力往往要在憋气的情况下进行。有的学者对背力进行研究发现,憋气时极限力量最大,负重为133公斤,在呼气时为129公斤,而在吸气时力量最小极限负重为127公斤。虽然憋气可提高训练时的力量,但用力憋气会引起胸廓内压力的提高,使动脉的血液循环受阻,导致脑贫血,甚至会产生休克。为避免产生不良后果,做力量练习时必须注意以下几点:

(1)当最大用力的时间很短,但有条件不憋气时就不要憋气。尤其在重复做用力不是很大的练习时,应尽量不憋气;

(2)为避免用憋气来完成练习,对刚开始训练的人,所给予的极限和次极限用力的练习不要太多,并让其学会在练习过程中完成呼吸;

(3)在完成力量练习前不应做最深的吸气,因为力量练习时间短暂,吸的气并不会立即在练习中产生作用,相反,深度吸气增加了胸廓内的压力,此时如再憋气就可能产生不良变化;

(4)用狭窄的声带进行呼气,几乎也可达到与憋气类似的力量指标。因此,做最大用力时可采用缓慢吐气来协助最大用力练习的完成。

6.训练中要采用大负荷与循序递增负荷

大负荷是指训练的负荷强度和训练总量,一般要用某人所能承受的最大负荷或接近最大负荷来进行训练。因为采用大负荷能迫使肌肉进行最大收缩,能刺激人体产生一系列的生理适应性变化,从而导致肌肉力量的增加。为了达到大负荷,训练时无疑要保持

较大的强度，或者要保持较大的数量（次数和组数）。在力量训练过程中，当力量增长后，原来的负荷（主要指重量）就逐渐地变成小负荷。因此，为了继续保持大负荷，就必须循序渐进递增负荷。比如训练开始时，某人用 20 公斤做臂弯举，反复举 8 次出现疲劳，而他用 20 公斤连续举起 12 次时，这时就可以增加负荷至又能举起 8 次的重量，从而使其上升一个新的负荷。这样，就可使有关的肌肉群始终在大负荷状态下工作。进行负重训练是力量训练的一个基本特征和基本要求。优秀运动员的力量训练建立在"超负荷训练"的基础上。所谓"超负荷训练"就是指要求肌肉完成超出平时的负荷。"超负荷训练"通常会引起肌肉成分特别是肌蛋白的分解并导致超量恢复的产生。在超量恢复的整个过程中，肌肉的成分会重新组合，肌蛋白含量得到提高，从而使肌肉更加粗壮有力。应不断地、有目的有计划地安排"超负荷训练"以引起超量恢复，达到迅速发展力量素质的目的。

7. 力量素质训练要科学安排

力量素质训练应全年系统安排，不能无故中断。科学研究表明：力量增长得快，停止训练后消退得也快。如果停止了力量训练，已获得的力量将会按增长速度的三分之一消退。通过训练获得的力量，停止训练后虽然会逐渐消退，但一部分力量会保持很久，甚至会永远保持下来。然而，发展力量素质训练不宜在疲劳的状态下进行。力量素质训练应因人、项、不同训练周期和训练任务而异，负荷的安排应是周期性、波浪式的变化。力量训练课的次数取决于一系列因素：训练课的主要任务，训练课处于的阶段和周期，各力量素质的发展水平及训练特点，运动员的年龄、性别、健康状况、身体素质能力及训练水平等等。其中训练水平是重要的因素。根据优秀运动员的训练经验，每周进行 1～2 次力量训练，可保持已获得的力量；每周进行 4～6 次力量训练，力量可获得显著增长。由于大肌肉群的工作能力恢复相对较慢，通常在比赛前 7～10 天的训练中不宜安排用极限负荷进行较大部位肌肉群的练习。在每个小周期中，尽量使各种不同性质的力量训练交替进行。在一堂课中，可先安排发展最大力量、速度力量的练习，最后安排发展力量耐力的练习。在进行发展力量素质的训练课中应使各肌肉群交替"进行工作"。例如训练课开始时，先进行下肢肌肉群的综合练习，之后躯干肌肉群，然后进行上肢与肩带肌肉群的练习。在一堂课上安排发展某些肌肉群练习时，应先促进大量的肌肉群投入工作，然后起动部分或局部肌肉群投入工作。

（四）如何克服力量增长的停顿现象

力量素质与其他素质的发展有着密切的关系，因此力量训练是身体素质训练的一个重要内容。在力量训练时，往往会出现开始阶段力量增长较快，但随着时间的推移，增长速度会逐渐下降，甚至出现停顿现象。造成力量增长停顿的主要原因是训练负荷增长不合理。运动训练的本质是使机体的内环境与施加负荷的外环境不断取得平衡的过程。如果肌肉对已有的训练负荷已经适应，肌肉力量就不再增长，最多只能维持在现有的水平上。如果训练负荷增长过快，长期、连续的大重量刺激超过了人体机能适应的限度，往往会降低身体和心理的工作能力,使力量增长出现停顿甚至负增长现象。出现停顿现象时可以从以下四个方面采取措施。

1.适当降低负荷并延长两次训练之间的恢复时间

当力量增长处于停顿时,人们常常首先考虑选择较大的负荷重量,想以此来刺激肌肉,促进力量的增长。但这样做有一定的危险性,因为突然加大负荷会超出机体的适应能力,造成过度疲劳和运动损伤。比较稳妥的办法是暂时减少负荷并适当延长恢复时间,使机体有时间进行能量的重新动员,给肌肉一个恢复过程,确保运动员能积累起足够的身体和心理方面的能量储备,然后再加大训练负荷,获得力量的重新增长。

2.改变练习次数和负荷重量

随着力量素质的不断提高,应不断增加负荷量和重复次数。但如果出现力量增长停顿现象时,可考虑采用减少负荷、增加重复次数的方法进行调整。例如某一重量过去每组重复 5 次,练 3 组,现在可减少重量改为每级重复 10 次,练 3 组。一般来说,采用大负荷对肌肉刺激较强,能动员更多的肌纤维参与工作,有利于力量增长;而采用减少量、增加次数的方法能促进肌肉中收缩蛋白含量的增加,同时改善神经系统对肌肉活动的调节能力,为以后力量的进一步提高打下牢固基础。经过一段时间的调整后再提高负荷重量,会收到更好的效果。

3.改变训练的手段

发展肌肉群的力量,可采用多种练习手段。不同的手段以不同的方式对肌肉产生刺激。当力量增长出现停顿现象时,可以改变惯用的练习手段。例如,当运动员已经习惯于用卧推来发展上肢力量时,可以改用负重斜推、双臂屈伸、俯卧撑等方法进行练习。不同的练习手段有助于肌肉群力量的发展。经过一段时间练习,再进行卧推,就能较快地超过原有水平,获得力量的提高。

4.补充其他的训练内容

机体对外界环境的适应是以一个统一的整体来实现的。在训练过程中,人体的运动能力和身体机能提高的速度是不同的。一般来说,心肺功能的增长比肌肉力量增长需要更长的时间。在进行力量练习时,除肌肉外其他器官也要发生相应的变化,而且只有在相关的器官、系统的活动都相应提高时,肌肉工作才能顺利完成。所以为了突破力量增长的停顿状态,取得进一步的提高,补充一些其他的训练内容是完全必要的。这些补充练习主要是以增强心血管系统功能为主的运动,如跳绳、打篮球、游泳、踢足球等。通过这些练习来发展心血管系统的功能,以满足肌肉力量增长的代谢需要。这些运动手段虽不能直接提高肌肉力量,但它们能提高心血管系统的工作效率,改善人体在生理上对接受高强度力量训练的适应能力,为承担较大负荷训练做好准备。

（五）力量素质的训练方法

1.最大力量的训练方法

（1）静力性练习

静力性练习法于 20 世纪 60 年代应用广泛，后来应用逐渐减少。但近年来，静力性练习不仅作为发展肌肉力量的有效手段，而且作为创伤后进行积极恢复正常功能的手段在体育界广泛应用。使用静力性练习法的目的只是为了克服某些肌肉在力量发展中的不足，使之迅速地、优质地提高收缩力量。静力性练习有三种方式：一、承受高于运动员本人潜力的重量；二、针对固定物用力（推或拉）；三、一侧肢体用力，另一侧肢体相抵。静力性练习可通过肢体的各种姿势和角度完成，从肌肉的充分拉长直至肌肉的充分缩短。使用静力性练习时，应注意以下几点：

——提高最大力量多采用本人最大负荷量的 70% 进行练习，效果较好；

——每组持续时间为 6～12 秒，每次训练课，每组肌群收缩总时间为 60～90 秒；

——休息时间为 60～90 秒，其间最好安排放松和呼吸练习，有助于供氧；

——青少年运动员使用此练习要尽量减少练习时间及降低练习强度。

为了获得更好的训练效果，最好将静力性练习和动力性练习交替安排，从而使训练效果更为有效。

（2）负重法

尽管通过静力性练习、等动练习、电刺激等多种方法都可以发展最大力量，但负重法仍是最常用的方法。采用负重法提高力量的原理是通过增加负荷而提高刺激强度，从而使力量得到提高。增加负荷有不同的方式，如连续提高负荷或逐步提高负荷或波浪式提高负荷，选择不同的负荷方式取决于运动员发展力量的需要以及所期达到的训练效果。

一次训练课中练习的次数不同，对机体产生的训练效应是不同的。练习重复次数为 1～3 次时，主要是通过发展肌肉的协调性来发展最大力量；练习重复次数为 4～7 次时，主要是通过增大肌肉的横断面来发展最大力量；在多数情况下采用 8～12 次的重复次数，这样肌肉可得到较长时间的刺激，有利于肌肉体积的增大。

练习的组数也是影响训练效果的一个重要因素，组数大多用于调整训练的总负荷。练习组数的确定要因人而异，应以不降低每组练习的重复次数为原则，要尽量保证最后一组能完成所规定的重复次数。

间歇时间的长短取决于练习的持续时间和负荷强度大小，持续时间越长，负荷强度越大，间歇时间就越长。目的是基本消除上一组练习所产生的疲劳再进行下一组练习。在组间休息时，可以做一些轻微的活动或放松练习，这有利于消除疲劳。

2.快速力量的训练方法

由于速度力量具有速度和力量的综合特征，一般都用提高肌肉用力的能力及提高肌肉收缩的速度来提高运动员的速度力量。其中，发展运动员肌肉用力的能力是发展速度力量的基础,而提高肌肉收缩的速度是发展快速力量的决定"力量"。要发展快速力量,练习动作就应尽可能协调、流畅。快速力量的表现形式主要有起动力、爆发力、反应力等。

(1)发展起动力的方法

在最短时间内(通常不到150毫秒)最快地发挥下肢力量,称为起动力。运动实践证明:最大力量水平是起动力的基本因素。如运动员的最大力量突出,那么他们的起动速度都非常出色。发展起动力的负荷特征是采用30%~50%的负荷强度,进行3~6组,每组5~10次,每组间歇1~3分钟。

发展起动力的练习方法多种多样:可利用地形地物做各种短跑练习,如沙地跑、上下坡跑、跑阶梯等;也可利用器械、仪器做各种跑的练习,如穿加重背心的起跑加速、加速跑突然改变方向跑、计时短跑、系铅腰带的加速跑、负轻杠铃短跑等;还可利用同伴的各种助力做加速跑、牵引跑、各种准备姿势的听信号起动跑等。另外,发展弹跳反应力的练习也都是发展起动力的良好手段。

(2)发展爆发力的方法

在最短的时间(150毫秒)内,以最大的加速度克服一定阻力的能力,称为爆发力。它对于多数的速度力量型项目是一个决定性因素。爆发力也同样依赖于最大力量水平,所以任何发展最大力量的方法也适应于发展爆发力练习。发展爆发力练习最重要的是强调动作的突发式,要不遗余力地快速运动。发展爆发力练习的基本做法是:第一,发展爆发力所采用的负荷强度指标变化相对较大。可采用小负荷强度,也可采用大负荷强度,具体的负荷强度跟训练任务及途径有关,当采用较大强度进行训练时,要注意动作的速度,如动作速度慢,动作变形,就应减轻重量或停止练习;第二,练习的重复次数与组数要恰当,以不降低速度和神经系统的兴奋性为原则;第三,间歇时间应以保证个体工作能力完全恢复为原则,但也不且过长,否则会使中枢神经系统的兴奋性明显下降。一般来说,间歇时间在1~3分钟或3~5分钟。目前比较常见的方法是蛙跳、深蹲、高抬腿等等。

(3)发展反应力的方法

反应力也叫制动力量,是指运动着的人体迅速制动,并以很高的加速度朝相反的方向运动的能力。反应力通过各种动作表现出来,一种是以跳跃为主的弹跳反应力,一种是以击打、鞭打、踢踹为主的击打反应力。

提高弹跳反应力的方法主要是采用超等长训练法,训练的主要形式有:跳绳练习;负重半蹲练习;各种跳跃练习,如跨步跳、多级跳、单脚跳、换步跳、跳栏架、跳台阶等。发展击打反应力,主要通过对抗肌的力量能力的发展来实现。

3.力量耐力的训练

力量耐力是既有力量又有耐力的综合性素质。它是在静力性或动力性工作中长时间保持肌肉紧张而又不降低工作效果的运动能力。运动员的力量耐力水平取决于多种因素,其中最主要的是保证工作肌耗氧、供氧和血液循环及呼吸系统的机能能力,无氧代谢的机能能力和工作肌有效地利用氧的能力,以及运动员克服自身疲劳的意志品质。因此,不能仅靠提高个体的力量去发展力量耐力,而应通过对血液循环和呼吸系统机能的改善,发挥毛细血管的作用和肌肉对血红蛋白的利用去发展力量耐力。

根据肌肉物质交换的关系,如果发展一般力量耐力,可采用持续间歇练习法、等动练习法、循环练习法和负荷强度较低的静力性练习法。发展肌肉的力量耐力,一般采用25%～40%的负荷强度;重复次数一般要求多次重复,甚至达到极限;练习重复组数视个体而定,一般不宜太多;组间间歇时间可以从30秒到90秒或更多,这取决于练习的持续时间和参加工作的肌肉数量。

四、灵敏素质的内容与方法

(一)灵敏素质的概念及意义

1. 灵敏素质的概念

灵敏素质是指人体在各种突然变换的条件下,快速、协调、敏捷、准确地完成动作的能力。它是人的运动技能、神经反应和各种身体素质的综合表现。灵敏素质之所以是运动技能、神经反应和各种素质的综合表现,是因为各专项的每一个动作都不同程度地体现力量、速度、耐力、柔韧等素质。通过力量特别是爆发力,控制身体的加速或减速;通过速度,特别是爆发速度,控制身体移动、躲闪、变换方向的快慢;通过柔韧保证力量、速度的发挥;通过耐力保证持久的工作能力。这些素质的综合运用才能保证动作的熟练程度,而动作的熟练程度必须在中枢神经支配下才能加强。反应迅速、判断准确、及时做出应答动作是灵敏素质的先决条件,各素质协同配合是完成应答动作的基础。应答动作的熟练程度直接体现了灵敏素质的高低。所以说,灵敏素质是运动技能、神经反应和各种素质的综合体现。灵敏素质按其与专项运动关系来看可分为:一般灵敏素质和专项灵敏素质。一般灵敏素质是指人在各种活动中,在突然变换的条件下,迅速、合理、准确地完成各种动作的能力,它是专项灵敏素质发展的基础。专项灵敏素质是指运动员在专项运动中,迅速、准确、协调自如地完成本专项各种技术动作的能力。它是在一般灵敏素质的基础上,多年训练专项技术并提高专项技能的结果。

2. 发展灵敏素质的意义

灵敏素质是协调发挥各种身体素质能力,提高技术动作质量和创造优异运动成绩的重要条件。它在各个运动项目中发挥的作用主要有以下两点:

(1)能够保证人体准确、熟练、协调地完成动作,取得优异运动成绩;

(2)能够灵活、巧妙地战胜对手,取得比赛胜利。

(二)灵敏素质的构成要素

灵敏性在人体的身体素质中占有特殊的地位,它以各种方式与其他身体素质发生联系,并且与动作的熟练程度密切相关。构成灵敏素质的因素很多。

1. 解剖要素

(1)体型:不同项目对运动员的体型要求不同,所以从身体形态来看,各项目运动员有其显著的项目特点,参见第四章部分项目选材。

(2)体重要素:体重=脂肪+肌细胞+水+矿物质。其中以脂肪和肌肉的增长最为显著,前者是由每日进食超过一天所需能量后的多余部分转变而来,而后者是通过训练增长的。脂肪过多影响肌肉收缩效率,增加了不必要的体重,这等于增加了运动时的阻力,从而影响身体的灵活性。因此,必须进行合理的训练增加肌肉比重。

2. 生理要素

(1)大脑皮质神经过程的灵活性:高度的灵敏素质是在其坚固的运动技能基础上表现出来的,也就是在大脑皮层分析综合能力高度发展的情况下体现。大脑皮层的分析综合能力是在时间和空间上紧密结合进行的。因此,在学习每一个动作时都要按一定顺序进行,大脑皮层概括动作的难易程度所给予的刺激也是按一定顺序正确地反映出来,多次重复会形成熟练动作。通过大量各种动作练习形成许多熟练的运动技能,这些动作变换,并在变化的环境中完成,使大脑皮层的兴奋和抑制的转换能力加强,从而提高大脑皮层神经过程的灵活性。这样在任何条件下、任何环境中都能熟练地把这些动作表现出来。

(2)运动分析器的功能:人体在完成动作时,肌肉产生收缩,通过肌肉肌梭、腱梭产生的兴奋传入神经中枢进行分析综合活动而感知身体在空间的位置、姿势以及身体各部位的运动情况,并与视觉、位觉、触觉以及内感受器相互作用,实现空间方位感觉。在肌肉感觉及空间方位感觉的基础上,大脑皮层才能随环境变化来调节肌肉紧张,保证实现各种协调精确的动作。动作分析得越完善,运动员对肌肉活动用力大小、快慢分析的能力越高,对完成动作时间的判断越精确。有些运动员即使闭上眼睛也能完成某些动作,这就是运动分析器的作用。

3. 性别要素

在儿童期,男孩女孩灵活性差不多;在青春期,男孩比女孩稍灵活些;青春期以后,男子的灵敏素质高于女子。女子进入青春期,由于体重增加,有氧能力下降,内分泌系统变化,灵敏素质会出现明显的生理性下降趋势。根据这一变化规律,在青春期以前就应加强女子的灵敏素质练习,使之得到较好发展。

4. 疲劳程度要素

疲劳将导致中枢神经系统灵活性与机体活动能力降低。由于大脑皮质的能源供应不足(缺乏三磷酸腺苷),从而产生保持性抑制,使肌肉力量不能发挥,反应迟钝,速度下降,动作不协调等,灵敏性显著降低。因此,在发展灵敏素质训练中和训练后都要注意恢复,及时消除疲劳。在兴奋性比较高,体力充沛的时候发展灵敏素质效果最好。

5.情绪要素

人的情绪在高涨时显得特别灵敏,而情绪低落时,灵敏性会降低。由于训练、比赛环境的变化及其他生理、心理原因会导致情绪的变化,运动员可能会过度兴奋,使兴奋扩散不能集中,造成身体失控;也可能过度抑制,精神不振,造成动作无力、不协调。因此,一个优秀的运动员应学会自我情绪的调节,使自己在竞技状态中具有相适宜的情绪。

6.其他身体素质发展水平要素

灵敏素质是人体的力量、速度、耐力、柔韧以及协调性等能力的综合表现。上述在神经中枢调控下的肌肉活动能力与灵敏素质有密切关系,其中任何一种身体素质较差,对灵敏素质的提高都会造成不利影响。

7.气温要素

气候阴雨潮湿,天冷、温度太低,也会降低关节的灵活性与肌肉韧带的伸展性,造成灵敏性下降。

(三)发展灵敏素质应注意的事项

1.训练方法与手段应多样化

灵敏素质的发展与各种分析器和运动器官机能的改善有密切的关系。人体能否在运动中表现出准确的定向定时能力和动作准确、迅速变换的能力,都取决于各种分析器、运动器官功能的提高。而人体一旦对某一动作技能熟练到自动化程度,再用该动作去发展灵敏素质,意义就不大了。因此,发展灵敏素质训练的方法应是多种多样的,并且要经常改变。这样不仅可以使人掌握多种多样的运动技能,还可以改善人体内各种分析器的功能,在运动中能够表现出时间、空间三维立体中的准确定向定时能力,还能表现出动作准确、变换迅速的能力。

2.掌握本专项一定数量的基本动作

运动技能的本质是条件反射,这种在大脑皮层中建立的条件反射暂时联系的数量越多,临场及时变换动作的暂时联系的接通就越迅速准确。在已掌握的运动技能的基础上,可以快速形成新的应答性动作来应付突然发生的情况。因此运动员应尽量多掌握一些基本的动作、基本技术及战术等,这样做有利于提高灵敏素质。

3.抓住发展灵敏素质的最佳时期

灵敏素质是由中枢神经系统指挥,是各种能力的综合表现。儿童时期是神经系统发育最快的时期,儿童具有较好的反应能力,在动作速度、平衡能力、节奏感等方面具有很大的发展潜力,这些都为发展灵敏素质提供了有利的条件,因此应抓紧在儿童这一时期进行灵敏素质训练。

4.灵敏素质的训练应当系统化

灵敏素质的训练在整个训练过程中都应该适当安排,使之系统化。但训练时间不宜过长,训练重复次数不宜过多。因为肌体疲劳时运动员力量水平会下降,速度节奏感会被破坏,平衡能力会降低,这些都不利于灵敏素质的发展。教练员都是根据不同训练过程的特点来安排灵敏素质的训练。如随着比赛临近,技术训练比重增加,协调能力的训练应相应加强。准备期以一般灵敏素质训练为主,比赛期以专项灵敏性训练为主。在一次训练课中应把灵敏素质的训练安排在课的前半部分,让运动员在体力充沛、精神饱满、运动欲望强的状态下进行练习。

5. 灵敏素质训练应有足够的间歇时间

在进行灵敏素质练习的过程中,应给运动员留有足够的间歇时间,以保证氧债的偿还和肌肉中三磷酸腺苷能量物质的合成。但休息时间又不可过长,休息时间过长会使中枢神经系统的兴奋性大幅度下降,在下次练习中就会减弱对运动器官的指挥能力,使动作协调性下降、速度减慢、反应迟钝,这必然影响练习的效果。

6. 应结合专项要求进行训练

灵敏素质具有专项化的特点。教练员都针对本专项对灵敏素质的特殊要求安排灵敏素质训练,使训练效果与专项要求相一致。例如投掷运动员多做发展上肢的专门灵敏性训练,以提高手感和控制器械的能力。

(四)发展灵敏素质的方法

(1)在跑、跳中迅速改变方向。让个体在跑、跳中做迅速改变方向的各种躲闪、突然起动以及快速急停和迅速转身等练习;

(2)做专门设计的复杂多变的综合练习。如用"之字跑""躲闪跑""穿梭跑"和"立卧撑"四项组成的综合性练习;

(3)以非常规姿势完成的练习。如侧向或倒退方向的跳跃练习(如跳远、跳绳等);

(4)以非常规训练条件完成的练习。如改变训练场地条件,负重完成练习,在不同的场地训练,限制完成动作的空间练习等;

(5)改变完成运动的速度或速率的练习。如变换动作频率或逐步增加动作的频率;

(6)做各种调整身体方位的练习。如利用体操器械做各种较复杂的动作等;

(7)变换方向的游戏练习。做各种变换方向的追逐性游戏和对各种信号做出应答反应的游戏等。

五、柔韧素质的内容与方法

(一)柔韧素质的概念及意义

1. 柔韧素质的概念

柔韧素质是指人体关节活动幅度的大小以及跨过关节的韧带、肌腱、肌肉、皮肤及其他组织的弹性和伸展能力。柔韧素质包括两个方面的含义:一是关节活动幅度的大小;二是跨过关节的肌肉、肌腱、韧带等软组织的伸展性。关节的活动幅度主要取决于关节本身的装置结构。跨过关节的肌肉、肌腱、韧带等软组织的伸展性,则主要通过合理的训练获得。柔韧素质可分为主动柔韧性和被动柔韧性；若按测量条件,可分为一般柔韧性和专门柔韧性两种；柔韧素质具有显著的局部性,某部位的柔韧性可能较另一部位的柔韧性差些。因此,柔韧性又可按身体各部位分为指、腕、肘部柔韧性等。

2.发展柔韧素质的意义

根据人体生理解剖结构,柔韧包括四肢和躯干各关节的柔韧。其主要关节有:肩、肘、腕、胯、膝、踝、脊柱等各关节。柔韧训练就是对上述各关节灵活性的练习。在运动训练中,因项目不同对各关节活动幅度的要求程度也就不同。但各关节柔韧的全面发展是基础,只有在全面发展的基础上,才能突出本专项需要关节部位柔韧性的重要。如投掷项目对肩关节柔韧性的要求较高,投掷标枪时,肩部柔韧差不能满弓;跨栏运动员下肢柔韧性要好,能充分发挥弹跳力以赢得空中发力的时间。短距离跑对运动员胯、膝、踝、脊柱等各关节柔韧性有较高的要求,甚至对肩、肘、腕的柔韧性也有较高的要求。因此,柔韧素质对各项运动技术的掌握和发挥具有重要的作用。

(二)柔韧素质的构成要素

影响柔韧素质的主要因素有骨关节结构,跨过关节的肌肉、肌腱、韧带等的伸展性,关节周围组织的大小、年龄及性别,以及活动水平、温度、疲劳程度等。了解这些因素,掌握柔韧性素质的发展规律,正确运用发展柔韧性素质的训练方法、手段是提高训练效应所必须的,同时对防止受伤和少走弯路也有好处。

1.骨关节结构

骨关节结构是依据人体生理、生长规律需要而形成的,这种结构装置是被限定的。因为关节运动的幅度被限定在一定范围之内,通过训练是难以改变的。它们的活动范围是根据关节头(球形部分)和关节窝(包罩关节头部分)两个关节面之差所决定的,两个关节面相差越大,关节活动幅度也就越大,但骨关节结构因人而异。

2.跨过关节的肌肉、肌腱、韧带

关节的加固主要靠肌腱和韧带,肌肉从关节外部补充加固关节力量,控制关节活动幅度。韧带是抗拉性很强的组织,它的主要作用是加固关节,限制关节在一定范围内运动,从而保护关节不致超出解剖允许的限度而受伤。在一般活动中,运动员很少达到这种关节面所允许的解剖限度。这是因为与运动方向相反的对抗肌的伸展幅度不足造成进一步的限制所致。如具体发展某一关节的柔韧性时,主要发展控制关节屈、伸肌的伸展性及协调能力。如发展膝关节的伸膝能力时,主要发展大腿后群肌和小腿后群肌的伸展性。再如发展体前屈的柔韧性,主要发展腰背肌群及大、小腿后群肌的伸展性。因此,增长跨过关节的韧带、肌腱和皮肤等的伸展性是提高柔韧性的重要途径,应予以足够的重视。

3.关节周围组织的大小

关节周围的肌肉块过度发达或脂肪过多,都不利于柔韧性的提高。如肩部三角肌过度发达,影响肩关节活动范围;肱二头肌过度发达,影响肘关节的弯曲程度等。因此,在训练三角肌和肱二头肌的力量后,应做肩、肘部的伸展和放松练习,尽量拉长肌纤维和增强肌肉弹性,既加大肩、肘部力量,又增强了肩、肘部的关节柔韧性。此外,皮下脂肪过多的人,肌肉收缩力量相对较弱,加之脂肪占一定空间体积,影响关节的有效活动幅度。

4.性别

根据生理解剖特点,男子的肌纤维长,横断面积大于女子,伸缩度较大,全部肌纤维3/4强而有力;女子的肌纤维细长,横断面积小于男子,伸展性好,对关节活动限制小,全身仅有1/2的肌纤维强而有力。因此,女子关节的灵活性好于男子。

5.疲劳程度

当肌肉由于长时间工作产生疲劳时,其弹性、伸展性、兴奋性均降低,造成肌肉收缩与放松的不完善,各肌群不能协调,从而导致关节柔韧性的降低。

6.温度

当肌肉温度升高时,新陈代谢加强,供血增多,肌肉的黏滞性减少,从而提高肌肉的弹性和伸展性,柔韧性得以提高。影响柔韧性的温度有外部环境温度和体内温度,体内温度的调节用于补偿外部环境对机体产生的不适应。如当外部环境温度低时,必须做好充分的准备活动,提高肌肉温度,增加柔韧性。当外部环境温度高时,将排出一定量的汗液以降低温度,以免肌肉过早出现疲劳,降低关节的柔韧性。一天内的柔韧性与外部温度有关,但更重要的是一天内人体的机能状态,会有一定的变化。例如刚睡醒后柔韧性较差,早晨柔韧性明显下降,中午比早晨好,下午比上午好。

7.神经过程转换的灵活性

神经系统兴奋与抑制过程转换的灵活性与运动活动中肌肉的基本张力有关。特别是中枢神经系统调节对抗肌之间的协调性改善,以及对紧张肌肉的放松调节能力的提高。神经过程灵活性高,则肌肉兴奋性强,肌肉、肌腱、韧带的弹性和伸展性好,支配肌肉收缩与放松的能力强,参与工作的诸多肌肉能协调活动,提高关节柔韧性。

8.心理因素

心理紧张度可通过中枢神经系统影响到人体各部位的工作状况,心理紧张度时间过长会使神经过程由兴奋转为抑制,严重影响各部位的协调能力,从而影响关节柔韧性。

(三)发展柔韧素质应注意的事项

1.循序渐进,持之以恒

柔韧素质的发展需要强大的意志。这一训练过程痛感强,见效慢,一旦停止训练,其训练效果便会消退。因此,持之以恒地参加训练才能见效。由于肌肉、韧带等软组织的伸展无法快速得到提高,所以训练应逐步提高要求,做到循序渐进,不能急于求成。因此,关节柔韧性训练要做到系统化、常规化。特别是当身体某一部位因伤停止训练后,该部位所获得的柔韧效果将全部消退,其恢复期相对延长。因此,在某一部位受伤后,其他部位仍应适当接受训练,否则柔韧性会因停练而全面消退。

2.柔韧性训练应针对不同项目和不同运动员

柔韧性训练必须根据专项特点和训练者的具体情况安排,例如,跳跃项目的运动员主要要求加强下肢各关节的柔韧性;短距离运动员主要要求胯、膝、踝、脊柱等各关节有较高的柔韧;投掷项目对肩关节柔韧性提出较高要求。因此,在全面发展身体各部位柔韧性的基础上,要重点训练本专项特别强调的几个部位的柔韧性。

3.发展柔韧素质应与发展力量素质相适应

柔韧发展应伴随着肌力增长协调发展,使肌力增长不因体积增长而影响关节活动幅度。力量训练是发展肌肉的收缩能力,柔韧训练能发展肌肉的伸展能力。因此,力量结合柔韧的训练对提高肌肉质量最为有效,既能促进力量和柔韧的同时增长,又能保证关节灵活性的稳固。

(四)发展柔韧素质的方法

1.主动性拉伸练习法

主动性拉伸练习法是指练习者依靠自己的力量,通过对与某关节相关联的肌肉进行主动收缩,来增加关节灵活性的方法。它又分为主动的动力性拉伸练习和主动的静力拉伸练习两类。

(1)主动的动力性拉伸练习

主动的动力性拉伸练习是指练习者依靠自己的力量,将肌肉、肌腱、韧带等软组织拉长,提高伸展性的方法。主动肌屈曲、放松和退让,要与对抗肌的力量相符。在运用该方法时用力不宜过猛,幅度一定要由小到大,先做几次小幅度的预备拉长,然后加大幅度,避免拉伤。

(2)主动的静力拉伸练习

主动的静力拉伸练习是指练习者在动作最大幅度的情况下,依靠自身肌肉力量保持静止姿势的练习。采用此方法时,屈伸双侧肢体至最大屈伸程度,并保持6～12秒。

2.被动性拉伸练习法

被动性拉伸练习法是指练习者依靠外力的作用,促进关节灵活性增大的方法。它又分为被动的动力性拉伸练习和被动的静力拉伸练习两类。被动性拉伸练习多是借助教练员或同伴的帮助,用力逐渐加大,加大的程度以个体的自我感受为依据。强度的加大要逐渐进行,用力不可过大过猛。

(1)被动的动力性拉伸练习

被动的动力性拉伸练习是靠同伴的帮助或负重,借助外力的拉伸来拉长韧带、肌肉的练习。但外力应与练习者被拉伸的可能伸展能力相适应。

(2)被动的静力拉伸练习

被动的静力拉伸练习即由外力来保持固定姿势的练习。练习时一般要求在酸、胀、痛的位置停留 6~8 秒,重复 6~8 次。这种方法可减少或消除超过关节伸展能力的危险性,防止拉伤。由于拉伸缓慢不会引发牵张反射。

上述方法可单独采用亦可混合运用,练习时间可根据需要确定。在练习时,要根据不同的关节,确定发展柔韧性阶段和保持柔韧性阶段的练习重复次数。在练习间歇,可安排一些肌肉放松练习,为下次练习时加大关节活动幅度提供条件,获取良好的训练效果。

3.常用手段

(1)在器械上的练习:利用肋木、平衡木、跳马、吊环、单杠等;

(2)利用轻器械的练习:利用木棍、绳、橡皮筋等;

(3)利用外部的助力练习:同伴的助力、负重等;

(4)利用自身所给的助力或自身体重的练习:如压腿、吊环或单杠作悬垂等;

(5)发展各关节柔韧所采用的动作:压、踢、摆、搬、劈、绕环、前屈、后仰、吊转等。

六、身体素质的多维转移

身体素质多维转移是指在身体训练中,某一身体素质的发展,引起另一种或几种素质多维转移。身体素质转移是身体训练和运动训练过程中客观存在的现象。这是因为各种身体素质(如力量、耐力、速度、灵敏、柔韧等)并不是孤立地存在,也不是独立地发展。它们之间具有不同程度的相互联系,能够相互促进或相互制约。人体是一个高度统一的有机整体,从本质来说,人体运动都源于肌肉的收缩与放松的活动,肌肉活动又都是在中枢神经系统的支配、调控下,通过各个运动器官以及各系统的相互协调作用来实现的。在身体训练过程中,在发展某一素质的同时,都将或多或少地影响其他素质的变化。例如,经常性的速度素质训练,不仅增强了神经系统的灵活性,也提高了无氧代谢能力,结果不仅仅提高了速度素质,同时也增强了神经系统兴奋的强度和有氧代谢能力等,因而也促进了力量、耐力、灵敏等素质的提高。

(一)身体素质转移的意义与类别

1.身体素质转移的意义

身体素质转移,是运动生理学上一个十分重要的理论问题,科学地进行身体训练,对身体素质的转移和发展体能会产生积极的影响,其意义主要表现在以下几方面:

(1)科学地掌握和实现身体素质的转移,有助于促进身体正常发育,增进健康;有助于中枢神经系统对各器官、系统的营养性影响,从而能有效地改善身体机能。

(2)良好的身体素质转移,可促进身体素质的全面发展,并使身体形态变得丰满和匀称。

（3）科学地进行身体训练，把握身体素质的转移规律，为更快、更好地掌握动作技能创造条件，并常常会起到事半功倍的效果。相反，如果运用不当，或者违反了转移规律，常常会干扰其他素质的发展，甚至使其他素质的原有水平下降。

2. 身体素质转移的类别

在身体素质相互关系中，我们了解到各种素质都有其自身的特点，不同素质相互作用，其性质不同，最后产生的转移效果亦不相同。根据转移的效果可分为良性转移与劣性转移，根据转移的层次可分为直接转接与间接转移。

（1）良性转移与劣性转移：良性转移是指在某一身体素质发展的同时，也促进了另一素质的发展。例如在短跑训练时，常常采用加速跑和快速力量等动力性力量练习，其结果既促进了速度素质的提高，也发展了力量素质。劣性转移是指发展某一身体素质时，对另一些素质的发展产生不良影响。例如在发展柔韧素质时，如果采取了过度和不适当的训练方法与手段，致使肌肉、韧带柔而无力，其结果就影响了力量素质的提高。各身体素质之间的劣性转移，在于对某一素质训练时在时间上、强度上的作用程度。因此，在提高身体素质时，必须严格控制时间和负荷强度。另外，由于不同的素质，所要提供的能量基础也不一致。例如，速度素质要求神经系统具有较好灵活性，而耐力素质则要求神经系统具有较好的稳定性；又如，柔韧素质要求肌肉、肌腱和韧带有较好的伸展性，而力量素质则要求有较大的收缩能力；再如，力量素质的能源基础是蛋白质，而速度素质的能源基础是三磷酸腺苷等，正是由于这些素质的能源基础不同，效果和作用不同。所以，通过科学训练，可使相应的素质得到提高。如果训练不当，另外一些素质的发展就会被干扰。

（2）直接转移与间接转移：直接转移是指在良性转移中，某一身体素质的发展能直接引起另一素质的发展。例如，腿部伸肌的动力性力量得到发展时，会直接促进速度素质的发展。又如，手臂屈肌的静力性力量得到发展时，会直接引起手臂力量的提高等。间接转移是指在训练时，某一身体素质不能直接引起另一素质的发展，但这一素质的发展，为以后另一素质的发展创造了条件。例如在训练时，训练者的伸肌静力性力量得到了发展，它虽然不能直接提高跑的速度，但是它为动力性力量的发展创造了条件。当后来采取合理的手段进行动力性力量练习时，可以使原来的静力性力量转化为动力性力量，同样使速度素质得到发展，并取得更好的训练效果。

（二）身体素质间的相互关系

1. 力量与速度素质的关系

力量与速度素质具有正相关关系。这就是说，力量素质与速度素质的发展是相互依存和相互促进的关系。特别是经过长期和系统的速度训练之后，运动员的速度素质得到了提高，与此同时，力量素质也得到提高。同样，系统地进行力量素质训练后，也可使肌纤维增粗，特别是白肌纤维横切面增大，收缩蛋白质增加，对提高速度素质起到积极的作用。

2.力量与耐力素质的关系

力量与耐力素质既具有相互促进的关系,又是有相互制约的关系。在力量素质训练中,获得的肌力、爆发力和力量耐力,对提高短时耐力素质产生良性转移。这是因为力量素质和短时耐力所需的能量供应形式相对地接近,但与长时耐力要求的能量供应形式有较大的差异。因此,过度的力量素质训练(长时期和高强度的力量训练)对长时耐力并不有利。同样,长期耐力训练,也并不能导致力量素质的提高,尤其是对最大肌力的提高无多大意义,甚至会起到制约作用,特别是对爆发力的提升极为不利。

3.速度素质与耐力素质的关系

速度与耐力素质之间具有一定的联系。在通常情况下,速度素质与"短时"耐力的正相关性较高,与"中时"耐力关系一般,而与"长时"耐力关系并不密切。这是因为,人体在最高速度时,生理过程常处于无氧代谢状态之中(这时主要依靠白肌纤维的积极工作)。因此,在一定程度上速度素质的发展,对"短时"耐力的发展常常起到积极的作用,但如果"长时"耐力高度发展(主要依靠红肌纤维的积极工作),必将影响速度素质的提高。

4.力量与柔韧素质的关系

力量与柔韧素质的发展,如果处在相互适应的范围内,可以起到一些互利作用,但并不明显。实践证明:如果两种素质中的任何一种素质,不恰当地或过度地发展,则对另一种素质的提高起到制约作用。例如柔韧素质的过度发展,特别当单一性地、不恰当地扩大关节活动范围,肌肉、肌腱、韧带过分伸长,必然导致肌肉失去弹性,进而影响肌肉的收缩能力,最后将严重影响力量素质的提高。

第二节　定向运动的心理素质培养

一、定向运动中常见的心理问题

定向比赛是在无人指导、独立作战的情况下,运动员根据实地情况、路线和个人体力情况等因素,进行自我调整的赛事。对于不同的场地,赛前的计划不能一成不变。此间稳定的情绪是进入最佳心理状态的关键因素,相反,焦虑情绪则使运动员产生烦躁、紧张、犹豫不决等不良的心理状态,从而降低运动、思考能力。此外,定向运动还被视为受心理因素影响十分巨大的运动。因此,在训练中极有必要将心理训练列入日常的训练中去。

瑞典国家定向队主教练 Uran Andersson 在"关于影响定向运动能力发挥的主因素"的调查问卷研究中,发现主要因素来自 11 个方面。但是,比赛中注意力的集中度,对烦躁情绪的控制及比赛目标的设定与分析三项和心理素质高相关的因素起着重要的作用。

由此，我们不难看出心理训练在定向训练中的重要性。根据我们的有关调查，目前在定向运动比赛中运动员主要存在的心理问题有以下几方面。

（一）动机障碍

动机是指最适宜动机水平以外的其他动机状态。过高的动机水平会引起机体兴奋度过高，使运动员在比赛的过程中注意力分散、情绪不稳定；过低的动机水平，表现为不能充分发挥自身的主动性、积极性，导致技能潜力发挥不足，在比赛中不能发挥出自身应有的水平。在定向运动中，这种障碍主要表现为过高或者过低的比赛目标，在赛前不能确定自己的比赛目标，未做好比赛的心理准备，在出发后显得难以进入比赛状态，一旦在某个检查点犯了错误立即就手足无措。

（二）情绪焦虑

定向运动员最大的情绪障碍是紧张和焦虑情绪。一般来说，适度的紧张有助于激发学生和运动员的主动性和积极性。但是过分担心比赛的成败，错误估计对手水平，对比赛中的失误过分自责等情况，往往会造成强烈的紧张甚至焦虑情绪，会严重影响到技术动作和心理潜能的发挥。在定向运动中，这种障碍主要表现为赛前紧张，不能放松自己的身心，在比赛过程中受周围的选手干扰较大，对自身的判断力产生动摇等。

（三）注意力障碍

定向运动员在注意力方面的特点主要体现为注意力的方向不断发生变化，在局部的地图（读图）到周围的地物（重新定位）两个方面不断转换。但是在比赛压力下，注意力往往不能进行良好的转换，主要体现为比赛时看漏点、跑过头等失误，还容易被周围的观众、媒体记者及周围的运动员干扰。

（四）攻击障碍

定向运动在比赛时，没有可以直接面对的攻击对象，参加者处于全力拼搏和进攻性冲动的状态下。由于参加者的行为受竞赛规则约束，如果在比赛中预期目标没有达到，他们往往采用过大的攻击性行为发泄自己的不满情绪。在定向运动中主要表现为过分埋怨地图的质量，认为赛事控制员的检查点设置有偏差和错误，采用危险系数很高的技术动作或者路线选择，甚至在赛后将这种攻击性的矛头指向自己、队友和教练。

二、心理素质的培养方法

（一）目标设定与比赛计划

在面对任何赛事之前，确立一个明确的赛事计划是不可缺少的。这个步骤应该从开始准备比赛一直持续到比赛开始的时候。一个计划应该包括以下几个方面：对比赛艰苦程度的充分估计、对自己的心理暗示语言、对比赛成绩的定位、对自身熟练掌握的技术的了解程度及对比赛程序的演练。

不同的比赛类型对于运动员来说，困难程度是不同的。作为一名在野外参加竞赛活动的运动员,首先要做好良好的心理准备,可以将各种比赛时可能遇到的情况——罗列在一张纸上,使自己对于比赛的艰难程度有充分的心理准备。

对于不同水平层次的运动员,参加赛事的目的是不同的,那么就需要在比赛的准备期中对自己进行明确的目标设定。设定了合理的目标能够帮助运动员增强持之以恒的信念,诱发其勇于尝试新策略的精神。这种设定不是盲目给自己定高目标,也不是随随便便地定目标,而是要根据你的运动动机来确定。当然,我们在设定比赛目标的时候就形成了心理暗示语句,这在定向比赛的过程中十分有用,运动员首先必须明确自身的优缺点。

1.赛前的心理准备

(1)确定自己本场比赛的预定目标;

(2)安排赛前计划及战术;

(3)确定比赛焦点技术;

(4)重复思考比赛焦点技术。

2.确定比赛预定目标

有助于运动员建立一个可行的赛事目标及调动运动员的运动动机。在制定赛事目标的时候须注意的几点:

(1)目标可能对自己有一定的难度,但是绝对是可行的,例如,必须根据自己在全部参赛运动员中所处的水平进行目标定位,而不是好高骛远,天马行空地胡乱计划;

(2)长线与短线问题,即是以一连串的短期目标来达到长期目标;

(3)确定表现性目标,即明确自己在此类比赛中允许的失误时间及平均的奔跑速度。知识点:根据 Martens 与 Burton 的研究,将目标分为"结果性目标"和"表现性目标"。"结果性目标"泛指于比赛中要获得什么名次,要击败对手等,该结果不但取决于自身的努力,还由同赛场其他选手的表现决定。"表现性目标"主要指该次成绩与以往成绩的比较,该目标一般不受对手的影响,主要取决于运动员自己的发挥;

(4)将目标写下来,应该将目标写下并放在眼前,甚至是写在自己的训练日记当中;

(5)写下实现目标的步骤和策略,使目标不止停留在口头上和脑子里,在训练中不断演练技巧和战术。

3.容易出错的地方

(1)不能确定明确的目标;

(2)确定过多的目标;

(3)没有在需要时调整目标;

(4)没有按照目标计划训练。

(二)注意力的训练

每一项运动都有很需要注意的地方,在定向运动中,运动员的注意方向始终在不断进行转移。当运动员在实地奔跑的过程中,注意力是很宽的,因为运动员不但要在意地图上的符号,还要将周围的地物、地貌与图上的符号在脑海中进行对应;当运动员在以较缓慢的速度边跑边阅读地图的时候,注意力的宽度就变得很窄,主要集中在地图上。同时,意识还存在着"顺流"和"逆流"的转换。当路线选择有一定的难度的时候,运动员的注意力比较集中,容易产生"顺流"效益,这时,运动员往往不容易出现错误;当线路选择比较简单,或者接近终点的时候,运动员的思想往往会变得放松,此时"逆流"效益会出现,从而导致运动员犯下一系列的低级错误。

因此,运动员的训练中除了要反复进行注意力的训练,还应该树立这样的观点:对于任何一次比赛,不要纯粹以击败对手为目标,而要将比赛看作是对自己的一次新的挑战。

(三)其他的训练手法

1.4 点线路法

线路由起点、终点和 4 个检查点构成,从起点到 1 号检查点之间通常是一条道路。要求运动员集体出发,在出发之后,运动员必须统一沿着该道路到达 1 号检查点。访问完 1 号检查点之后,运动员可以任意进行路线选择。

训练目的:学会在受到周围干扰的情况下集中注意力,该训练对地图记忆也有很大的帮助,有助于找到自己在出发时的平衡感(读图与奔跑之间的平衡)。

2.百米定向

在较小的区域内,多人同时出发完成一条长度不超过 500 米的路线。场地内多设有干扰点,相似地物附近也有附加点。

训练目的:在高强度的竞争环境中对注意力进行锻炼。

在定向运动上具备较好的水平、取得优异的成绩,必须系统地进行训练。要掌握合理的技术和战术,逐步提高身体素质和机能,以充沛的体能顺利、快速地完成定向越野实践的全程,在各种复杂的条件下能够迅速、准确、协调地做出某些相应的动作。

第三节　定向运动训练计划与手段

一、定向运动训练计划及其作用

训练计划是对未来训练过程预先做出的理论设计,是运动训练过程中的一个重要环节。其作用主要表现在:

1.规划了由个体的现实状态向目标状态转移的通路,使运动训练过程的所有参与者了解如何训练,这样便有可能完成训练目标,使对于训练成果所进行的预测能够得以实现。并且围绕着所制订的训练计划的贯彻与实施,统一教练员、运动训练个体、科学工作者等所有训练过程参与者的认识和行动。

2.通过运动训练计划的制订把训练过程的目标具体化为若干独立而又彼此联系的训练任务和形式,并进一步具体化为若干按特定要求进行的练习。个体逐一地去完成这些练习,实现各个课次的训练任务和要求,就会一步步地逼近和完成训练的目标。

3.通过制订和实施运动训练计划,对"诊断""指标"等环节的状况做出适宜的评定,是保证运动训练过程顺利进行和完成的重要条件之一。

二、定向运动训练计划的类型

根据不同的标准,可以对运动训练计划进行不同的分类。按运动训练计划的时间跨度的大小,可将其分为多年训练计划、年度训练计划、阶段训练计划、周训练计划及课训练计划五种。多年训练计划及年度训练计划主要用于系统地安排较长时间的训练,属于远景规划。这种计划的内容是框架式的,也不要求过于详尽,它在实施过程中也必然较为稳定。周训练计划与课训练计划都是训练实践的具体计划,并且在训练中也可能有较多的变化。

三、四年周期的安排

作为大学生运动员在四年的学习中恰好可安排制定四年周期,其中,训练负荷和运动成绩的动态变化有以下几个特点:

1.同时而逐渐地提高运动成绩和增加总训练量及部分强度训练手段量(直线的和波浪式的);

2.分别提高运动成绩和训练负荷,在奥林匹克周期的第二年特别是第三年,明显降低某些训练参数,也有连续两年减少训练参数的方案;

3.有经验的运动员参加一些重大比赛后,需要相应的休息。

在四年周期的某些年度中,强度训练负荷量是变化的,通常它与总量同时增加,因而可以得出结论,在多年的计划中,训练负荷的量和强度曲线是一致的。但在小运动量年,同训练负荷总量相比,通过减少比赛和强度训练课的次数,更多地降低强度训练量。

多年训练周期结构的选择,取决于运动员的训练年限、训练水平和个人特点。

四、年度周期的安排

年度训练计划是在对情况进行详尽分析之后,提出训练目标,再按周期化理论进行安排的。根据比赛任务有时把一年划分为一个周期,也有时把一年划分为两个或三个周期,每个周期都包括准备期、竞赛期、休整期。

——单周期:准备期为7个月左右(前期为4个月左右,后期为3个月左右);竞赛期为2~4个月(视比赛时间长短而定);休整期为1个月左右。

——双周期:准备期为3.5个月左右(准备前期为2个月左右,后期为1.5个月左右);竞赛期为1～2个月;休整期为0.5～1个月。

五、阶段性训练的安排

在优秀赛跑运动员的训练中,训练阶段长达3～12周,由2～6周的中周期组成。每个中周期以减量小周期或比赛来结束。

各种中周期由单个小周期组成。加量周与减量周的组合可用2∶1、3∶1、4∶1和5∶1安排。不同组合的比例取决于中周期的任务和个别手段的量和强度。典型的小周期有:适应恢复性的、加量的、强度的、减量的、力量的、诱导的和过渡时期的小周期。

适应的或恢复的小周期的任务是使个体逐步恢复体力并保持训练水平。在准备期开始阶段采用,也用于因生病或其他原因造成的间断训练以及适应气候和紧张比赛结束之后。进行这种训练要平稳而放松,一周训练10～12次,一天训练1～2次,有氧—无氧混合代谢跑量占总跑量10%～15%。

加量的或发展的小周期的任务是继续发展有机体的主要机能系统,提高意志训练水平。这种小周期训练在准备期采用,在比赛期较少采用,仅在持续时间长的一些比赛后采用。总跑量近似极限,相当于最大跑量的90%～100%。有氧—无氧混合代谢的跑量占总跑量60%～70%,无氧代谢的跑量仅占1%～3%。在为时一星期的小周期中进行12～18次训练课(一天训练2～3次)。冬训时期这种周期在某种程度上可提高机体的潜在能力。

强度小周期的任务是提高专项能力、意志品质和准备比赛。采用于冬季和夏季的比赛期。总跑量为最大跑量的70%～90%。中距离跑运动员的有氧—无氧代谢跑量占30%～40%,长跑运动员占50%～60%。无氧代谢的跑量占总跑量的6%～10%。一周训练10～14次(一天1～3次)。

力量小周期,近几年已被广泛采用,为了发展力量耐力,在准备期后期训练阶段末,可用3～5周进行力量耐力训练。跑量为最大跑量的80%～90%,有氧—无氧混合代谢跑量占50%～60%,无氧代谢为主的跑量占6%～8%。一周训练12～14次(一天2次)。要采用一些恢复方法和锻炼性的措施。采用加量的、力量的和部分强度的小周期,都必须在冬春训练中补充维生素的情况下进行。食谱中包括有较高生理价值的食品。

减量小周期用于紧张的训练和比赛后,为消除神经和体力的紧张进行积极性休息。总跑量降至最大跑量的50%～60%,并显著降低强度训练量。在这种小周期中可采用球类运动、游泳和徒步旅行。

赛前的小周期在重大比赛的前一周采用。同上个小周期正好相反,总跑量为前一强度小周期的40%～60%。有氧—无氧混合代谢的跑几乎不采用,以无氧代谢为主的跑量占总跑量12%。

六、不同时期各训练阶段

准备时期各个阶段的安排，一般是从重复进行适应恢复性的小周期开始，而后进行加量周期。在这个时期用得最多的是下面的训练结构：3周适应恢复性小周期和1个减量小周期。在基础训练阶段，采用2～3周加量或力量小周期和1个减量小周期。前2～3个小周期的总跑量逐渐增加，而减量小周期的跑量明显减少。如果运动员的跑的训练负荷量还未达到最高值，则可采用3周加量和1周减量的小周期。

在准备冬季比赛时，3周的训练结构将用下列形式：加量小周期、强度小周期、减量或诱导的小周期。4周的训练结构：1周加量、2周强度和1周减量周期。在赛前训练阶段中，综合运用加量的和强度的小周期，然后进行一个减量周期。

竞赛期各阶段的安排，一般与比赛之间的间隔有关。实践表明，在中长跑运动员竞赛日程表中，重大比赛之间的间隔为2～6周。

如果说在6个月的准备时期当中，制订的训练大纲就相同的话，那么比赛期的训练大纲就是多种多样的。

从一次重大比赛到另一次重大比赛之间的训练要拟定计划，因此，竞赛期可分为若干训练阶段。

赛前阶段的训练结构，取决于它的时间长短，如果比赛之间间隔一周，则应安排减量或诱导的小周期。训练课中采用恢复性的越野跑，准备活动性长的慢跑和任意加速跑。间歇时间为1.5周时，可在前几次比赛的3～4天后，在运动场进行1～2次紧张的训练。两周的赛前训练阶段，是由一个强度的和一个诱导的小周期组成。如果前面的比赛很紧张，则比赛后的前3天进行减量训练。三周的赛前训练阶段，是由两个强度小周期和一个诱导小周期组成。

4周的赛前阶段由1个适应恢复性或加量小周期、2个强度的和1个诱导小周期组成。

科学研究证明，进行极限负荷训练后，个体需要72～96小时才能完全恢复。因此极限负荷训练每周不得超过2次。

一星期的小周期的安排：

在一星期的小周期中，运动员的工作能力增长到周末，因此，最大的负荷和比赛安排在星期五或星期六。但是，这种小周期也可另行安排，以便使最高工作能力出现在一周必需的日子里。然而在这种情况下，训练安排的主要原则仍是大中小运动量交替进行。大动量训练可安排在周二、周五或周三、周六或周一、周五，也可把大运动量安排在一、三、五或二、四、六，并与中、小运动量交替进行。

周末可能是休息日，在这一天只进行早操，轻松的恢复性的训练或散步。有时还要在星期四或星期六安排一次减量日。但是，在休息日也应尽量在早晨进行恢复性的慢跑。

在准备重大比赛时,建议按照即将举行的比赛的日期安排小周期的训练。如果短距离赛在星期五,接力赛是在星期六,而长距离赛是在星期天,那么在这些比赛前 4～6 周的相应日期应进行大运动量训练,而在其前、后应进行小运动量训练。

重大比赛前的最后一次大强度训练,可在赛前 4～5 天进行。

适应恢复的小周期示范:

星期一,匀速越野跑(有氧),1 小时 20 分左右,一般发展练习 20 分钟。

星期二,匀速越野跑(有氧,最后一段跑为混合代谢)。女子为 6～8 千米,男子为10～12千米,一般发展练习 1 小时。完善技术的跑量为 1～2 千米。

星期三,内容同星期一。

星期四,1 小时内越野跑(有氧)或休息。

星期五,内容同星期一。

星期六,长时间越野跑(有氧,1 小时 30 分;一般身体训练 1 小时;女子的跑量比男子少 20%)。

星期日,休息。

以上长距离跑的内容都可用相应的定向越野实践代替,跑量可以适当减少。(以下示范同此)

准备期开始 2～3 周后,可在早操训练课中进行慢跑和总量 1 千米的短距离加速跑(例如 100 米×10),用以保持快跑的速度感,改进跑的节奏和技术。

在主课和早晨的补充训练课中,一周必须进行不超过 2 次的 0.5～1.5 千米的跑和跳跃练习。

在适应恢复阶段末期,必须进行检查跑,男子跑 10～20 千米,女子跑 5～10 千米。

早操训练的内容全年很少变化。这些课中进行 6～15 千米的匀速跑(有氧性质)。早操训练示范如下:

星期一,匀速跑 12 千米——60 分钟左右。

星期二,准备活动慢跑 4 千米——20 分钟,一般身体训练 30 分钟,球类练习 50分钟。

星期三,匀速跑 12 千米——60 分钟左右。

星期四,休息。

星期五,匀速跑 9 千米——45 分钟。

星期六,匀速跑 6 千米——30 分钟。

星期日,匀速跑 12 千米——65 分钟,球类活动 30 分钟。

在运动员适应恢复的小周期训练后,进入了准备期的基础训练阶段。这一阶段的训练既要增加训练量,强度也要有所提高。总量近似极限水平,有氧—无氧混合代谢跑量占 60%～70%。以无氧训练为主的跑量占 1%～3%；一周训练 10～14 次。周跑量：男子为 140～180 千米，女子为 100～150 千米。早操的补充训练与前一阶段相同。

加量小周期示范如下：

星期一，准备活动跑 3～5 千米，一般发展练习。加速跑(5～10)×100 米或(3～6)×150 米。长段落反复跑 1～3 千米。总量为 4～8 千米，男子跑的速度为 3'10"～3'20"每千米；女子为 3'35"～3'50"每千米；可用相同段落和不同长度的段落，间歇 4～6 分钟。

星期二，匀速越野跑。男子 15～20 千米，女子 12～14 千米。一般发展练习。

星期三，匀速越野跑。男子 12～15 千米，女子 8～10 千米。男子的速度约为 3'每千米，女子约为 4'30"每千米。一般发展练习。

星期四，慢速越野跑 30～60 分钟。一般发展练习。

星期五，与星期一相同，但用另外长度的段落组合。

星期六，与星期二相同，但量大些。

星期日，休息。

可在第二天和第五天进行两次长段落训练，在一、三、六这 3 天进行长时间越野跑，女子的跑量比男子少 20%。

一周有 2～3 个早晨进行跑和跳的练习以及为了提高节奏进行比赛速度跑。在进行长段落训练时，可补充进行 1～2 次短跑段落(200 米内)的加速跑。

准备时期的后期如果参加冬季比赛可采用加量的、减量的小周期，也采用具有夏季训练特点的强度大的小周期，但运动员常采用混合的小周期。如：在加量小周期中，运动量减少 20%～30%，用短段落的间歇跑(200～600 米)代替长段落重复跑。在重大比赛前进行减量的小周期训练。

在这阶段，不参加冬季比赛的运动员继续进行基础训练，要把总的训练负荷量恢复到最大和近似最大水平来进一步提高专项能力。混合代谢跑量占 30%～40%。至本阶段末，通过上坡跑和上坡跳，使无氧代谢的跑量增加到 6%～10%。

在这个阶段中也采用加量的和力量小的周期，这些小周期训练中，一周要进行 2～3 次总量为 2～3 千米的间歇或上坡跳(坡度为 10°～15°)。上坡跑和跳应与下坡跑交替进行。

竞赛期的赛前训练阶段。在这个阶段要逐渐从大负荷量向高强度训练过渡。用总跑量为最大跑量 80%～90%。混合代谢的跑量占长跑量 40%～50%。对个体来说，主要为无氧代谢的跑量占 8%～12%。

逐渐而平稳地提高跑的强度，不仅能预防竞技状态过早形成，而且还可使跑的技术更加省力和有效。运动员可用参加次要的比赛来结束该阶段的训练。

比赛期由四个阶段组成，在每个阶段中参加比赛的心理状态是不同的。

如果参加第一阶段的比赛是为了试验战术方案和实施方法，那么第二阶段就是选择战术方案,而在第三阶段中就应全力动用心理影响和体力,为在比赛中取得优异成绩或取得好名次而奋斗。

定向越野运动员的训练课是进行强度大而总跑量少的训练,其中大部分训练与无氧供能有关。

比赛期可采用强度小周期、诱导小周期、恢复小周期(重大比赛后)和加量小周期。

强度小周期示范如下:

星期一,准备活动跑 3~5 千米,一般发展练习,加速跑(5~6)×100 米,400~600 米段落的间歇跑,用最大强度 85%~90% 的速度(一次课中的间歇跑可采用相同段落,也可采用不同段落。例如:10×400 米,2×600 米,4×400 米,5×200 米等等,总跑量为 1.5~4 千米,间歇 3~5 分钟。整理活动慢跑 2 千米。

星期二在树林中进行匀速越野跑约 60 分钟(男子 14~16 千米,女子 12~13 千米,有氧)。一般发展练习。

星期三,准备活动,加速跑 5~6×100 米,200~300 米段落的间歇跑,用最大强度 85% 的速度跑,总跑量为 1.5~3.5 千米,间歇 1.5~3 分钟。训练可分组进行,组间休息 5~6 分钟。慢跑 2 千米。

星期四,休息或恢复性越野跑 10~12 千米。一般发展练习。

星期五,准备活动,加速跑 56×100 米。检查跑(用最大强度 95%~100% 的速度)或长段落重复跑 800~1600 米,跑量为 2~4 千米,用最大强度 90% 的速度,间歇 5~6 分钟,整理活动慢跑 2 千米。

星期六,与星期二相同,但跑的量大。

星期日,休息。

女子运动员的总跑量比男子约少 20%。

比赛期早晨的补充训练包括慢跑 5~8 千米、加速跑、跑和跳跃练习,练习量由教练员确定。

上述列举的一周三次大强度训练,通常在比赛前的 2~3 周进行。为了模拟预赛和决赛,可连续两天进行段落跑训练。例如,第 1 天越野跑,第 2 天和第 3 天进行间歇跑,接着又按计划训练,或者把这两次课安排在一周的第 4~5 天或 5~6 天。在重大比赛的最后一周,训练负荷的量和强度都应降低。

诱导小周期示范如下:

星期一,休息。

星期二,准备活动,加速跑 5×100 米。200~600 米段落的间歇跑,总跑量为 1.5~2.5 千米,速度为最大跑速的 85%~90%,间歇时间根据自我感觉而定。整理活动慢跑 2 千米。

星期三,匀速越野跑约 60 分钟(有氧)。一般发展练习。

星期四，匀速越野跑6～10千米（有氧），用比赛速度跑（10～12次）×100米，或跑（5～6）×200米。

星期五，休息。

星期六，准备活动，跑4～5千米。一般发展练习，加速跑（4～6次）×（100～150）米。用比赛速度跑一次200～300米或跑400～500米。

星期日，比赛。

早晨的训练课与平时相同，但第2天和第3天的训练课可改换训练地点。

该时期早晨的补充训练包括8～12千米有氧性质的慢跑、加速跑、跑和跳的练习（量要因人而异）和一般发展练习。

第四节　定向运动训练水平的诊断与评价

诊断是指对个体的现实状态进行分析。诊断内容大体包括：了解综合的运动成绩水平，即竞技能力、比赛成绩；确定成绩变化的原因并找到原因及提高成绩的途径；确定各因素的量的变化情况。通过上述诊断，评价训练的情况。诊断要具有及时性、准确性、客观性、综合性与特异性。常用诊断的方法有：训练学测定、运动生物力学测定、运动医学测定、社会学和心理学的诊断等。诊断是训练工作的第一步，也是训练结构或训练控制过程的前提条件。诊断是否及时、客观和准确，对训练过程的其他环节都有直接的影响。为了有效地控制个体的训练，必须掌握有关个体身体状态的信息，或者是具备完善的反馈联系。评价方法分：阶段性的，日常的和由教练员、医生、科学工作者合作的及时评价。用测验的方法对训练水平进行阶段性评价，不会影响个体的身体状态，而且在负荷的作用下，身体状态会很快发生变化。在日常的和即时评价中，必须选择能敏锐反映个体实际身体状态的测验。为了评价训练水平，可采用极为复杂的生理、生化、心理学及其他方法。在实践中也可利用秒表、皮尺等简便好用的测量工具来确定个体的身体状态和训练的性质，用这些方法评价跑速、步长和心率。

对运动成绩和训练负荷的评价是在对各训练时期、阶段和小周期的比赛及训练日记进行分析的基础上，用统计学方法处理。通过运动成绩和完成的负荷的对比，可以找出个别规律，并把它同过去的材料进行比较。

对身体训练水平的评价是阶段性的。为了评价耐力的发展水平（有氧代谢能力），可采用10～30千米的公路跑（见表4-1）。

表 4-1 优秀运动员的评价标准

专项	距离/千米	准备时期	
		12月～1月	3月～4月
男	15	50～52分	48～50分
女	10	40～41分	37～39分

比赛期可用短段落的时间评价速度水平。世界优秀男子定向越野运动员100米跑相应为10.3～10.6秒,400米应能跑到49～51秒内,800米成绩在1分49秒～1分52秒。

为了评价速度素质和力量素质,可采用十级跳和100米计时的两腿交换跳。把跳的步数乘以时间,得出相应的系数。系数减少说明速度力量水平提高(例如,用14秒跳35步等于490)。系数大小因人而异,只能同一个运动员进行比较。

为了评价耐久力的机能指标,可在跑台上进行分级负荷跑的测验,用以测定最大吸氧量,也可用恒定的跑速测其保持最大吸氧量的时间。这种测验一年最多进行3～4次。优秀定向越野运动员的最大吸氧量应达到78～85毫升/(分·千克)(即一分钟一千克体重的氧耗量),最大吸氧量和临界速度随训练水平的提高而增加,为了评价节省化,可在跑台或运动场进行逐级提高速度的跑的测验:男子每秒4米,4.25米,4.5米,4.75米和5米;女子每秒3.5米,3.75米,4米,4.25米,4.5米。每级跑6～10分钟,共重复3～5级。每级跑后取血,测定乳酸,并确定"无氧阈"的速度。"阈值速度"(即无氧阈速度)的提高,说明节省化和机能状态的水平提高。评价节省化还可借助于心率遥测计,每分钟心率恒定在170次时,跑的速度越快,节省化水平就越高。

运动员心率170次/分时,男定向越野运动员为4.8～5.2米/秒,女运动员为4～4.3米/秒。这个测验可在长时间跑的途中进行,让运动员停1～2秒后测量心率。

对跑的技术训练的评价,可借助电影或录像图片,或专门设备测量步长、步频、腾空时间和支撑时间。

对健康状况和各机能系统的评价,可进行疾病系统防治的检查。这种检查每年不少于2次。

对各机能系统和承受训练负荷能力的日常监督,可测量途中跑和终点的心率(用遥测和手提式测脉器)。也可测量重复跑之前的心率,以便确定恢复程度。测量心率应在运动员停跑2～3秒后立即进行。为评价承受负荷能力和跑的负荷性质,可在长跑后的一分钟内,间歇跑后的3～4分钟内取血测其乳酸。为了确定恢复程度,也可以跑后20分钟内进行。

第五节　运动中常见运动损伤的预防与处理

一、运动中常见的损伤成因及预防

1.挫伤

原因:定向运动中身体撞在地物上或练习者之间相互碰撞等。

症状:单纯肌肉挫伤,轻者局部仅有疼痛、压痛、肿胀、功能障碍;重者可因皮下出血形成血肿或瘀斑,疼痛或功能障碍都较明显。

处理:终止练习,冷敷后加压包扎,抬高伤肢,一般24小时后用热敷、按摩等方法治疗。一定要注意保证充足的休息。头部、躯干部和睾丸挫伤有休克症状出现者应首先进行抗休克处理,保温、止痛、止血、矫正休克后,立即送医院检查治疗。

预防:训练和比赛时应加强必要的保护,提高自我保护意识,改正错误动作,禁止粗野动作,穿戴好必要的保护用具,如定向运动中的帽子和护腿等。

2.擦伤

原因:运动中摔倒,皮肤与地面摩擦,或身体与粗糙的物体相互摩擦等。

处理:擦伤的处理可视轻重而稍有区别。如擦伤伤口表浅,面积不大,可用生理盐水清洗伤口,再用1%~2%红汞或1%~2%龙胆紫涂沫,无须包扎;如擦伤伤口较深、面积较大,用75%酒精或双氧水消毒伤口,用生理盐水清洗伤口异物,清洗后外敷消炎粉并用消毒纱布包扎,由于伤口面积较大,应注意每日换药,最好到医院做进一步检查。

预防:穿合适的运动服装,鞋子要合脚,不戴尖利物品,做好充分的准备活动,改进跑的动作技术,建立良好的心理状态,安排合适的运动量,避免在水泥地上练习,提高自我保护意识和能力。

3.刺伤、划伤

原因:定向运动中身体被尖细锐物刺伤、划伤。

处理:轻者可先用碘酒、酒精将伤口周围皮肤消毒,再用消毒纱布覆盖,加压包扎。伤口较大、较深、污染较重的,应及时送医院,由医务人员做清创术,清除污物、异物、坏死组织,彻底止血,缝合伤口;口服或注射抗菌药物以预防感染。伤口小而深和污染较重者,应注射破伤风抗毒血清1500~3000国际单位,预防破伤风。

预防:根据地形地貌和植被情况穿戴运动装备,提高自我保护意识和能力。

4.拉伤

原因:在体育运动中,由于准备活动不当,某部肌肉的生理机能尚未达到适应运动所需的状态;训练水平不够,肌肉的弹性和力量较差;疲劳或过度负荷,使肌肉的机能下降,力量减弱,协调性降低;错误的技术动作或运动时注意力不集中,动作过猛或粗暴;气温过低湿度太大,器械的质量不良等。

症状:局部疼痛、压痛;肿胀、肌肉紧张、发硬、痉挛;功能障碍。当受伤肌肉主动收缩或被动拉长时疼痛加重;肌肉收缩抗阻力试验阳性,即疼痛加剧或有断裂的凹陷出现。有些伤员伤时有撕裂感,肿胀明显及皮下瘀血严重,触摸局部有凹陷或见一端异常隆起者,可能为肌肉断裂。

处理:肌纤维轻度拉伤及肌痉挛者,用针刺疗法会取得显著疗效。肌纤维部分断裂者,早期用冷敷、加压包扎,还要把患肢放在使受伤肌肉松弛的位置以减轻疼痛。48 小时后开始按摩,手法要轻缓。怀疑有肌肉、肌腱完全断裂者,应在局部加压包扎、固定患肢后,立即送医院确诊,必要时还要接受手术治疗。

预防:要加强易拉伤部位肌肉的力量和柔韧性练习,同时充分做好准备活动,合理安排运动量,纠正和改进技术动作上的缺点。

5.扭伤

原因:准备活动不够、场地滑、器材使用不当、技术掌握不好、协调性差、关节周围肌肉力量小、生理结构不佳等,使关节的活动超过正常的范围,造成关节内、外侧副韧带损伤。

处理:在发生关节韧带扭伤时,应立即冷敷,加压包扎,抬高伤肢,24 小时后进行按摩、理疗。应检查韧带的损伤程度,断裂时需送医院。

预防:平时应重视踝、膝、髋的肌肉力量和关节的协调性练习,做好场地的安全检查,准备活动要充分,了解设备使用方法,循序渐进地练习。

6.韧带损伤

原因:由于准备活动不够、场地滑、技术掌握不好等原因,关节异常活动超越韧带所能承受的范围时,就会发生韧带损伤。韧带损伤易发生的部位主要在踝关节、腕关节和膝关节。

征象:韧带损伤时,一般都有局部水肿,韧带损伤处有明显压痛。严重损伤有明显的出血血肿形成。

处理:韧带发生损伤后,应立即冷敷,用绷带固定包扎,抬高伤肢。24 小时后,根据伤情采取综合治疗,如对伤部进行热敷、按摩或外敷伤药等。如损伤严重,出现韧带大量或完全撕裂、分离,应尽早送医院进行韧带断端的接合术。

预防:做好充分的准备活动,可在运动时加一些支持保护带。

7.疲劳性骨膜炎

原因:由于训练方法不当,跑跳练习过于集中,加上跑跳的动作不正确,落地时不会缓冲,使屈肌群过度疲劳;或场地过硬,使小腿受到较大的反作用力,就会使胫骨、腓骨或跖骨发生疲劳性骨膜炎。

征象:轻者在训练后局部出现疼痛,尤其在大运动量训练后疼痛加剧;重者行走或不运动时均痛,有明显压痛并出现骨膜水肿等。

处理:早期或症状轻者,局部可用弹性绷带包扎,适当减少局部负荷。症状严重的患者,还要外敷新伤药或用40~50度的温水浸泡患处30分钟,或进行热敷,以促进血液循环,加快渗出物的吸收。如果疼痛非常严重,应彻底治愈后再进行锻炼。

预防:训练中遵守循序渐进的原则,防止突然连续加大运动量,避免长时间过分集中的跑、跳等练习。及时纠正错误动作,训练前做好准备活动,训练后可采用自我按摩或做其他放松练习,避免在过硬的场地上做过多练习。

8.腰部劳损

原因:长期弯腰负荷过多或体位姿势不良;腰部反复微细损伤或急性扭伤愈合不佳;腰部肌力软弱;脊柱畸形等。

征象:腰部酸痛或胀痛,不能久站久坐久行久卧,否则疼痛加重,必须休息才能缓解,按摩或叩击可减轻疼痛。在运动员中大部分能坚持中小量的训练,但练后疼痛加重。

处理:按摩疗法,可以起到放松肌肉,松解粘连,改善局部血液循环,消除无菌性炎症。物理疗法,腰背肌拔罐、水罐、热疗及超短波、低周波、干扰电等。针灸疗法,取穴以太阳经穴为主。背部取阿是穴,腰部取志室、肾俞、大肠俞、环跳、殷门、委中等。其他治疗,局部使用营养药物,当归、B12针局部穴位注射。对几个痛点进行局部封闭。封闭常用药物得宝松加利多卡因等。口服维生素E、芬必得、中药等,使用支持带等。

预防:加强腰部肌肉力量和柔韧性的练习,功能锻炼对腰部劳损的治疗起着关键的作用,同时要积极进行牵拉伸展练习。手法治疗对本类伤病有良好的治疗作用。注意循序渐进和训练节奏,以防肌肉疲劳积累。经常保持良好姿势,避免长期固定于一种体位。准备活动和整理活动不容忽视。对预防和减少伤病很重要,充分的准备活动可提高肌肉的积极性、应急性、条件反射性等。整理活动可放松肌肉、减轻疲劳积累。加强对防伤的认识,不要让伤病积累,切实做好预防措施,使伤病降到最低。

9.踝关节外侧韧带扭伤

原因:在定向运动中,由于活动场地处于野外,地形地貌比较复杂,地面不平,在跑、跳、攀、爬练习中,运动员离开地面的腾空阶段,足就处于屈的内翻位,如果落地时身体重心不稳,向内倾斜或踩在高低不平的地面上,就会以足的前外侧着地,使足内翻,导致外侧副韧带扭伤或完全断裂。

处理:发生踝关节损伤时,应立即进行现场简单的检查,确定可能损伤的韧带、损伤的严重程度,是稳定性损伤还是非稳定性损伤。检查后立即冰敷或向局部喷射冷冻剂或用喷湿的棉花团压迫疼痛点以抑制出血肿胀,然后用湿的弹力绷带固定踝关节,使损伤韧带处于放松位置并抬高伤肢。对于轻度损伤,24小时后可局部热敷,适当进行理疗、针刺或按摩,2~3天后可练习步行活动,局部轻柔按摩或辅以被动活动,1~2周左右可趋痊愈。对中度和重度扭伤要用石膏托固定1～2周，并在戴石膏托固定的情况下练习踝关节屈伸、静立性外翻及行走练习。对踝关节韧带完全断裂进行急救后要送医院进一步治疗。

预防：充分做好下肢的准备活动，在复杂易扭的地貌上小心前进。要加强踝关节周围肌肉力量和踝关节的稳定性与协调性。提高自我保护意识，易受伤者在训练或比赛时应戴保护支持带。

10.指关节扭伤

原因：指关节属滑车关节，关节囊背侧较松弛，两侧有韧带加固，屈的运动大于其他运动，侧向运动受限制，因此当手指受到侧向外力冲击或受到暴力作用使关节过伸时易导致指关节扭伤。

处理：指关节扭伤后应立即冷敷，然后局部外敷药物并固定，固定可将伤指与邻近手指作环形固定或夹板固定。若指关节脱位要立即整复，其方法是术者用拇指和食指捏住伤指远端做畸形牵拉，另一手的拇指向远侧推压伤指的近端。

预防：第一，要做好准备活动，提高指关节的灵活性和肌肉韧带的屈伸性；第二，加强手指的力量练习；第三，加强基本技术训练，减少错误动作的出现。

11.胫腓骨疲劳性骨膜炎

原因：胫腓骨疲劳性骨膜炎多发生在初参加训练或长期停训再参加训练跑跳的人身上，由于训练方法不正确，短期内过多进行跑跳、后蹬练习，或强度太大，尤其是跑跳动作不正确，落地时缓冲不够，或在野外硬地上反复跑跳练习，而又没有及时进行放松，使屈趾肌群、胫后肌等小腿屈肌反复收缩引起附着的骨膜长期受牵拉或紧张，使该部骨膜和骨的正常联系遭破坏，从而导致本病的发生。

处理：早期症状轻者减轻训练量，用弹力绷带将小腿裹扎、休息时抬高患肢即可。对较为严重者应停止跑跳活动，用弹力绷带裹扎小腿，也可用中药熏洗或外敷、理疗及按摩，按摩方法是用手指或掌根沿小腿胫骨内侧来回搓压，休息时抬高患肢。

预防：第一，要合理安排运动量，循序渐进安排训练；第二，掌握正确的跑跳技术，注意动作的放松和落地缓冲；第三，避免在过硬的场地上做过多的跑跳练习（尤其是初次参加训练的人）；第四，训练前做好充分的准备活动，训练后要适当按摩小腿，消除小腿肌肉的疲劳。

12.大腿后侧肌肉拉伤

原因：在跑、跳、后蹬时，膝关节由屈曲位移向伸直，屈肌用力收缩时的地面反作用，使该肌群处于极度紧张状态，再加上股四头肌的突然猛力伸膝，牵拉该肌造成损伤；另外股后屈肌已经处于牵张状态时再受牵拉也容易导致大腿后侧肌肉拉伤。

处理：大腿后部肌肉拉伤后应立即冷敷，加压包扎，并抬高伤肢，局部充分休息，轻者可于24小时后热敷、按摩；对完全断裂或严重血肿者，应考虑早期手术治疗。

预防：第一，运动前要充分做好准备活动，加强专项辅助练习；第二，防止局部负担过重，避免单一的训练方法；第三，要加强大腿后肌肉群的力量和柔韧性练习。

二、野外伤害事故的预防和处理

1.抽筋

原因：一是准备活动不充分，二是身体疲劳或天气寒冷等条件下，肌肉连续过快收缩而放松不够。

处理：只要向相反的方向牵引痉挛的肌肉，一般可以使其缓解。严重时，需要麻醉才能缓解。发生抽筋时一定要注意保暖。

预防：应加强身体素质练习，提高机体的耐寒能力和耐久力。认真做好准备活动，对易发生抽筋的肌肉可事先做好适当的按摩。

2.水泡

原因：长时间行走或穿不合脚的鞋。

处理：首先要将泡内的液体排出。用消毒过的缝衣针在水泡表面刺个洞，从上方挤出水泡内的液体，然后用碘酒、酒精等消毒药水涂抹创口及周围，最后用干净的纱布包好。

预防：最好穿着与你的脚"磨合"惯了的鞋，吸汗的棉袜或线袜。在容易磨出水泡的地方事先贴一片创可贴。如有条件，可以到商店里买一瓶防止起泡的喷雾剂（主要减轻摩擦作用）。

3.中暑

原因：夏季在身体散热不良的情况下，如身处湿热无风的环境，穿着透气性不佳的衣服，出现导致排汗减少的身体状况，长时间进行运动等都容易导致中暑。

症状：头痛、晕眩、烦躁不安、脉搏强而有力，呼吸有杂音，体温可能上升至 40 度以上，皮肤干燥泛红。

处理：应尽快将其移至阴凉通风处，将其衣服用冷水浸湿，裹住身体，并保持潮湿。或不停扇风散热并用冷毛巾擦拭患者，直到其体温降到 38℃ 以下。中暑者意识清醒，应让其坐姿休息，头与肩部给予支撑。若中暑者已失去意识，则应让其平躺。通过以上救治措施，如果中暑者的体温已下降，则应以干燥衣物覆盖，并让其充分休息。如果体温仍未下降，重复以上措施，并尽快送医院救治。

预防：避免在太阳底下暴晒，夏季活动前一定要准备好预防和治疗中暑的药物，如：十滴水、清凉油、人丹等。另外，还应该准备清凉饮料、太阳镜、遮阳帽等。

4.蛇咬

起因：无意中踩到蛇，抓树枝时触到蛇等，基本上是行人闯进了蛇的领地而引起的。

症状：如果被出血性蛇毒所伤，会出现伤口灼痛、局部肿胀并扩散，伤口周围有紫斑、瘀斑、起水泡,有浆状血由伤口渗出,皮肤或者皮下组织坏死,发烧,恶心,呕吐,七窍出血,有血痰,血尿,血压降低,瞳孔缩小,抽筋等,被咬后6~48小时内可能导致伤者死亡。如果被神经性蛇毒所伤,会出现伤口疼痛、局部肿胀,嗜睡,运动失调,眼睑下垂、瞳孔散大,局部无力,吞咽麻痹,口吃,流口水,恶心,呕吐,昏迷,呼吸困难,甚至呼吸衰竭,伤者可能在8~72小时内死亡。

处理:首先应判断是否为毒蛇咬伤。如被毒蛇咬伤,争取时间是最重要的。首先需要找一根布带或长鞋带在伤口靠近心脏上端5~10厘米处扎紧,缓解毒素扩散。但为防止肢体坏死,每隔10分钟左右,放松2~3分钟。应用冷水反复冲洗伤口表面的蛇毒。然后以牙痕为中心,用消过毒的小刀将伤口的皮肤切成十字形。再用两手用力挤压,拔火罐,或在伤口上覆盖4~5层纱布,用嘴隔纱布用力吸吮(口内不能有伤口),尽量将伤口内的毒液吸出。

预防:准备一根手杖,打草惊蛇。在经过有蛇出没的地方时,应戴帽子,穿长袖外套,穿有强韧护脚的袜子和坚韧的靴子,并带好蛇药。

5. 蜂蜇

起因:闯入蜂类的家园,穿戴鲜艳的衣物。

处理:如果有人误惹了蜂群,而招致攻击,唯一的办法是用衣物保护好自己的头颈,反向逃跑或原地趴下。千万不要试图反击,否则只会招致更多的攻击。如果不幸已被蜂蜇,可用针或镊子挑出蜂刺,但不要挤压,以免剩余的毒素进入体内。然后用氨水、苏打水甚至尿液涂抹被蜇伤处,中和毒性。可用冷水浸透毛巾敷在伤处,减轻肿痛。

预防:离草丛和灌木丛远些,因为那里往往是蜂类的家园。发现蜂巢应绕行,一定不要做出过分与其"亲近"的举动。最好穿戴浅色光滑的衣物,因为蜂类的视觉系统对深色物体在浅色背景下的移动非常敏感。

6. 昆虫叮咬

处理:被昆虫叮咬后,可用氨水、肥皂水、盐水、小苏打水、氧化锌软膏涂抹患处,止痒消毒。

预防:在野外为了防止昆虫的叮咬,人们应穿长袖衣服与长裤,扎紧袖口、领口,在皮肤暴露部位涂搽防蚊药。不要在潮湿的树荫和草地上坐卧。宿营时,点燃艾叶、青蒿、柏树叶、野菊花等驱赶昆虫。

7. 牛

人工饲养的牛用于务农、产奶,一般不会伤人,但受到惊吓或被激怒时,就不易控制,前面所说野外活动时要着鲜艳的衣服,而红色是传播最远、最醒目、最易让人注意的颜色,但也容易引起牛的愤怒,因此,穿着这类颜色的衣服,遇牛时应提前避开,如是必走之路,应走到牛看不到的地方脱下衣装,包好,慢行通过牛的身边,不能用树枝去逗牛玩。

8.狗

看守鱼塘的狼狗或退役的军犬通常体型高大健硕,警觉性高,攻击性强。听到吠声后不要惊慌,要根据吠声传来的方向,绕道而行。如果在相互看见的情况下,不要疾跑,正常行进,要沉着,不要失态,否则会遭到攻击。

9.雷电

雷电通常会击中户外最高的物体尖顶,所以孤立的高大树木或建筑物往往最易遭雷击。一旦雷电来临,不要到山顶或山梁等制高点去,不要在独立的树、旗杆、塔状建筑物附近,以及草棚、草堆、帐篷里避雨。应选择一干燥的物质做绝缘材料,坐在上面。如果没有东西做绝缘材料,则应平躺在地面上。当雷雨降临时,切记不要冒雨或穿着湿衣服行进,非走不可时,也要走得慢一些,步幅小一些,并关闭手机,将身上的金属物品抛弃或用塑料袋包好;此时游泳者应立即上岸,远离水边。不要让人们聚集在一起,大家应分散开。

10.泥石流

泥石流是山区沟谷或斜坡上由暴雨、冰雪消融等引发的含有大量泥沙、石块、巨石的特殊洪流。泥石流常与山洪相伴,其来势凶猛,在很短时间里,大量泥石横冲直撞,冲出沟外,并在沟口堆积起来。

泥石流的破坏性很强,其所过之处,冲毁道路,堵塞河道,甚至淤埋村庄、城镇,给人们的生命财产和经济建设带来极大危害。

在山区或半山区行进时,若听到远处传来的土石崩落、洪水咆哮等异常声响,应意识到这很可能是即将发生泥石流的征兆。如果响声越来越大,泥块、石头等已明显可见,这表明泥石流就要流到。这时,要马上与泥石流成垂直方向向两边的山坡上面爬,爬得越高越好,跑得越快越好,绝对不能往泥石流的下游走。泥石流后,不要急于返回沟内住地,应等待一段时间。

注意:野外扎营时,要选择平整的高地作为营址,尽量避开有滚石和大量堆积物的山坡下或山谷、沟底。

11.山洪

山洪最常见的是由暴雨引起,通常指在山区沿河流及溪沟形成的暴涨暴落的洪水及伴随发生的滑坡、崩塌、泥石流。拦洪设施的溃决也可引发山洪。山洪灾害是指山洪暴发而给人们带来的危害,包括人员伤亡、财产损失、基础设施毁坏及环境资源破坏等。山洪灾害分为泥石流灾害、滑坡灾害和溪河洪水灾害。

每遇连降大暴雨时,必须保持高度警惕,特别是晚上,如有异常,应立即组织人员迅速脱离现场,就近选择安全地方落脚,并设法与外界联系,做好下一步救援工作。切不可心存侥幸或为了救捞财物而耽误避灾时机,造成不应有的人员伤亡。

遇到山洪一定要保持冷静,迅速判断周边环境,尽快向山上或较高地方转移;如一时躲避不了,应选择一个相对安全的地方避洪。山洪暴发时,不要沿着行洪道方向跑,而要向两侧快速躲避。山洪暴发时,千万不要轻易涉水过河。被山洪困在山中,应及时与当地政府防汛部门取得联系,寻求救援。

12. 地震

地震就是地球表层的快速振动,在古代又称为地动。它就像刮风、下雨、闪电、山崩、火山爆发一样,是地球上经常发生的一种自然现象。它发源于地下某一点,该点称为震源。振动从震源传出,在地球中传播。地面上离震源最近的一点称为震中,它是接受振动最早的部位。大地震动是地震最直观、最普遍的表现。在海底或滨海地区发生的强烈地震,能引起巨大的波浪,称为海啸。地震是极其频繁的,全球每年发生地震约 500 万次,对整个社会有着很大的影响。

地震是地球内部介质局部发生急剧的破裂,产生地震波,从而在一定范围内引起地面振动的现象。破坏性地震的地面振动最烈处称为极震区,极震区往往也就是震中所在的地区。

避震要点:选择小开间、坚固家具旁就地躲藏;伏而待定,蹲下或坐下,尽量蜷曲身体,降低身体重心;抓住桌腿等牢固的物体;保护头颈、眼睛,扼住掩住口鼻;避开人流,不要乱挤乱拥,不要随便点明火,因为空气中可能有易燃易爆气体。

13. 食物中毒

食物中毒是指食用了不利于人体健康的物品而导致的急性中毒性疾病,通常人们都是在不知情的情况下发生食物中毒。食物中毒是由于进食被细菌及其毒素污染的食物,或摄食含有毒素的动植物如毒蕈、河豚等引起的急性中毒性疾病。变质食品、污染水源是主要传染源,不洁手、餐具和带菌苍蝇是主要传播途径。临床上表现为以上吐、下泻、腹痛为主的急性胃肠炎症状,严重者可因脱水、休克、循环衰竭而危及生命。

因此一旦发生食物中毒,千万不能惊慌失措,应冷静地分析发病的原因,针对引起中毒的食物以及服用的时间长短,及时采取如下应急措施:催吐——可用筷子、手指或鹅毛等刺激咽喉,引发呕吐;导泻——服用些泻药,促使中毒食物尽快排出体外或用开水冲服,也能达到导泻的目的;解毒——如果是吃了变质的鱼、虾、蟹等引起的食物中毒,可取食醋 100 毫升加水 200 毫升,稀释后一次服下。此外,还可采用紫苏 30 克、生甘草 10 克一次煎服。若是误食了变质的饮料或防腐剂,最好的急救方法是用鲜牛奶或其他含蛋白的饮料灌服。如果经上述急救,症状未见好转,或中毒较重者,应尽快送医院治疗。

14. 溺水

溺水是指大量水液被吸入肺内,引起人体缺氧窒息的危急病症。多发生在夏季,游泳场所、海边、江河、湖泊、池塘等处。溺水者面色青紫肿胀,眼球结膜充血,口鼻内充满泡沫、泥沙等杂物。部分溺水者可因大量喝水入胃、出现上腹部膨胀。多数溺水者四肢发凉,意识丧失,重者心跳、呼吸停止。

将溺水者救上岸后,首先清理溺水者口鼻内污泥、痰涕及呕吐物。救护人员单腿屈膝,将溺水者俯卧于救护者的大腿上,借体位使溺水者体内水由气管口腔中排出,将溺水者头部转向侧面,以便让水从其口鼻中流出,保持上呼吸道的通畅。再将头转回正面。当你在等待救援时可试做口对口复苏术,这能拯救生命。如果溺水者呼吸心跳已停止,立即进行口对口人工呼吸,同时进行胸外心脏按压。实际上,溺水后的 48 小时是最危险的。因溺水而发生的并发症如肺炎、心衰等,都能在这一时期发生,因此你应尽早将溺水者送往医院。

15. 断水

野外寻找水源最简单的方法是听山脚、山涧、断崖、盆地、谷底等是否有山溪或瀑布的流水声,有无蛙声和水鸟的叫声等。如果能听到这些声音,说明你已经离有水源的地方不远了,并可证明这里的水源是流动的活水,可以直接饮用。如果嗅到潮湿气味,或因刮风带过来的泥土腥味及水草的味道,即可沿气味的方向寻找水源。去观察动物、植物、气象、气候及地理环境等也可以找到水源。还可根据气候及地面干湿情况寻找水源,如在秋季地表有水汽上升,凌晨常出现薄雾,晚上露水较重,且地面潮湿,说明地下水位高,水量充足;根据地形地势天气变化寻找水源,如天空出现彩虹的地方,肯定有雨水;在乌黑、带有雷电的积雨云下面,定有雨水或冰雹;在总有浓雾的山谷里定有水源;利用植物寻找水源,如生长着香蒲、沙柳、马莲、金针、木芥的地方,水位比较高,水质也好;另外亦可利用动物找到水源,如动物出没处,其附近必有水源。夏蚊虫聚集,且飞成圆柱形状的地方一定有水。

切记,不论多么口渴,都应该就当时的环境条件对水源进行必要的净化和消毒处理,万不得已时,也要把水煮开再喝。

知识拓展

野外求救方法

当自己和队伍出现需要借助外界的力量救助才能脱险时,应懂得基本的求救、呼救方法。

放烟火:燃放烟火是最常见的求救方法。白天用烟,即在烟火上放一些橡胶片、生树叶、苔藓、蕨类植物等,可以生成燃烟,以便通知外界。夜晚用火应在开阔地上,向可能的居民区方向点三堆明火,用火光传达求救信号!

光信号:白天用镜子借助阳光,向可能的居民区或空中的救援飞机反射间断的光信号,光信号可传 16 千米之远。方法是将一只手指瞄准应传达的地方,另一只手持反光镜调整反射的阳光,并逐渐将反射光射向瞄准的指向即可。夜晚用手电筒,向求救方向间断地发射求救信号。

国际通用的求救信号是 SOS,即三长两短,不断地循环。

现代求救方法:随着时代的发展,各种现代求救设备逐渐普及,如信标机、无线电通讯机、卫信电话等设备,如果有条件可以逐步配备这些现代设备。

其他方式:当被困在溪水或河流边时,可用发放漂流瓶的方法,引起人们的注意;也可用衣服、围巾等物绑在树枝上做"八"字环绕,即用旗语引起远方的人们的注意。

学以致用

1.定向运动的专项身体素质主要包括哪些?

2.通过对定向运动的学习,你如何来评价自己对技术的掌握程度及如何更好地提高运动技术水平?

3.怎样才能避免运动损伤? 你在体育锻炼中应注意哪些方面?

4.野外活动注意事项有哪些?

5.根据提高身体素质练习方法的变化要素,结合自身情况制定一套适合发展自身身体素质的运动计划。

第五章 定向运动竞赛与活动的组织

应知导航

　　本章主要介绍了定向赛事常用机构设置及主要职责、定向赛事组织的基本架构,以及如何组织与开展校园定向竞赛;同时也介绍了定向运动竞赛常用规则和一些裁判法,便于练习者对定向运动有更好的把握。

第一节　定向运动竞赛组织与要求

　　定向竞赛活动是定向竞赛组织与管理的核心工作,由竞赛管理者和运动员、裁判员、观众、志愿者、新闻媒体等体育赛事参与者共同参加。定向竞赛组织管理活动的实质是对运动竞赛活动进行管理,有效地提高定向竞赛产品的质量,达到定向竞赛的目的和目标。定向竞赛活动在其组织实施过程中,都要涉及以下基本内容:配备人员,设定组织方式,建立工作规范,授予权利,总体指挥。

一、定向赛事常用机构设置及主要职责

　　正规的体育竞赛的组织工作是以体育部门为主体,其他有关部门密切配合进行的,一般组织形式为组织委员会制。建立组织委员会及下设的各专门职能机构,是承接运动会组织、管理工作的关键环节。因此,机构设置合理、职能划分明确、责任落实到人,对圆满完成竞赛任务至关重要。组织委员会主要负责各组成员的选择与分工、拟定总体计划、审批各组计划和预算等工作。组织委员会一般由主办单位、承办单位及有关方面的负责人及各队领队组成,一般下设竞赛组、新闻宣传组、安保组、会务组、技术组、医务组、裁判组及仲裁委员会组等机构。

　　(一)竞赛组

　　竞赛组主要负责竞赛的各项具体实施环节,主要任务是组织竞赛,组织裁判,组织颁奖,落实场地器材,协调配合兴奋剂检测,监督管理竞赛经费等。其主要职责是:

（1）对具体的竞赛工作进行实施与管理，并负责制定竞赛工作计划。

（2）制定竞赛规程，制定与竞赛有关的补充规定或与竞赛有关的临时通知。

（3）负责各运动队的报名注册及资格审查工作，统计各类参赛人员。

（4）编印及发放大会秩序册、成绩册、成绩公报；印制各类比赛表格；审理创、超纪录成绩并办理审批事宜。

（5）做好技术官员、仲裁委员、裁判员和竞赛工作人员的聘请工作，对裁判员和竞赛工作人员组织培训，制作、配发工作服装。

（6）负责做好各代表团、裁判员的报名、报到工作。

（7）明确竞赛场地设备及比赛器材规格的要求，会同有关部门编制计划和落实，并负责检查验收。

（8）负责制作各项竞赛奖杯、奖章、奖状和证书，制定各项颁奖计划和实施方案并会同有关部门组织实施。

（9）协助兴奋剂检测机构与参赛运动队之间的联系及指定运动员参测的协调工作。

（10）做好竞赛、表演项目观众的组织、管理，场地的安排、布置等工作。

（11）制定竞赛经费预算方案及竞赛经费使用范围和政策，审批竞赛经费预算，监督检查竞赛费用使用情况。

（12）完成承办工作筹委会交办的其他工作。

（二）新闻宣传组

新闻宣传组是主要负责竞赛新闻信息的发布及传播、宣传推广工作的组织实施的部门。其主要职责是：

（1）负责制定和实施竞赛宣传工作方案。

（2）负责组织竞赛筹备和举办期间的宣传报道及稿件审核工作，营造社会舆论氛围。

（3）负责组织和实施新闻发布工作。

（4）负责大会新闻中心的管理与协调工作。

（5）负责落实竞赛环境布置和社会宣传推广方案。

（6）负责大会新闻中心的管理与协调工作。

（7）负责记者的接待和管理，负责广播电视直播、转播有关准备工作。

（8）完成承办工作筹委会交办的其他工作。

（三）安保组

安保组是竞赛安全保卫工作的实施部门。其主要职责是：

（1）制订竞赛安全保卫总体方案，以及场馆、住地安全保卫、交通、警卫、消防、突发安全事故处置等具体工作方案，并组织实施。

（2）负责对赛区安全保卫工作进行检查、督促和指导。

（3）按照治安、消防、交通等方面的安全要求，负责对各场馆设施安全进行检查。

(4)加强交通管理,维护交通秩序,确保交通畅通。

(5)制定种类交通车辆的管理法规并监督实施。

(6)负责安全工作经费预算,监督管理安保经费的使用。

(7)负责所有证件的设计、制作、审核、发放和管理工作。

(8)做好突发事件处置工作。

(9)完成工作筹委会交办的其他工作。

(四)会务组

会务组主要负责竞赛期间各参赛代表队的接待事宜及赛会的颁奖等服务工作。其重要职责是:

(1)分发比赛通知和邀请函。

(2)负责参会人员的报到、食宿安排、交通协调、票务预订等接待服务工作。

(3)负责贵宾、各代表团、运动员驻地及比赛场馆的医疗保障。

(4)负责竞赛期间食品卫生监测、监督及食品卫生安全工作。

(5)负责各类奖品、纪念品的管理和发放工作。

(6)负责竞赛期间通讯保障、水电供应、气象预报服务等工作。

(7)负责裁判工作人员劳务费的发放。

(8)完成工作筹委会交办的其他工作。

(五)技术组

技术组是竞赛组织中主要负责比赛场地的选择及地图的制作等技术性工作的部门。其重要职责是:

(1)负责比赛场地的选择。

(2)负责实地场地的赛前勘测(一般为一个月左右)。

(3)负责比赛用图的制作以及路线的合理设定。

(4)负责比赛地图的印制。

(5)完成工作筹委会交办的其他工作。

(六)医务组

医务组是竞赛组织中主要负责处理比赛中的运动员受伤等医务工作的部门。其主要职责是:

(1)负责赛前对各运动员的健康证明进行核实。

(2)负责比赛当天运动员赛前需要的医疗保护工作。

(3)负责在比赛过程中运动员可能会遇到的受伤或中暑等异常状态的医疗工作。

(4)如果出现运动员伤势较严重或医务组无法完全处理的事情,应对运动员做及时的护理工作并同时联系医院。

(5)完成工作筹委会交办的其他工作。

（七）裁判组及仲裁委员会组

裁判组负责赛会的裁判事宜，仲裁委员会组负责处理与赛会有关的，超出裁判长范围或对裁判长判罚有异议需要提出上诉等的情况。其具体情况详见"定向运动竞赛裁判方法"。

二、定向赛事组织的基本架构

（一）确定竞赛项目

定向运动竞赛包括：定向越野竞赛、定向接力赛、定向自行车竞赛、定向划船赛、定向滑雪赛等。按照竞赛的形式，一般可分为个人赛、接力赛、小组赛。在一次比赛中可以按年龄分项目组或按专业和业余分项目组，这可根据不同的赛事级别而定。

（二）制定竞赛规程

定向规程包括的内容有：

（1）根据组织方案拟定竞赛的名称、目的要求、比赛日期及地点，参加单位及组别。

（2）主办单位及承办单位。

（3）比赛项目及组别。

（4）参加比赛的方式。包括每单位可参加多少人，每人可报几项，每项可报几人及参加者的资格问题。

（5）竞赛办法。

（6）报名办法。规定报名截止日期，报名条件及身体体检规定等。

（7）录取名次与奖励办法。说明各项录取的名额，单项与集体项目奖励办法等。

（8）比赛规则。

（9）参加单位应注意事项及各队报到日期等内容。

（三）发出竞赛邀请书

竞赛组委会最迟应在竞赛前2个月发出竞赛邀请书。竞赛邀请书应包括下列内容：

（1）竞赛名称、日期、形式和项目。

（2）竞赛的主办单位及竞赛组织委员会成员。

（3）竞赛组别、接力赛不同赛段允许的组别。

（4）各年龄组的竞赛距离，接力赛各赛段的距离（准确到百米）。

（5）地图比例尺、等高距。

（6）参赛队的组成。

（7）报名地址和截止日期。

（8）报名费和其他费用的支付方式。

（9）此次竞赛的规程。

（四）竞赛日程编排

竞赛日程是比赛时间的依据，合理的竞赛日程编排直接影响到整个比赛的顺利进行，使运动员能充分发挥技术水平而且利于赛场的气氛。编排竞赛日程需考虑到运动员的运动水平，完成各项比赛的时间跨度，各年龄段及性别之间的差异，运动员之间的相互影响，以及活跃赛场的氛围等因素。

（五）编排印制比赛秩序册

秩序册的合理编排，是成功举办比赛的前提。科学合理的比赛秩序，有利于公平竞争，运动员成绩的发挥，各项赛事的顺利进行。因此，编排秩序册，要认真仔细、考虑全面，可安排具有一定编排工作经验且工作细致的裁判来完成。秩序册中要明确开幕式、闭幕式程序，筹备委员会、工作人员、仲裁委员会、裁判员名单，各项须知，竞赛日程，竞赛分组，各代表队名单，运动员、工作人员统计表等。

（六）竞赛场地设施、器材和裁判用品

根据定向比赛的要求来选择合适的场地，并做好相关的比赛器材及用品。主要的器材包括：发令器材、扩音器、小旗、桌椅、对讲机、太阳伞、起终点标志牌、检查点标志、打卡器、放打卡器的立柱、文件夹、笔、秒表、雨衣、器材包、区域划分牌等。

（七）裁判人员的工作职责和裁判方法

裁判工作是竞赛的一个重要组成部分。裁判工作的好坏，直接影响竞赛的进程、运动员的比赛情绪和技术水平的发挥。裁判员不仅是运动成绩和比赛名次的判定者，同时也是竞赛的组织者，在裁判工作中应做到严肃认真、公正准确、谦虚谨慎、团结协作。

裁判员的赛前准备工作包括：组织和培训裁判队伍，召开各种会议，做好器材和用具准备、场地和器材的检查；在比赛中严格按照竞赛规则，秉公执法，做好自己的本职工作；比赛结束后，应对各项赛事的比赛过程和工作环节进行总结，利于提高裁判员工作的质量和水平，便于今后更好地开展工作。

（八）实施竞赛

工作人员按竞赛程序有序地组织比赛，严肃认真地进行裁判，各工作岗位之间互相协调配合，做好成绩记录、核对、汇总及公告等工作。裁判员根据竞赛规程和竞赛规则处理竞赛中发生的问题，并及时跟裁判长取得联系。另外，安全保卫部门要做好安全保卫工作，维持好赛场内外的秩序，同时医务组要做好赛场医务工作。

（九）成绩记录及公告

成绩记录及公告是竞赛组的重要工作之一，竞赛中要做到准确记录成绩并及时公布运动员到达终点的成绩。成绩公布后要及时调整各年龄组运动员到达终点的名次排列。

如运动员或教练员有异议，应及时向总裁判长或仲裁委员会组提出。

（十）成绩册

竞赛结束后，所有成绩公布无异议后，应迅速完成成绩册的编排与印制。成绩册的主要内容有：各组别运动员的成绩名次及所有参赛运动员的成绩；体育道德风尚奖的集体与个人；总裁判长和副总裁判长的签字；各级别、各代表队团体总分。

第二节　参赛指南

一、报名

报名是你能否参加比赛的基础，如果你是学校定向代表队成员，那么你的教练会帮你把一切事物办妥，你只需要安心准备比赛就行了。但如果你仅是一名定向爱好者，那就需要自己去报名参赛，期间要密切注意比赛方的通告或比赛报名事宜。到目前为止，在一些较为正式的比赛规程中，通告通常会公布下列内容：

（1）比赛的名称、项目、分组；

（2）时间（年、月、日）；

（3）地形特点；

（4）竞赛办法；

（5）比赛目的（是选拔赛、公开赛还是锦标赛）；

（6）报到时间、比赛开始时间；

（7）出发形式及编排方式；

（8）比赛费用；

（9）报名和报到日期及地点（所需证件，费用）；

（10）注意事项。

二、赛前准备工作

赛前准备工作主要包括以下几个方面：

（1）认真阅读有关比赛的规程，特别是注意事项以及补充通知，这些通常会提供有关比赛的一些重要信息，让你在赛前对整个比赛流程做到总体把握，对于一些在比赛中可能会发生的突发事件要及时做好准备；

（2）保持良好的竞技状态，赛前要注意自身的饮食和睡眠事宜；

（3）比赛装备的准备：指南针、指卡（许多赛事会在赛前才发放），运动服装，运动鞋等。

三、出发前

在比赛当日，组织者会提前一个小时左右将你送到比赛地点，然后在集合地点报到注册,届时你将得到你的号码布、指卡等比赛物品(也有可能已经发给参赛者了,你只需要去签个到就行了)。在去出发区之前,需要做的事情主要有:

(1)对于比赛的注意事项和比赛事宜要熟记于心,如果比赛另有补充规定或通知,应尽快阅读、记熟,并予以正确的理解;

(2)开始做热身、准备活动,保持兴奋;

(3)检查指卡,并要合适佩戴,固定要紧,防止在比赛中脱落;

(4)按规定要求佩戴号码布或其他标志;

(5)按规定时间准时检录,在起点处等待。

四、起点出发区

(1)通常在出发前3分钟进入待发区,同时清除你指卡中的信息,即在卡座"清除"上进行第一次打点,要确保出现声光现象。此时你还可以考虑以下一些问题:

①哪边是北?

②观察你周围较大的地物特征,想象这些地物特征在地图上可能的表现形式,观察是否能看见终点。

③想象一下自己安全到访第一个检查点的全过程,观察出发人员寻找第一个检查点的大致方向。

(2)当进入2分钟待发区时,将你的指卡打"核查"卡座,确认指卡是否已清除,如发现未清除,请重新进行清除。

(3)当离出发还剩最后1分钟时,你就进入最前面的区域等待,最后十秒钟发令器会提示,当听到发令声后,你将指卡插入"启动"卡座并同时拿比赛地图,这时你的比赛就开始了。当你在出发时,还要提醒你注意以下几点:

① 确认你拿到的地图是正确的(包括组别、地图是否完整等);

② 确认你必须有地图、点标说明符号表、指南针、指卡和号码布(正式比赛一定要佩带)。

五、比赛中

当你出发后,比赛就正式开始了,这时你就可以根据具体情况充分展示你的定向技能,使用地图和指南针、选择路线、进出检查点等技术就需要实地运用起来。不过在比赛中还要注意以下几点:

(1)用你自己的方法去通过第一个检查点:由于地图比例尺的原因,你在找第一个检查点时可能会不适应,如果跑过了,就说明比例尺很大,你要注意不能跑得很快,如果没跑到,就说明比例尺很小,你需要适当加速。你应当通过找第一个检查点,建立你的距离感,这对你的整个比赛很重要。

（2）当到达检查点进行打卡时,你必须确认所打的卡座编号同你要打的号码相符,并确认打卡成功后方能离开,如果有两个人同时在打卡,你宁可重新再打一遍,防止漏点。

（3）在比赛中,如果你漏打点,你的成绩将是无效成绩。但你在比赛过程中发现漏打检查点并进行重打,再按规定顺序找完检查点,并确认无误,则成绩为有效成绩,也就是说最终的成绩上只确认是否按顺序打,而不关注是否多打点。例如,在比赛中如果你打完5号和6号检查点后直接打了8号检查点,少打了7号,你发现后重新去打了7号然后打8号,因此你的打卡顺序为5－6－8－7－8,成绩有效;如的打卡顺序为5－6－8－7－9,则你的成绩为无效。

（4）如因特殊原因需要退出比赛的,例如受伤,身体不适,彻底迷路等,可以通过最近的工作人员来说明情况,结束比赛,或者直接返回起点。但是为了组织者有效地控制整个赛事的顺利进行,你退出比赛后必须到终点进行打卡。

六、结束区

在经过了一段艰辛而又漫长的奔跑之后你终于见到了胜利的曙光,终点就在前方,但此时你仍不可以掉以轻心,否则就会前功尽弃,做了无用功,因而在最后关头你需要注意以下几点:

（1）在你冲过终点线时必须打"终止"卡座,终止你的比赛时间,否则你的成绩将为无效成绩,另外还要交还你的比赛地图。

（2）将你的指卡插入与打印机相连的卡座,你将会得到一张

1号码布 2指北针 3检查卡片
4地图 5点签 6检查点

图 5-2-1 比赛中

比赛的成绩单,你要重视这张成绩单,它不仅仅反映你的比赛时间,而且对你赛事的路线分析和提高定向技能都会起到重要的作用。最后可别忘记打"主站",它将你的指卡数据读入电脑,进行成绩统计和排名,否则在总成绩单里不会出现你的名字和成绩。

（3）当你的比赛结束后,不应再次出现在比赛场地中,如果情节严重的话,裁判长有权取消你的比赛成绩。

（4）在经过了一场高强度的比赛之后,你需要适当的整理来调节自身。

（5）如果你在比赛中获得了名次,那么恭喜你了,去感受成功的喜悦吧!

七、赛后小结

（1）主办方会在赛后将成绩公布在成绩栏中,此时你就可以知道自己的成绩和排名。

（2）一个人的力量毕竟是有限的,你可以通过与队内的队员来讨论路线选择或其他方法来提高自己对于定向方法的实际运用能力。

（3）比较并分析你的分段时间,你会发现你在比赛中所浪费的时间及所争取的时间。

（4）如果有需要的话,你可以向主办方提供一点自己的意见。

当你经历了定向比赛后,或许会有这样一种感觉:定向如人生。起点,我们一起走过,然后不断地在途中寻找着目标和方位,确定自己的位置,更是不断向下一个目标挺进,直至在终点划一个圆满的句号。在途中,我们会经历千辛万苦,也尝到了酸甜苦辣,但是我们是快乐的,是热情的,因为我们有着自己的方向,这就是一种快乐,定向运动所带来的快乐。来吧,让更多的同学来参加定向运动,来享受定向运动! 在这世界上,走自己的路,去寻找自己正确的人生坐标……

八、个人发展阶梯(图 5-2-2)

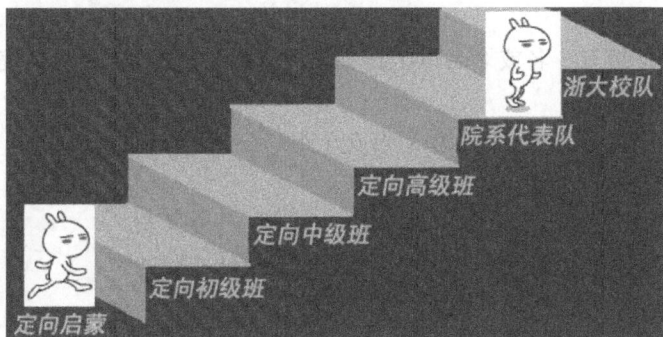

图 5-2-2　个人发展阶梯

第三节　定向运动竞赛常用规则和裁判方法简介

一、定向运动竞赛规则

(一)竞赛总则

1.定向运动的定义

定向运动是运动员借助地形图和指北针,按规定的顺序独立地完成寻找若干个标绘在地图上的地面检查点并以最短的时间跑完全赛程的运动。

2.竞赛项目

定向运动主要项目有:定向越野、滑雪定向、自行车定向等。

3.竞赛种类

(1)日间定向运动竞赛:首批运动员应在日出后 1 小时出发;最后一批运动员最迟应在日落前预计完成全赛程时间的 1.5 倍时刻出发。

(2)夜间定向运动竞赛:首批运动员应在日落后 1 小时出发;最后一批运动员最迟应

在日出前预计完成全赛程时间的 2 倍时刻出发。

4.竞赛形式

(1)个人赛:运动员单个竞赛,成绩取决于个人技能。

(2)团体赛:运动员单个竞赛。运动队成绩为全队运动员个人成绩(时间、名次或得分)的总和,同时也可以计个人成绩。

(3)多日竞赛:在多日竞赛中,运动员的个人成绩是每日竞赛成绩(时间、名次或得分)的总和。

(4)接力赛:接力赛须有 3 名或 3 名以上运动员,每名运动员像个人赛一样跑完一个赛程。

(5)小组赛:每组有 2 名或 2 名以上运动员,运动员一同或部分分散完成竞赛。

5.竞赛分组

(1)按性别分组:男子组(代号为 M);女子组(代号为 W)。

(2)按年龄段分组:

男子组	女子组
儿童组:8~11 岁	儿童组:8~11 岁
少年组:12~15 岁	少年组:12~15 岁
青年组:16~18 岁	青年组:16~18 岁
成年组:19~40 岁	成年组:19~35 岁
中年组:40~55 岁	中年组:36~50 岁
老年组:56 岁以上(含 56 岁)	老年组:51 岁以上(含 51 岁)

(3)按人数来分:个人组、双人组、团体组。

(4)按其他原则分组:

①按路线的难易程度和运动员的水平,可将同一组别再细分。代号为 A(最难)、B(较难)、C(容易)和 D(最易)。例如:M—A,M—B,W—C 和 W—D。

②同一年龄组别和级别,因参加人员过多可划分为相同标准的几个小组,进行竞赛。例如:W—C1,W—C2,W—C3。

③如有需要,比赛中也可设定体验组,体验组不计入正式比赛成绩。

6.竞赛的参加者

(1)运动员

凡符合竞赛规程要求的选手均可参加竞赛。

运动员的义务和权利:

①熟悉并遵守定向运动竞赛规则、规程及有关规定。

②尊重裁判员、服从裁判、积极支持和协助大会工作。

③在竞赛中有权向裁判员询问急待解决的问题。

④有权通过领队或教练员对竞赛、裁判工作提出建议和意见。

（2）领队

领队是代表队的领导人，参加竞赛的单位应派领队一人（可由教练员或运动员兼任），其职责如下：

①熟悉并要求代表队全体人员遵守竞赛规则、规程和各种规定。

②负责运动员与主办者及组委会之间的联系，及时向本队传达组委会及裁判委员会等部门的通知和决议。

③对竞赛和裁判工作的意见，应以口头或书面形式提出。凡提出与成绩有关的意见，不得超过成绩公布后一小时。

（3）教练员

参加竞赛的单位应派教练员（可由领队或运动员兼任）在技术上指导运动员，并协助领队工作。

7. 竞赛组织委员会

竞赛组织委员会（简称组委会）是竞赛的承办者。由主办单位会同有关单位协商组成。

（1）竞赛组委会负责竞赛的组织领导工作。组委会应根据竞赛规则，保证竞赛公正。

（2）竞赛组委会应根据有关规则、规定制定本次赛事的竞赛规程。

（3）竞赛组委会，最迟应在竞赛前 2 个月发出竞赛邀请书。

（二）技术规则

1. 竞赛区域

（1）竞赛地区应选择在地形比较复杂、植被较多的地区，应能为设计难度高的竞赛路线提供可能性。

（2）下列地区不适宜组织定向运动竞赛：地形变化少、行进参照物很少、道路网密集、高密度的森林、高差大的单面山坡、建筑群与大湖泊区、不能通行的悬崖、峭壁与沼泽地、自然保护区。

（3）竞赛区域不应具有使本地运动员获益的自然特点。

（4）竞赛区域应保密，并应在此次竞赛前尽可能长的时间内没有用于定向运动，以免有人因熟悉地形而获益。

（5）举办过定向运动竞赛的场地，在三年内不得再用于全国性竞赛。

2. 竞赛用图

（1）竞赛用图的绘制应以国际定联颁布的《国际定向运动地图制图规范》为依据。

（2）地图比例尺为 1∶10000 或 1∶15000，等高距为 5 米。

（3）竞赛用图应是现实性强的。使用现有地图，当地形变化较大，足以影响比赛时，应在图上加印新内容或赛前向各领队说明情况。

（4）竞赛地图所含区域的大小不必大于运动员比赛的需要。

（5）竞赛前不准出售、分发和展示竞赛用图。

3. 竞赛路线

（1）竞赛路线应充分体现公平公正性。

（2）竞赛路线应是对参赛动员的定向技术、智能和体能的综合检验。

（3）如有可能，竞赛路线中男、女各组别使用各自的检查点。

（4）竞赛路线的起点和终点可以设在同一地点，也可分设在不同地点。

（5）竞赛路线根据竞赛区域的实地情况和路线设计的需要安排检查点间的距离。

（6）竞赛路线应避开苗圃、播种地、有农作物的田地、铁路、公路内和标有"不准入内"的区域。

4. 竞赛距离与爬高量

（1）确定竞赛距离时，除要考虑组别的因素外，还应考虑到比赛地区的复杂程度、季节、竞赛开始时间和其他对比赛可能产生影响的因素。

（2）竞赛距离，以运动员可能选取的最短路线为准，不顾及高差的影响。

（3）在确定竞赛距离时，下面提供的预计完成全赛程的时间，作为主要考虑因素，而用千米表示的距离只作辅助参考。

（4）各年龄组的竞赛距离和预计完成全赛程的时间（见表5-3-1）。

表 5-3-1　各年龄组的竞赛距离与预计完成时间

组别	最大距离/千米		完成时间/分	
	男	女	男	女
儿童组	3	3	35	35
少年组	6	4	55	55
青年组	12	10	75	75
成年组	16	12	90	90
中年组	12	10	90	90
老年组	7	5	60	60

（5）夜间竞赛、接力赛的预计完成时间应减少约 20%；多日赛要比预计的完成时间减少 20%～40%。同一年龄组若分成许多小组进行竞赛，预计完成竞赛时间应减少 10%～15%。

（6）路线设计应使最佳路线的总爬高量不超过其总长度的 4%。

（7）组委会可规定运动员完成赛程的时间，竞赛中超时者成绩无效。

5.检查点说明

(1)检查点说明应使用国际定联制定的《检查点说明符号》。

(2)检查点说明的作用是具体描述检查点的地物、地貌特征,能准确地描述检查点位置,并用符号的形式表示。

(3)检查点说明表可在竞赛时随地图发给运动员,也可提前发给运动员。

(4)饮料站、医疗站应在检查点说明中标明。

(5)检查点说明应简洁明了。

6. 检查点标志

(1)每个检查点应安放检查点标志(简称点标)。检查点标志由三面标志旗连接成三棱体,每面标志旗的尺寸为 30 厘米×30 厘米,沿正方形的对角线分开,左上部为白色,右下部为橙红色。夜间定向检查点同时应有光源。

(2)检查点标志应悬挂在图上标明的地点,一般距地面 80～100 厘米,实际位置应与检查点说明表一致。

(3)检查点标志应有一代号,代号用一个拼音字母或两位数字表示,数字从 31 开始选用,字母或数字为黑色,字高 6～10 厘米,笔画粗 6～10 毫米。

(4) 检查点标志的设置应使运动员在寻找时具有一定的难度,但无须隐藏。

(5) 每个检查点备有电子打卡器,赛前应确保电子打卡器有效。

(6) 为避免出现电子打卡器没反应、丢失等突发状况,在检查点还应备有打印器,每个打印器的图样不一样。

7.抽签和出发表

(1)在竞赛中运动员按相等的时间间隔依次出发。在接力赛中,同组第一棒的运动员可以同时出发。

(2)出发顺序可采用人工或计算机抽签排定,但必须是在总裁判长的监督下进行。采用何种抽签形式由竞赛委员会决定。

(3)抽签顺序结束应编印出发顺序表,出发顺序表应在组委员召开的裁判长及教练联席会议前公布。

(4)所有报名参加竞赛的运动员和运动队都编排出发顺序。如有缺席,出发顺序不变。

(5)来自同一运动队的队员不能编排连续出发。

(6)如几个年龄组都使用同一竞赛路线,出发时应错开,水平较强的年龄组应在较弱的年龄组之前出发。

8. 出发

(1)运动员出发即可进入竞赛区域,竞赛开始,成绩的记录也开始。

(2)出发地点的选择,应使运动员在出发前看不到前一名运动员所选择的行进路线,也应使已到达终点的运动员无法与待出发的运动员取得联系,起点处应有明显的起点标志牌或横幅。

(3)除有关裁判人员外,任何人不得进入运动员等候区,应给第一批运动员留有 30 分钟的准备时间。

(4)如有条件,运动员出发时的出发时间和名字及出发批次应有显示。

(5)如果运动员由于个人原因迟到,且下一批次运动员尚未出发,可在到达起点时立即出发,但计时仍以出发表上的出发时间为准。

(6)如果由于组织者的原因,运动员错过出发时间,则应重新定一个出发时间,并通知终点裁判。

9. 终点计时及名次排列

(1)通向终点的跑道,应用两条带彩旗的绳子引导,并向终点线逐渐收拢,绳长 50 至 100 米,终点线宽 3 米,并应与终点方向垂直。

(2)终点处需有明显标牌或横幅显示,必须使运动员在远处就能看见终点的位置。

(3)运动员通过终点后即竞赛结束,不得以任何理由再次进入竞赛区域。

(4)运动员到终点时应立即将指卡插入终止器中,表示计时结束,然后打印成绩。

(5)依据运动员完成全赛程的时间先后,排列名次。如有两名以上的运动员取得相同的成绩,则他们的名次并列,空出下一名次。

(6)接力赛中,竞赛名次取决于各队所有运动员按要求完成各赛段时间的总和。

(7)如运动员漏、错找检查点或个人操作失误,则成绩无效。如果不是由于运动员本人的过错,造成检查卡少打标记,经裁判证明确已到访该检查点,成绩仍有效。

(8)当最后一批运动员出发,预计完成全赛程所需时间的 1.5 倍至 2 倍时间为终点关闭时间,应在竞赛开始前通告运动员。

(9)终点处应设置医疗站。

10. 犯规与处罚

(1)下列情况者给予警告处罚

①代表队成员擅自出入预备区,但未造成后果的。

②在出发区提前取图和抢先出发者。

③在比赛区域内蓄意帮助他人或获取他人帮助,但未造成后果的。

④在赛中妨碍裁判员正常工作。

⑤完成赛事者以任何形式向其他运动员传递赛场信息。

⑥出发后未到终点报到者。

⑦一次检录不到者。

⑧未按大会要求佩带比赛标志者。

(2)下列情况判运动员成绩无效

①受到两次警告者。

②在比赛中丢失检查卡、地图、号码布。

③因各种原因退出比赛者。

④竞赛中超过组委会规定的终点关闭时间。

⑤未按规定读取成绩者。

⑥未通过全部检查点,即检查卡片上打印器图案不全者。(基层竞赛执行)

⑦检查卡打印器图案模糊不清,确实无法辨认者。(基层竞赛执行)

(3)下列情况取消竞赛资格

①冒名顶替参加竞赛者。

②定向越野竞赛中使用交通工具者。

③不符合分组年龄标准或谎报年龄、弄虚作假者。

④蓄意破坏点标、打卡器或其他竞赛设备者。

⑤有意妨碍他人竞赛者。

(4)其他处理

①运动员途中因伤病不能继续完成竞赛时,以弃权处理,退赛后应尽快向就近裁判员报告。

②出发前运动员因故退赛,领队或教练员应向起点裁判长递交书面报告。

③运动员迟到,且按竞赛顺序下批运动员已进入出发线时该运动员按弃权处理。

④运动员在竞赛中损害群众利益,视情节给予处罚,影响竞赛由本人负责,造成的后果及经济损失由本队负责。

二、定向运动竞赛裁判方法

(一)裁判委员会

1.裁判委员会由总裁判长、副总裁判长和各组裁判长组成,裁判委员会直接领导竞赛工作,负责竞赛实施和确定竞赛成绩,并监督领队、教练员、运动员遵守竞赛规则。

2.根据竞赛具体情况,在不违背竞赛规则的原则下,赛前可制定有关规定及提出注意事项。

3.竞赛前,协同有关部门检查场地及竞赛用品,进行裁判人员的分工和培训,做好竞赛的技术准备。

4.举办全国性竞赛或大区域、省级竞赛,就任命一个仲裁委员会。仲裁委员会通常由3至5名仲裁人员组成。

(二)裁判机构及相应职责

总裁判长1人,副总裁判长1~2人。起点裁判组:裁判长1人,裁判员若干人。检查点裁判组:裁判长1人,裁判员若干人。终点裁判组:裁判长1人,裁判员若干人。裁判员的人数视竞赛规模酌定,裁判员应严格履行《裁判员守则》,严肃、认真、公正、准确地执行裁判法。

1. 总裁判长

总裁判长是竞赛的裁判的组织者和领导人,是使各项竞赛能够按计划有条不紊进行的主持人。总裁判长应是组委会和竞委会的成员,总裁判长必须首先做到严肃、认真、公正、准确,保证规则、规程的正确执行。总裁判长的职责如下:

(1)总裁判长直接向竞赛委员会负责。必须是熟悉定向竞赛规则和裁判法,并有多次执法全国(或大型)竞赛经验。

(2)遵循竞赛规程,全面领导竞赛的裁判工作。负责组织裁判队伍,并进行必要的训练。

(3)接受组委会、竞赛组的领导,执行组委会的有关规定,协调裁判委员会与组委会各机构的工作。

(4)视情况制定有关补充规定和通知,召开裁判长和教练员联席会议,说明和解答有关规定。

(5)赛前参与竞赛场地选择、路线设计、制定实施计划。竞赛时负责指挥工作。

(6)汇总、裁决竞赛中出现的问题,受理代表队提出的有关裁判工作的申诉和意见。

(7)负责指挥全部的竞赛裁判工作,科学、合理、果断地处理突发事件。

(8)审核、签署竞赛成绩。

2. 起点裁判组

起点工作是竞赛的开始,是保证竞赛顺利进行的主要环节,也是运动员能参加竞赛的保障。起点工作能顺利完成,给整个竞赛提供了良好的开端。起点裁判组的职责如下:

(1)竞赛前组织抽签,排列出运动员出发顺序表。

(2)备齐打卡器、地图等竞赛用品,并负责起点地区场地布置、区域划分。

(3)运动员进入预备区后,负责点名、宣布竞赛规定及注意事项。

(4)组织运动员出发,维护起点秩序,适时传呼运动员,分发地图,负责发令和监督犯规行为。

3. 检查点裁判组

检查点裁判是竞赛的保证,检查点的放置是否正确,直接影响到竞赛能否公正、公平地进行,竞赛能否顺利完成。场地(检查)裁判出现任何差错,能使这个年龄组的本场竞赛夭折,同时给大会的全部竞赛完成计划带来了很大的困难,也给大会组织者带来了极大的负面影响。检查点裁判组的职责如下:

(1)准备检查点标志、通信工具等器材,并按路线设计图准确布点。

(2)视情况在检查点附近隐蔽设置检查点裁判员,监督犯规行为,并保护检查点标志不被破坏,必要时还可设巡回裁判员。

(3)及时与指挥台联络,报告竞赛进展情况及发生或发现的问题,保证竞赛顺利进行。

(4)终点关闭后,组织检查点裁判员撤回,并清点器材,收容迷路、退赛、超时或受伤的运动员。

(5)检查点裁判员应避免穿色彩鲜艳的服装,裁判员不得在竞赛方面给予运动员任何帮助和暗示。

4.终点裁判组

终点裁判是保证竞赛顺利完成的最后工序。终点是运动员完成竞赛的地方。运动员成绩的优劣在终点处能得到体现,终点裁判必须公平、公正、快速、准确地执行裁判工作,对运动员所取得成绩尽快反馈。终点裁判者的职责如下:

(1)备齐终点所需各类竞赛器材,布置终点场地,维持终点秩序。

(2)准确记录运动员通过终点线的时间,验证运动员是否经过规定的检查点。

(3)收集运动员犯规情况,提出处理意见,报总裁判长裁决。

(4)负责竞赛成绩的统计和公布。

(5)负责收回竞赛地图和运动员的号码布。

(6)受理运动员申诉,报与总裁判长。

(7)宣布终点关闭,通过指挥台通知检查点裁判组,清点终点器材。

第四节　校园小型竞赛与活动的组织与实施

随着定向运动在各高等院校的广泛开展,已有大批学生参与到这项运动中,为了让参与者充分享受定向运动所带来的乐趣及进一步提高运动技术水平,有必要多举办各种形式多样的定向比赛和活动。下面就如何组织与开展校园定向竞赛作简单介绍。

一、筹备阶段

(一)提出初步设想

初步设想应包括定向比赛的目的、时间、地点、规模(运动员限额)、经费来源等。提出初步设想的主要依据是定向运动组织机构的计划,本组织负责人或其他人员的建议等。

(二)成立筹备小组

筹备小组至少应由下列人员组成:筹备组长、技术委员、地图委员、裁判委员和会务委员。

1．筹备组长

筹备组长的主要工作有：筹备组成员的选择与分工、拟定总体计划、审批各小组的计划和预算。因此，筹备组长应该比别人具有更多的定向运动比赛的知识和经验。

2．技术委员

技术委员应该是对比赛的组织程序、比赛路线的标准相当熟悉并具有定向越野教学经验的人员。

3．地图委员

地图委员由精通地图设计、测量、制印的人员担任。

4．裁判委员

裁判委员由具有丰富的竞赛裁判工作、组织工作经验的人担任。他们将对竞赛活动的顺利开展起到重要的作用。

5．会务委员

会务委员应是一个多面手。他不仅擅长对外联系的工作，并且能够有条理地安排一切与比赛活动有关的保障工作。

二、实施竞赛计划

（一）前期准备工作

1．拟定比赛事宜

筹备组长指导全面的工作，检查工作质量，督促并协助各委员的工作，以便保证计划的落实。技术委员拟制比赛规程，设计、勘察比赛路线，设计、印制检查点说明表。如果需要，还应及时领导其他委员开设识图用图训练的课程或组织定向越野练习比赛等。地图委员组织地图的设计、测量、绘图和制印的工作。如有必要，还应参加由其他委员组织的各种训练或会议，负责这些活动中有关地图的各种事项。裁判委员协助或代表筹备组长检查地形、地图、路线的质量并监督保密的情况，设计用于比赛的检查卡片、成绩统计表、成绩公布栏等，进行比赛编排、抽签的工作，准备号码布、点标、起终点设备。会务委员掌管经费的收支，编制报名登记、活动日程等表册；发出比赛通知、邀请、规程等材料；联系并安排交通与食宿。如果需要，还应由筹备组长安排新闻报道和奖品、宣传品的设计与制作的人员或小组。

2．场地选择

组织者要根据参赛运动员的水平，选择具备相适应难度的场地，并保证它能够使运动员充分发挥自己的定向越野技能。通常情况下，合格的定向越野比赛地域应具备下列特点：一方面比赛地域要有一定起伏的森林地势和较好的植被；另一方面要选择地形变化多样，而且地域的通视性有限，人烟相对稀少的地区。如果受条件限制，比赛区域难以频繁变换时，可采取变换线路、检查点等办法。组织者应根据比赛地域的特点选择合适的场地。在选择场地时,一定要注意活动区域的安全因素。场地的难易程度要与比赛的级别相适应,使运动员能够充分发挥他们的技战术水平。正规比赛区域必须是所有选手都不熟悉的,应防止赛区当地选手在比赛中明显获益。另外,取得场地所在地的有关部门的同意和支持也是很有必要的。

3.绘制地图

在确定场地后,制图人员须根据比赛场地的底图进行实地勘测,并根据统一定向运动地图的绘制标准《国际定向运动地图制图规范》或《国际短距离定向运动地图规范》测绘和印制。校园定向地图比例尺一般为1∶2000到1∶5000。定向地图要表示出所有对读图和选择路线有影响的要素,特别是对地物的可识别性、地类界、树林的空旷程度、地面的可奔跑程度等应予以充分注意。定向地图的制作过程分为以下几个步骤:比赛区域的选择,获取底图,比例尺的确定,地图的色彩,实地测绘,现场复查,制作和印刷。

4.路线设计

路线设计应具可选择性和可分析性,这样才能使参加者能够根据自己的能力对前进方向和路线进行选择,才能使参加者依靠识图能力来完成,能够体现定向运动的特点。定向路线能充分全面地反映选手的各项定向技能和选手在各种地形环境中的奔跑能力,使定向能力与奔跑能力有机结合。比赛路线的难易程度要与运动员的水平相适应,不同级别应区别对待。

(1)路线标记

①起点——等边三角形符号,边长7毫米(7~8毫米)。三角形的一个角必须指向第一个点标方向,位置准确,保证参赛者有个正确的开始。

②点标——圆圈符号,直径5~6毫米(6~7毫米)。点标应按规定的顺序编号,在不影响运动员读图的情况下,编号可垂直书写在圆圈上下(南北)两侧,字体颜色为红色。不要把点标设在空旷地带中心。

③终点——两个同心圆符号,直径分别为5毫米、7毫米(内圈5~6毫米;外圈8~9毫米)。所有图形的中心应是该点的准确位置。

④点间连线及其他——点与点之间按顺序用直线连接,不允许运动员选择的必经路线应准确在图上用虚线标示;在图中用紫红色标出比赛路线,为了与地物、地貌符号颜色区分开;如遇重要地物时,直线应断开。

(2)制定路线的注意点

①点与点之间路段设计应遵守既适合运动员运动技能的发挥,又具有路线可选择性的原则。

②必须保证检查点放置的位置准确、无争议且在图上是正确表达的;全赛区内,相邻两检查点除非地形细部有明显区别,否则其间隔不得小于100米,一般应设计在500~1000米,最长不宜超过3000米。

③全程路线的长度应视运动员水平、性别、年龄和比赛预估时间而定。

④有意识地排除各种"侥幸"因素,使真正有水平的选手取得好成绩。

⑤一般可在运动员必经线路或危险路段设置彩色引导标志或隔离警示标志。

⑥出发点和终点由组织者决定,应根据活动的类型选择尽可能方便的地点。出发点和终点一般设在地势较低且平坦、空旷、四周隐蔽较好的地域。

5.起点和终点区域设置

起点区域设置要求:地形平坦,面积较大,保证有足够的容量不致拥挤不堪,同时便于人员及车辆的进出;地势较低,遮蔽较好,起点内任何位置都不能通视赛区地形。终点区域设置要求:终点必须空旷,展望较好,便于裁判人员工作和观众参观;最后一个检查点至终点间的路段应比较简单,以便所有运动员从同一方向跑回终点。终点与起点可设在同一场地内,也可单独设置。起点与终点设在同一场地内,则应在该区域设置运动员休息区、检录区、出发区、观摩区、终点区等。若起点与终点不设在同一处,则应分别在起点区域设置运动员休息区、检录区、出发区、观摩区,在终点区域设置运动员休息区、观摩区及终点区。另外,在起终点处用醒目的标志标明"起点(START)"和"终点(FINISH)"。

(二)比赛阶段的工作

(1)组织召开开幕式。

(2)工作人员按时到位,检查场地、器材,做好比赛准备。

(3)在报到处,裁判员按比赛编组查验人员的到达情况。如有变化,还应临时进行编排;讲解比赛注意事项;发放号码布、检查指卡(也可在赛前一天发放);引导即将出发的运动员前往出发区。

(4)在出发区,检录员应提前一定时间,按出发编组顺序要求运动员做好进入出发区的准备,检查运动员的号码及器材。就位、取图时,检查员注意纠正运动员进错通道或多拿、拿错地图的情况。发令员除履行自己的职责外,也应协助纠正运动员的错误。对于严重违反规定的(如多拿图、抢跑等),应严肃警告直至向裁判长提出取消比赛资格的建议。

(5)检查员在检查点附近隐蔽观察,认真履行自己的职责。对于运动员的犯规行为,一般采用警告方式,严重的则通过通信设备或在返回会场后向裁判长提出处罚建议。

(6)加强赛区的安全保卫工作,维持好赛场内外的秩序,做好赛场医务工作。

(7)当运动员返回终点时,报时、记时员要根据预告员的报告及自己的观察,提前记下运动员到达的顺序、号码,在运动员胸部的垂线通过终线的瞬间,记录时间,时间精确至秒。报、计时工具最好使用带有打印功能的自动计时器。若使用秒表,至少应在比赛出发时同时开启三块,一块由发令员使用,一块由报时员使用,一块备用。

(8)收卡员要招呼运动员将检查卡片交来,然后在顺序监督员的协助下,严格按顺序叠放卡片并交成绩计算员计算。对于这些已计算过的,并有严格顺序的检查卡片,传卡员应小心理齐(可用别针或橡皮筋按每组 10～20 张暂时束在一起),迅速传到检查长、检查卡验证人、成绩验证人处,供他们审核。

(9)在比赛结束后,撤收检查点和出发区、终点的设备;将比赛编组、出发顺序、运动员成绩统计等材料交记录公告组使用;解答运动员提出的除诉讼以外的有关比赛的咨询。

(三)后期工作

(1)及时统计和宣布比赛成绩。

比赛结束后,应及时、准确地统计出团体总分及个人成绩,由总裁判长签约公布。所有成绩公布无异议后,应迅速完成成绩册编排和印投制,并及时发放到各个代表队。

(2)为了活跃气氛,可组织简单的颁奖仪式。

(3)及时进行总结,为下次组织比赛积累经验。

比赛结束后,竞赛委员会应向主办单位和定向运动组织递交总结报告。报告的主要内容有:竞赛名称、日期、项目、主办单位、运动员数量、各级别数目、竞赛成绩、竞赛场地简况、气象条件及各级别的竞赛路线图。

知识拓展

百米定向

百米定向是遵照定向技术原理和定向比赛规则,通过在长度为 100 米的体育场或公众广场采取人工布景的方式组织的定向比赛。

百米定向最早是由中国人提出的("由俄罗斯人 Mr. Maxim Riabkin 最早提出并实现"的论调值得商榷,严格意义上讲,俄罗斯人提出的应该是"微型定向")。

百米定向是根据国际定向运动和休闲体育发展趋势,秉承体育媒介化生存的根本原则,结合中国国情由中国定向运动协会裁判委员会兼制图委员会主任栗维安、教练员与运动员委员会兼技术与器材装备委员会主任李德利、拓展与露营委员会兼定向健身跑委员会主任吴军生三位专家于 2002 年提出并经过近两年的研发创立的。

百米定向对参加者在高速奔跑下的短时间内读图、做出正确判断是个挑战,是对参加者智力、体力、心理素质的综合考察和锻炼。以参加者为中心,通过充分利用场地器材的变化,运用"体验式情境教学方法"把想象思维训练有机地渗透在体育教学活动中,比赛手段和自主、合作学习方式,活跃了课堂气氛,使学生以情入境、以境乐练,真正体验了运动的乐趣,又激活了参加者参与体育活动的热情,从而培养参加者坚强的意志,顽强的毅力,勇于克服困难的精神和自尊、自信、自立、自强的品质。教学内容情节化和生活化使这一课程以寻找快乐为主线,让参加者在课堂中感悟自己的快乐,感悟他人的快乐,从而体现体育运动的快乐,并且把教学与生活实践融为一体,与自然教育融为一体,与品德教育融为一体。由于百米定向的操作简单、比赛易于组织、成本低、观赏性和趣味性足等特点,一经推出就受到了广大青少年和中小学体育老师的喜爱,并受到了亚太各国定向组织的高度关注。

学以致用

1. 为定向运动制定比赛路线时,应注意哪些方面?

2. 定向赛事常用机构主要职责有哪些? 你觉得哪个机构最重要,为什么?

3. 什么情况下判运动员成绩无效?

4. 通过对定向运动竞赛常用规则和裁判方法的了解,如何在遵守规则的前提下更好地发挥自身水平?

5. 裁判组由哪几个部分组成?

6. 通过对定向运动竞赛常用规则和裁判方法的学习,你如何来组织校园定向活动?

参考文献

[1] 毕春佑. 健身教育教程[M]. 北京:科学出版社,1996.

[2] 陈永生. 高校健康教育教程[M]. 上海:华东师范大学出版社,1992.

[3] 李颖川,周登嵩. 全国体育传统项目培训教材[M]. 北京:地质出版社,2009.

[4] 刘桂珍. 现代健康教育学[M]. 北京:高等教育出版社,2005.

[5] 卢元镇. 体育社会学[M]. 北京:高等教育出版社,2000.

[6] 孟祥立,杜红宇. 体育与健康[M]. 天津:南开大学出版社,2010.

[7] 王建英,王黎明. 大学体育与健康教程[M]. 北京:人民教育出版社,2002.

[8] 吴强松,孔祥,赵涛. 大学体育与健康教程[M]. 北京:中国书籍出版社,2009.

[9] 虞锡芳. 实用体育教程[M]. 南京:南京师范大学出版社,2005.

[10] 约翰.怀斯曼. 生存手册[M]. 张万伟,于静容,译. 海口:海南出版社,2003.

[11] 赵全. 体育与休闲[M]. 北京:中国华侨出版社,1998.

图书在版编目（CIP）数据

定向越野 / 吴叶海，刘明，金熙佳主编. —杭州：
浙江大学出版社，2019.3（2025.7 重印）
ISBN 978-7-308-18141-9

Ⅰ.①定… Ⅱ.①吴… ②刘… ③金… Ⅲ.①定向运
动—越野项目—基本知识 Ⅳ.①G826

中国版本图书馆 CIP 数据核字（2018）第 075672 号

定向越野

吴叶海　刘　明　金熙佳　主编

丛书策划　　葛　娟
责任编辑　　葛　娟
责任校对　　陈静毅　沈炜玲
封面设计　　周　灵
出版发行　　浙江大学出版社
　　　　　　（杭州市天目山路 148 号　邮政编码 310007）
　　　　　　（网址：http://www.zjupress.com）
排　　版　　杭州青翊图文设计有限公司
印　　刷　　浙江新华数码印务有限公司
开　　本　　787mm×960mm　1/16
印　　张　　12.5
字　　数　　252 千
版 印 次　　2019 年 3 月第 1 版　2025 年 7 月第 3 次印刷
书　　号　　ISBN 978-7-308-18141-9
定　　价　　38.00 元

浙江大学出版社市场运营中心联系方式：0571 - 88925591；http://zjdxcbs.tmall.com